Matthias Quent
Deutschland rechts außen

MATTHIAS QUENT

Deutschland rechts außen

Wie die Rechten nach der Macht greifen
und wie wir sie stoppen können

PIPER

Mehr über unsere Autoren und Bücher:
www.piper.de

MIX
Papier aus verantwortungsvollen Quellen
FSC® C083411

ISBN 978-3-492-06170-4
4. Auflage 2019
© Piper Verlag GmbH, München, 2019
Satz: psb, Berlin
Gesetzt aus der Sabon und der Trade Gothic
Litho: Lorenz & Zeller, Inning am Ammersee
Druck und Bindung: CPI books GmbH
Printed in the EU

Inhalt

Vorwort

Viele Menschen reagierten im September 2017 schockiert auf den Einzug der AfD in den Deutschen Bundestag. Empörung und Fassungslosigkeit begleiteten die rechtsradikalen Krawalle in Chemnitz 2018, bei denen rechte Populisten und Problembürger mit Hooligans und Neonazis gemeinsame Sache machten. Weltweit sorgte der rechtsterroristische Anschlag im neuseeländischen Christchurch, bei dem im März 2019 einundfünfzig Muslime starben, für Entsetzen. Die neue Stärke populistischer und radikaler Rechter nach den Europawahlen im Mai 2019 macht deutlich, wie groß die Gefahr von rechts ist. Die Frage, wie die Rechten nach der Macht greifen und wie wir sie stoppen können, beschäftigt viele: Sicherheitsbehörden, Politiker und 86 Prozent der Deutschen sorgten sich im Frühjahr 2019 vor einer Zunahme von Rechtsradikalismus und rassistischer Gewalt.[1] Doch wenn die öffentliche Aufmerksamkeit einsetzt, ist es meist schon zu spät.

So auch bei der Ermordung des hessischen CDU-Politikers Walter Lübcke. Der Kasseler Regierungspräsident wurde am 2. Juni 2019 aus nächster Nähe erschossen. Im Internet ergoss sich eine menschenverachtende Lawine der Genugtuung über den Tod des

Politikers, der sich gegen rechts und für einen humanen Umgang mit Geflüchteten ausgesprochen hat. Der tatverdächtige Attentäter wurde seit den frühen Neunzigerjahren Jahren mehrfach wegen rassistischer Anschläge und rechter Gewalttaten verurteilt – offenbar handelt es sich um einen rechtsradikalen Schläfer. Zum ersten Mal seit 1945 hatte der Rechtsradikalismus damit für einen amtierenden Politiker tödliche Folgen.

Die Qualität ist eine andere, aber weder die rechten Positionen noch die Gewalt ist neu. Nicht für Fachleute, nicht für mich und nicht für viele meiner Freunde aus dem Osten der Republik. Wir wurden immer wieder von Neonazis gejagt, überfallen und verprügelt, weil ihnen unsere Frisuren und unsere Kleidung oder unsere Ideen nicht passten. Rassismus und Hasskriminalität ist auch nichts Neues für viele Menschen aus Einwandererfamilien, denen ihr Migrationshintergrund anzusehen ist und die seit Jahrzehnten noch schlimmere Erfahrungen machen müssen. Sie haben nicht die Möglichkeit, sich durch Anpassung vor Alltagdiskriminierung und rechter Gewalt zu schützen.

Ich bin 1986 in der DDR geboren und habe vom SED-Regime nicht viel mitbekommen. Prägend waren Erfahrungen, die ich als Jugendlicher machen musste. Die beschauliche Thüringer Kleinstadt Arnstadt, in der ich aufgewachsen bin, rühmt sich damit, dass der Komponist Johann Sebastian Bach einige Zeit dort tätig war, und vermarktet sich als »Tor zum Thüringer Wald«. Wie in jedem anderen Ort auch gibt es in Arnstadt anständige und unanständige Menschen. Nur sind die Anständigen meist zu leise und die Unanständigen zu laut. Als ich das erste Mal von Neonazis überfallen wurde, war ich gerade vierzehn geworden. Im Schulbus hielten sie mich fest und gingen mit einem Messer auf mich los, um mir meine Haare abzuschneiden. Der Bus war voll besetzt, niemand griff ein.

Die Situationen variierten – gleich blieb die ständige Bedrohung durch die Gewalt der Rechtsradikalen und die Ignoranz der Öffentlichkeit. Sogar auf dem morgendlichen Schulweg wurden meine Freunde und ich von Nazis überfallen und mit Stahlstangen und Pflastersteinen verletzt. Am Bahnhof stießen sie mich auf die Gleise, im Zug nach Erfurt zündeten sie meinen Rucksack an. Freunde wurden mit Autos angefahren, einem der Kiefer zertrümmert und einer Bekannten Teile des Ohres abgerissen. Zum Glück musste ich nie Schlimmeres als eine gebrochene Nase erleiden.

Neonazis patrouillierten am Wochenende in Autos und verprügelten Menschen, die nicht in ihre ideologischen Vorstellungen passten. Anwesende sahen meist weg – ob aus Angst oder heimlicher Sympathie, weiß ich nicht. Die Polizei kam häufig gar nicht erst, nur einmal wurde ein rechter Gewalttäter verurteilt. Die anhaltende Normalität des rechten Alltagsterrors bewegte viele zum Wegzug. Ich blieb in Ostdeutschland, studierte Soziologie und wurde schließlich öffentlicher Rechtsextremismusforscher, doch ich verstehe jeden, der dieses Klima der Angst hinter sich ließ. Andere politisierten und wehrten sich, einige radikalisierten sich. Wenn ich heute darüber nachdenke, dann erschüttert es mich sehr, wie normal es damals war, dass Sechzehnjährige mit Springmesser und Gaspistole ausgingen, um sich vor Nazis zu schützen. Leider hat sich an dieser prekären Situation mancherorts bis heute nicht viel geändert.

Das waren und sind keine Einzelfälle, sondern systematische Raumkämpfe, die so ähnlich überall in Ostdeutschland vorkamen und noch immer vorkommen. Und dabei waren die Nullerjahre schon viel friedlicher als das vorherige Jahrzehnt, in dem Rechtsradikale überall im Land Menschen überfielen, verletzten und sogar totschlugen. Wenn ich heute in Gesprächen mit Westdeutschen von meinen Erfahrungen berichte, erlebe ich bei den meisten Fassungslosigkeit, Unkenntnis und Wut. Bei einem Vortrag vor westdeutschen Gewerkschaftern schilderte ich am Rande die Erlebnisse in meiner Jugend; eine Teilnehmerin brach dabei in Tränen aus. Erst da verstand ich richtig, dass es in einer Demokratie nicht normal ist, ständig auf der Hut vor rechten Angriffen sein zu müssen. Wer den Rechtsradikalismus verstehen will, muss seine Nähe zur Gewalt – sei sie in offener Aggression oder in drohender Manier – einbeziehen. Und wer das, was derzeit in unserer Gesellschaft geschieht, verstehen will, muss die Kontinuität des Rechtsradikalismus berücksichtigen.

Auch der Rechtspopulismus ist für mich nicht neu. Der jahrelange Bürgermeister meiner Heimatstadt Arnstadt, Hans-Christian Köllmer (Wählergemeinschaft Pro Arnstadt), sympathisierte mit der rechtsradikalen Kleinstpartei Pro Deutschland. Während die EU-Staaten im Jahr 2000 die österreichische Bundesregierung unter dem Pionier der europäischen Rechtspopulisten, Jörg Haider, boykottierten, traf sich »mein« Bürgermeister öffentlichkeitswirksam mit Haider. Nachdem 2002 ein Amokläufer am Erfurter Gutenberg-Gymnasium fünfzehn

Menschen erschoss, stellte Köllmer mit einem Aufkleber auf seinem Dienstwagen klar: »Ich bin die Waffenlobby.« Er erklärte eine CDU-Politikerin mit einem Plakat zur »unerwünschten Person«, setzte Proteste gegen rechts mit der Verfolgung der Juden im Dritten Reich gleich und wehrte sich gegen den Vorwurf, er sei ein »kleiner Nazi«, mit der Reaktion: »Im Nazi ist mir zu viel Sozialismus drin.« Das alles geschah vor der AfD.

In den vergangenen dreißig Jahren haben die Zivilgesellschaft und die demokratische Kultur in Ostdeutschland erhebliche Fortschritte gemacht, nicht zuletzt in der Abwehr der permanenten rechten Gefahr. Heute ist die vollbrachte historische Aufholleistung zum Westen riesig – nicht nur in Bezug auf die Wirtschaft, sondern gerade auch hinsichtlich der politischen Kultur. Trotz des hohen gewaltsamen und politischen Drucks von rechts außen. Was die Rechtsradikalen nicht bedenken: Ihre Angriffe und Überfälle mobilisieren nicht nur Angst und Resignation, sondern auch Empörung und Gegenwehr. Viele Ostdeutsche meiner Generation teilen die Gewalterfahrungen aus eigenen Erlebnissen oder aus ihrem Umfeld. Aus der Betroffenheit erwächst Widerstand, der den Rechtsradikalismus und seine Wurzeln meist gezielt, intelligent und wirkungsvoll angeht. Wir konnten es uns nie leisten, neutral und gleichgültig gegenüber Rechtsradikalen zu sein. Ignoranz war – und ist – potenziell lebensgefährlich.

Überall treffe ich Menschen, die Erfahrungen mit dem Hass von rechts außen machen mussten und daraus Widerstandskraft entwickelt haben. Ich denke, wer lernen musste, stets auf der Hut vor rassistischen oder rechtsradikalen Angriffen zu sein, entwickelt eine besondere Sensibilität gegenüber den Gefahren von rechts außen. Dieser »andere« Osten braucht und verdient Solidarität, keine Vorurteile. Die rechten Angriffe auf die Demokratie hinterlassen in den neuen Bundesländern besonders starke Spuren, nicht zuletzt, weil die Zivilgesellschaft schwächer ist. Aber sie ist da, und sie ist wehrhaft. Ich bin überzeugt davon, dass die bundesdeutsche Gesellschaft von den Erfahrungen und der Expertise lernen kann, die viele Ostdeutsche – und auch viele Menschen aus Einwandererfamilien – unfreiwillig mit radikal Rechten machen mussten. Und oft kommen radikal rechte Angriffe aus dem Milieu der sogenannten Mitte der Gesellschaft.

Schon als 2011 bekannt wurde, dass mit dem Nationalsozialistischen Untergrund (NSU) ein rechtsterroristisches Netzwerk für Anschläge, Überfälle und den Tod von zehn Menschen verantwortlich war, fragte sich die Öffentlichkeit empört, warum scheinbar niemand das Treiben der Rechten erkannt und gestoppt hat. Die Neonazis kamen aus Jena – der Stadt, in der ich heute lebe und arbeite. Sie wohnten im sächsischen Zwickau und Chemnitz – Orte, die immer wieder wegen rechtsradikaler Vorfälle in die Schlagzeilen geraten. Um zu erforschen und die Gesellschaft darüber zu informieren, wie die Rechtsradikalen vorgehen, wie Diskriminierung wirkt und was die Ursachen dieser Bedrohungen für das Zusammenleben sind, fördert die Thüringer Landesregierung seit 2016 das Institut für Demokratie und Zivilgesellschaft in Jena (IDZ). In Trägerschaft der Amadeu Antonio Stiftung, die sich seit über zwanzig Jahren gegen Antisemitismus, Rassismus und Rechtsradikalismus einsetzt, leite ich die Einrichtung. Als Thinktank der Zivilgesellschaft wollen wir verstehen, wo undemokratische und menschenfeindliche Tendenzen der Gesellschaft herkommen, was wir gegen Rassismus und für die Werte des Grundgesetzes tun können. Mit zehn anderen Forschungseinrichtungen in Deutschland untersuchen wir am IDZ als Teil des »Forschungsinstituts Gesellschaftlicher Zusammenhalt« zentrale Fragen des Zusammenlebens einer vielfältigen Einwanderungsgesellschaft, etwa: Wie werden wir künftig zusammenleben? Oder: Wie können wir aktuelle und kommende Herausforderungen bewältigen? Wir Forschende suchen dabei den Dialog mit Menschen, die andere Lebensrealitäten haben. Davon profitieren die Wissenschaft, die gesellschaftlich relevant sein will, und die Gesellschaft, die mit steigender Komplexität immer stärker auf Fakten angewiesen ist. Die Öffnung wissenschaftlicher Erkenntnisse und Debatten für die Zivilgesellschaft ist dringend nötig, um Diskussionen zu versachlichen, Zusammenhänge zu beleuchten und akademische Diskussionen stärker mit der gesellschaftlichen Realität zu verknüpfen.

Nicht die Rechtsradikalen sind am Zug, sondern wir Demokraten. Ich beobachte fatale Tendenzen der Resignation angesichts der empfundenen Ohnmacht gegenüber der neuen (Laut-)Stärke eines alten politischen Feindes der Demokratie, der spätestens nach den gewaltsamen Ausschreitungen in Chemnitz im August 2018 keine Tabus mehr zu kennen scheint. Immer wieder begegnen mir engagierte Menschen, die wegen des steigenden Drucks von rechts das Handtuch werfen. Aber ist wirklich alles schlimmer geworden? Oder ist nur sichtbar geworden, was einige schon lange erfahren mussten, aber die politisch interessierte Öffentlichkeit lange ignoriert hat? Mit Rechtsradikalismus beschäftigen sich die meisten erst, wenn er sein Unheil längst angerichtet hat. Der Terrorismus des NSU, das Erstarken von Pegida und die hohen Wahlergebnisse der AfD, die Ausschreitungen in Chemnitz, der Anschlag auf Muslime im neuseeländischen Christchurch und die Ermordung des Regierungspräsidenten Walter Lübcke – all diese Ereignisse rütteln die Öffentlichkeit auf und haben mehr miteinander und mit unserer Gesellschaft zu tun, als viele von uns immer noch denken. Die radikalen und populistischen Rechten waren aber schon immer da: auf der Straße und in den Parlamenten. 2019 kann niemand mehr die Bedrohung der Demokratie durch die populistische und radikale Rechte leugnen, und sie hat mehr mit den Nationalsozialisten gemeinsam, als wir oberflächlich sehen. Aber was genau steht dahinter? Wie greifen Rechtsaußen-Bewegungen und -Parteien nach der Macht? Dieses Buch legt die Ideologien, Ursachen und Zusammenhänge hinter den Ereignissen offen und zeigt Wege auf, wie wir die radikale Rechte stoppen können. Das ist so nötig wie möglich: Noch nie war die Gefahr für die offene Gesellschaft so groß wie heute, doch gleichzeitig – was im ersten Moment paradox erscheinen mag – sind die Voraussetzungen für den Erfolg der offenen Gesellschaft besser denn je. Ich möchte in diesem Buch auch Entwicklungen zeigen, die Hoffnung machen, denn die ist dringend nötig in Zeiten, in denen wir von Angstmache, Krisenszenarien und alarmistischen Schlagzeilen verfolgt werden.

Der Soziologe Max Weber definierte Macht als »jede Chance, innerhalb einer sozialen Beziehung den eigenen Willen auch gegen Widerstreben durchzusetzen, gleichviel worauf diese Chance beruht«. Das bedeutet für die Frage, wie die Rechten an die Macht kommen: Es geht darum zu verstehen, mit welchen Mechanismen und Ideologien sie versuchen, ihre Vorstellungen auch gegen großen Widerstand aus der Gesellschaft durchzusetzen. Aus ihren Plänen nach einer Machtergreifung macht die radikale Rechte keinen Hehl. So will Uwe Junge, Vorsitzender der AfD in Rheinland-Pfalz, eines Tages die Befürworter der Willkommenskultur »zur Rechenschaft ziehen«. Thüringens AfD-Chef Björn Höcke kündigt an, den Islam »am Bosporus« bekämpfen zu wollen, wenn »wir die Macht bekommen«. Bayerische AfD-Anhänger drohten der CSU-Frauenunion: »Wenn wir regieren, werdet ihr alle eingesperrt.« Für Petr Bystron, einen Bundestagsabgeordneten der AfD, sind politische Gegner »Linksextremisten«, mit denen »Schluss« ist, »wenn wir an die Macht kommen«. Dann will er polizeiliche Informationen über Gegendemonstranten nutzen, um politische Gegner zu verfolgen. Die totalitären Vorsätze offenbaren das wahre Gesicht der AfD. Die Partei hat sich immer mehr zu einer antidemokratischen Partei entwickelt und schreckt mittlerweile auch nicht mehr vor der offenen Zusammenarbeit mit Neonazis, rechten Hooligans und Gewalttätern zurück. Und die Fäuste werden nicht nur verbal geschwungen: Immer wieder greifen Rechtsradikale ihre vermeintlichen Gegner, Journalistinnen und Menschen aus Einwandererfamilien auch körperlich an. Wer sich gegen Rechtsradikalismus ausspricht, bekommt Hausbesuche und

Morddrohungen; Denunziation, Bedrohungen und Einschüchterungen gehören zum Handwerkszeug, um Privilegien zu bewahren und eigene Ziele entgegen den verfassungsrechtlichen Normen und Werten der Mehrheit durchzusetzen – eine historische Gefahr für die liberale Demokratie.

Um zu analysieren, wie die Rechten arbeiten und wie Demokraten ihre Pläne durchkreuzen können, habe ich Hunderte Dokumente, Studien und Quellen analysiert und zahllose Hintergrundgespräche geführt – mit zivilgesellschaftlich Engagierten, Betroffenen von Diskriminierung, Rassismus und Gewalt, mit Polizistinnen, Politikern, Journalistinnen, Experten, Wissenschaftlerinnen und Teilnehmenden an rechtsradikalen Protesten. Ihnen allen danke ich für die Einblicke und Perspektiven. Ich danke meinen Kolleginnen, meiner Familie und meinen Lektorinnen für die grandiose Unterstützung und kritischen Anmerkungen bei der Arbeit an diesem Buch. Besonders dankbar bin ich für die Expertise vieler Kolleginnen, Journalisten und Aktivistinnen, die sich die Mühe machen, Reden, Online-Kommunikation, Programme und Schriften rechtsradikaler Protagonisten detailliert zu analysieren und kritisch einzuordnen, sodass es nicht nötig ist, mit rechten Kadern reden zu müssen, um zu verstehen, was sie wollen und wie sie arbeiten. Auch weil zwischen dem, was Rechtsradikale öffentlich sagen, und dem, was sie in geschützten Räumen und in ihren Strategiepapieren von sich geben, häufig eine große Lücke klafft. Oft täuschen sie über ihre finalen Absichten hinweg, um in größere Teile der Bevölkerung einsickern zu können. Ein notwendiger Zwischenschritt zur politischen Machtergreifung ist die Verschiebung des öffentlichen Diskurses nach rechts. Der Rechtsradikalismus will zunächst seine Machtbasis in der politischen Kultur ausbauen, um dann einen politischen Umsturz anzuzetteln. Sein Ziel ist es, die Öffentlichkeit wieder an antisemitische, rassistische, nationalistische und rückwärtsgewandte Töne zu gewöhnen. Dafür ist es egal, wie faktenfrei und unsinnig die Behauptungen sind. Durch Provokationen und ständige Wiederholungen werden Ängste, Vorurteile und Umsturzfantasien geschürt. Zu diesem Zweck täuschen und lügen Rechtsradikale, sie passen sich taktisch an und normalisieren mit gezielten Tabubrüchen rechtsradikale Ideologie. Davon sollten wir uns nicht in die Irre führen lassen.

Wir müssen die Stärken und Schwächen der radikalen Rechten kennen, ihre Strategien und die Mechanismen der Mobilisierung. Wenn wir nicht mehr auf ihr Kalkül hereinfallen und dem rückwärtsgewandten Hass optimistische Solidarität entgegenstellen, dann können wir sie stoppen.

Lektionen aus Chemnitz

»Deutschland den Deutschen, Ausländer raus!«
»Festung Europa – Macht die Grenzen dicht!«
»Merkel muss weg!«
»Nationaler Sozialismus: jetzt, jetzt, jetzt!«
»Widerstand!«
»Wir sind die Fans – Adolf Hitler Hooligans!«

All diese Parolen hallen an einem Montagabend im Sommer 2018 durch Chemnitz. In diesen Stunden explodiert eine Mischung, die lange gären konnte. Was in den kommenden Tagen geschieht, ist ein Lehrstück für Angstmache, Mobilisierung und Radikalisierung: An Chemnitz werden zentrale Rechtsaußen-Strategien im öffentlichen Raum sichtbar.

Aber der Reihe nach: In der Nacht zum 26. August 2018 kommt es am Rande des Stadtfests nach einer Auseinandersetzung zu einer Messerstecherei. Daniel H., ein 35-jähriger Mann mit einem kubanischen Vater und einer deutschen Mutter, stirbt. Tatverdächtig sind zwei Asylsuchende. Mehr weiß man zu diesem Zeitpunkt nicht.

Etwa 6000 Menschen folgen am nächsten Tag einem Aufruf von Pro Chemnitz, einer rechtsradikalen Regionalpartei, die sich als »Bürgerbewegung« tarnt. Teilnehmende attackieren Gegendemonstranten und Journalisten, sie bepöbeln Menschen mit dunklerer Haut und Polizeibeamte. Neonazis, Hooligans, Identitäre und AfD-Politiker aus dem gesamten Bundesgebiet kommen nach Chemnitz, um ein Fanal zu setzen. Auch rechtsradikale Kampfsportler sind unter den Demonstranten. Rechtsradikalismus ist in der Region seit Jahrzehnten fest verankert. Binnen weniger Stunden können die rechtsradikalen Netzwerke Hunderte Unterstützer mobilisieren. Die organisierten Gruppen marschieren Seit an Seit mit sächsischen Bürgern, die sich entschieden verwehren, in die rechte Ecke gestellt zu werden. »Wir sind keine Nazis, aber…« – aber was dann? Sie stehlen sich gegenüber der Gesellschaft und der Geschichte aus der Verantwortung für ihr Handeln. Es ist sehr leicht, immer anderen die Schuld zu geben und sich als Opfer darzustellen. Mit Courage hat das aber nichts zu tun, und es ist wichtig, die wirklichkeitsfremde Selbstdarstellung der Rechten zu entschleiern.

Noch bevor Hintergründe über den Todesfall bekannt sind, schafft die rechtsradikale Bewegung Tatsachen. Die Rechtsradikalen koordinieren sich über öffentliche und konspirative Kanäle im Internet – Neonazis aus verschiedenen Bundesländern kündigen ihr Erscheinen an. Im Netz schüren die Rechtsradikalen mit Fake News Angst: Die Ausschreitungen von Chemnitz, so der Tenor, seien »Notwehr eines geschundenen und zum Aussterben verurteilten Volks«. In der Messerstecherei sehen sie den Beweis für die »Vernichtung der Deutschen per Migrationswaffe«.

Mit der geballten Rechtsaußen-Mobilisierung ist die

Polizei überfordert. Den 6000 Demonstranten stehen nur 600 Beamte gegenüber. Etwa 1500 Menschen demonstrieren gegen die Instrumentalisierung des Todesfalls. Ohne die vielen antifaschistischen Aktivisten, die vor allem aus Leipzig und Dresden anreisen, wäre der demonstrative Schutz des Grundgesetzes in Chemnitz noch schwächer. Doch Gegendemonstranten, Polizisten, Menschen aus Einwandererfamilien und Journalistinnen werden von Rechtsradikalen attackiert, und abseits der Öffentlichkeit eskaliert am Abend erneut die Gewalt: Etwa ein Dutzend Vermummte attackieren das jüdische Restaurant »Schalom« mit Steinen, Flaschen und einem Stahlrohr. Der Eigentümer wird verletzt, das Gebäude beschädigt. Der antisemitische Anschlag in SA-Manier macht international Schlagzeilen.

Dann bemüht sich die AfD um den Thüringer Fraktionsvorsitzenden Björn Höcke, die Rechtsaußen-Proteste hinter sich zu vereinen. Am folgenden Wochenende mobilisieren Spitzenfunktionäre von AfD und Pegida zu einer als »Trauermarsch« betitelten Demonstration. Erneut kommt es zu gewalttätigen Ausschreitungen. Die Demonstration der AfD vereinigt sich mit einem Protestzug von Pro Chemnitz – man zeigt Geschlossenheit. Der Schulterschluss zwischen rechten Hooligans, Nazikameradschaften, trainierten »Sportgruppen«, offen nationalsozialistischen Kleinstparteien wie Der Dritte Weg und dem reaktionären Bürgertum, das in der AfD ein politisches Zuhause gefunden hat, ist brisant. Hinter Höcke reihen sich Neonazis, Rechtsradikale diverser Gruppen und neurechte Kader wie Götz Kubitschek ein: Die von den Rechtsaußen um Höcke schon länger geplante »fundamentaloppositionelle Bewegungspartei«

offenbart ihre Integrationskraft vom äußersten rechten Rand bis in die Stadtgesellschaft.

In seinem Buch *Nie zweimal in denselben Fluss* beschreibt Höcke die Strategie: Dem Rechtsradikalen in Nadelstreifen geht es darum,»die ›rohen‹ Formen der Bürgerproteste geistig zu veredeln«.[2] Erklärtes Ziel ist es, die mobilisierbare Masse – die insbesondere aus reisewilligen Rechtsradikalen und Neonazis besteht – in eine langfristige Gesamtstrategie zu integrieren. Der Schulterschluss von Chemnitz zeigt wie unter dem Mikroskop die Gefahren der Machtergreifungsstrategien von rechts außen. Bereits Monate zuvor demonstrierten im pfälzischen Kandel bis zu 4000 Menschen bei rechtsradikalen Demonstrationen. Auch dort marschierten Neonazis, Identitäre und AfD-Politiker gemeinsam. Wer denkt, Rechtsradikalismus sei nur ein ostdeutsches Problem, täuscht sich. Im Osten der Republik schlagen sie lediglich besonders brachial zu, aber auch den Rest der Republik verschonen sie nicht. Allerdings wird der Rechtsradikalismus im Westen häufig ignoriert.

Nach den Ereignissen in Chemnitz wurde die Öffentlichkeit vor allem durch den damaligen Verfassungsschutz-Chef Georg Maaßen in eine irreführende Diskussion darüber verwickelt, ab wie vielen Metern rassistischer Verfolgung man von einer »Hetzjagd« sprechen könne – anstatt über die Ursachen rassistischer Aggressionen zu sprechen und nach Antworten auf die gefährliche Verankerung des rechtsradikalen Gewaltmilieus zu suchen. Voraus ging der Diskussion ein Video aus Chemnitz, in dem eine Frau ihren Mann mit den Worten »Hase, du bleibst hier« davon abhält, sich an der Jagd auf Menschen aus Einwandererfamilien zu beteiligen. Wie zuvor schon in Dresden, Heidenau und Freital radikalisierten sich einige der flüchtlingsfeindlichen Protestierenden schnell bis in die organisierte Gewalt: Die kurz nach den Ausschreitungen aufgeflogene Bürgerwehr Revolution Chemnitz steht unter Verdacht, rechtsterroristische Anschläge vorbereitet zu haben. Und wie fest die Chemnitzer Fußballfanszene im Griff von Rechtsradikalen ist, zeigte sich erneut, als im März 2019 während eines Spiels des Chemnitzer FC viele Fans und Teile des Vereins eines verstorbenen neonazistischen Hooligans gedachten.

#wirsindmehr – aber nicht überall

Interventionen überregionaler Akteure und Medien sind hilfreich, um die schweigende Masse zu stärken und sichtbar zu machen, die den Rechtsradikalismus entschieden ablehnt. Diese Masse gibt es auch in Chemnitz: An der Technischen Universität studieren mehr als 11 000 Menschen – darunter etwa 3000 ausländische Studierende. Die Stadt ist bekannt für ihre alternative Kulturszene. Viele Menschen engagieren sich für Geflüchtete, Demokratie und gegen Rechtsradikalismus. Besonders beeindruckend war das Protestkonzert unter dem Motto #wirsindmehr, zu dem nur eine Woche nach den rassistischen Ausschreitungen 65 000 Menschen in Chemnitz zusammenkamen. Organisiert wurde das Konzert von der Chemnitzer Band Kraftklub, unterstützt vom örtlichen Stadtmarketing und bekannten Künstlern wie den Toten Hosen, Feine Sahne Fischfilet und Caspar.

Kritische Stimmen, etwa der sächsische Jugendarbeiter Tobias Burduka, wenden ein, dass die Nichtrechten im Alltag in ländlichen Regionen keineswegs mehr sind. Er beobachtet: Gerade aus den ländlichen Regionen in Sachsen ziehen viele weg, die für eine weltoffene Gesellschaft stehen. Weil es ihnen dort zu eng wird und sie es nicht mehr aushalten, können sich die Neonazis immer ungehinderter ausbreiten.[3] Die Beobachtung stimmt, und sie macht deutlich: Um die Normalisierung der Menschenfeindlichkeit zu beenden, ist entschlossene Gegenwehr gefragter denn je. Der Rechtsstaat muss seine Möglichkeiten besser ausschöpfen, um der radikalen Rechten im Alltag auf die Pelle zu rücken. Nötig ist unter anderem mehr Geld für nichtrechte Jugend- und Kulturarbeit im ländlichen Raum, um den radikalen Rechten die Rolle der vermeintlichen Kümmerer streitig zu machen. Und die Zivilgesellschaft muss den Druck erhöhen.

Mobilisierung des Hasses

Die radikale Rechte weiß um die Macht von Bildern und die öffentliche Deutung kritischer Ereignisse. Nicht nur was gesagt wird und was nicht, prägt die Botschaft, sondern auch, welche Worte dabei verwendet werden, also wie etwas gesagt wird. Noch stärker als Worte lösen Bilder und Videos Gefühle aus. Längst geht es bei vielen politischen Aktionen deshalb vor allem darum, Bilder und Inhalte für den »Informationskrieg« im Netz und in den Medien zu produzieren. Die von Rechtsradikalen verbreiteten Aufnahmen aus Chemnitz werden als Beweis verbreitet, dass sich »das Volk« nun angeblich erhebe. Jeder, der mitläuft, unterstützt die Inszenierung – ob gewollt oder nicht. Am Abend des #wirsindmehr-Konzerts riefen Rechtsradikale dazu auf, linke Demonstranten am Gedenkort für den ermordeten Daniel H. zu gewaltsamen Ausschreitungen zu provozieren. Bilder davon wollte man nutzen, um die #wirsindmehr-Veranstaltung als »linksextrem« zu denunzieren. Doch der Plan ging nicht auf, weil die Nazigegner die Provokationen ins Leere liefen ließen – und die rechtsradikalen Unruhestifter rechts liegen blieben.

Oft genug funktioniert die Taktik jedoch. Mit aufstachelnden Aktionen bündeln Rechtsradikale Betroffenheit, Verunsicherung, Stereotype und Zukunftsangst und rufen Handlungsdruck in ihrem Sinne hervor. In Chemnitz hat der tragische Tod eines jungen Mannes als Rechtfertigung hergehalten, um willkürlich Menschen aus Einwandererfamilien zu jagen und anzugreifen. Das hat weder etwas mit Trauer noch mit Selbstjustiz im Sinne von Gerechtigkeit zu tun. Rechtsradikale suchen und finden immer auslösende Ereignisse, mit denen sie Menschen aufstacheln, Gewalt rechtfertigen und den Hass auf die Straßen bringen. Ihr Ziel ist, vorhandene Spannungen zu polarisieren und zu steigern, bis es zum Ausbruch kommt. Ein zentraler Mechanismus ist es, Menschen aus Einwandererfamilien generell zu einer gefährlichen Bedrohung zu erklären. Ob Straftäter deutscher oder nichtdeutscher Abstammung sind, ist in der Öffentlichkeit zu einer relevanten Frage geworden. Diese Ethnisierung von Konflikten ist ein folgenschwerer Triumph der radikalen Rechten. Menschen aus Einwandererfamilien stehen damit unter Generalverdacht, und Integrationsbemühungen und -erfolge werden planmäßig torpediert. Der Mechanismus dahinter ist die Aufhebung des Unterschieds zwischen Individuum und Gruppe. Die Aufhebung der Individualität negiert nicht nur Einzelfall und Pluralität, sondern auch die individuellen Menschenrechte:»Du bist nichts, dein Volk ist alles«– dieser Slogan des Volksgemeinschaftswahns soll wieder entscheidend werden. Es geht einerseits um den Ausschluss der als»die Anderen« Markierten und andererseits um eine neue»Wir«-Integration nach ethnisch-kulturellen Merkmalen. Letztendlich ist es das Ziel der radikalen Rechten, den verhassten Liberalismus abzuschaffen und individuelle Freiheiten kollektiven Zwängen unterzuordnen. Mit Liberalismus ist im ideengeschichtlichen Verständnis eine aufgeklärte, offene, freiheitliche und fortschrittliche Demokratie gemeint – nicht der marktgläubige Wirtschaftsliberalismus.

Aus Sicht der radikalen Rechten steigt die Notwendigkeit, die eigenen Reihen fest zu schließen, je bedrohlicher und bösartiger»die Anderen« beschrieben werden. Was das bedeutet, wissen viele Menschen, die die radikale Rechte zum Abschuss freigegeben hat: Ausgrenzung, Angst, Gewalt und Sich-verstellen-und-verstecken-Müssen.

Rechtsaußen-Hardliner wollen einen Bürgerkrieg (»Rassenkrieg«) zwischen Menschen mit und ohne Einwanderungsgeschichte auslösen. Ihr Ziel ist die ethnisch und kulturell homogene Volksgemeinschaft. Die Rhetorik der kriegerischen Entmenschlichung bereitet derartigen Vorstellungen den Weg: Menschen auf der Flucht werden»Invasoren« oder»Messermigranten«

genannt. Die Äußerungen verletzen die Würde dieser Menschen und behaupten eine verallgemeinerte Gefahr durch Einwanderer. Sie werden pauschal als Bedrohung dargestellt. Nach dieser Sichtweise stehen Ausländer- und Flüchtlingsfeinde dann nicht mehr als antidemokratische Aggressoren da. Vielmehr können sie sich als patriotische Beschützer und Verteidiger gerieren, die das Land vor einer drohenden Katastrophe bewahren. Für diese pauschalisierende Schuldumkehr greift die radikale Rechte auch auf Falschdarstellungen und Lügen zurück. Rechtsradikale Gewalttäter weltweit nutzen dieselbe Sprache, um ihren Hass zu rechtfertigen – etwa der Massenmörder Brenton Tarrant, der am 15. März 2019 im neuseeländischen Christchurch einundfünfzig Muslime tötete: 65 Mal tauchen in dessen »Manifest« die Begriffe »Invasion« beziehungsweise »Invasoren« auf, mit denen er seine Opfer entmenschlichte.

Angstmache statt Politik

Laut der AfD-Bundestagsfraktionschefin Alice Weidel habe sich die Sicherheitslage in Deutschland durch Geflüchtete »dramatisch verschärft« – obwohl in Wirklichkeit die schwere Gewaltkriminalität in Deutschland in den vergangenen Jahrzehnten massiv zurückgegangen ist. Eine Untersuchung des Kriminologen Thomas Feltes aus Bochum zeigt: Die subjektive Angst vor Kriminalität ist 65 Mal so hoch wie die reale Gefahr, zum Opfer von Kriminalität zu werden. [4] Der Medienforscher Thomas Hestermann stellt fest: Die Berichterstattung im deutschen Fernsehen und in Zeitungen hat nach den sexualisierten Übergriffen in der Silvesternacht 2015 in Köln »den gewalttätigen Einwanderer als Angstfigur neu entdeckt«. Die Zahl registrierter Straftaten ist 2017 in Deutschland so stark zurückgegangen wie seit zwanzig Jahren nicht mehr. Trotzdem ist die Angstmache ein erfolgreiches Mobilisierungsmittel. Demagogen nutzen angebliche oder tatsächliche sexuelle Übergriffe und Gewalttaten, um das falsche und pauschalisierende Bild sexuell übergriffiger Fremder und schützender deutscher Männer zu konstruieren. Im Netz werden solche Darstellungen und behauptete Übergriffe dann zehntausendfach geteilt. In den Beiträgen wird ohne jede Differenzierung einerseits die Feindgruppe stigmatisiert und andererseits die Eigengruppe vom Stigma des Sexismus reingewaschen: »Die anderen sind das Problem!«

Die radikale Rechte stellt den liberalen Staat als gescheitert und zu schwach dar, um die Bevölkerung zu schützen. Dem Drohszenario von außen und der Schwäche von oben wird die Wehrhaftigkeit und Selbstermächtigung von rechts außen entgegengesetzt. Es werden aber nicht nur Ängste geschürt, sondern die vermeintlichen Lösungen gleich mit angeboten: Die Deutschen sollten entschlossener und »männlicher« sein, um sich zu wehren. Alte Ideale soldatischer Männlichkeit werden angerufen. Die behauptete große Gefahr, die von Geflüchteten und Einwanderung generell ausgehe, erfordere demnach sofortige Gegenmaßnahmen, die ihren Ausdruck in den massenhaften »Widerstand«-Parolen in Chemnitz, Kandel, Berlin, Dortmund und Dresden finden: Widerstand gegen angeblich gefährliche Veränderungen.

Von Widerstand zu sprechen – und eben nicht von Angriff – ist ein rhetorischer Trick. Denn Gewalt wird von
den meisten Menschen abgelehnt, wenn der Gewalttäter
als Aggressor erscheint. Wenn es jedoch gelingt, Aggressionen als Widerstand, Verteidigung oder Notwehr gegen angebliche Bedrohungen darzustellen, wächst das
Verständnis: Wenn also Geflüchtete als »Invasoren« ge-
sehen werden, die das Ziel verfolgen, das deutsche Volk
»auszutauschen«, dann sind die Mittel, die gegen sie
eingesetzt werden, keine aggressiven Handlungen mehr
und weniger tabuisiert. Dieser Logik der Rechtfertigung
folgend, erklärte der AfD-Fraktionsvorsitzende Alexander Gauland die Krawalle in Chemnitz zur »Selbstverteidigung«[5]. Aus unpolitischen Taten von Einzelnen
werden ethnisch-kulturelle Großkonflikte geschürt. Der
Versuch, durch Täter-Opfer-Umkehr Diskriminierung
und Gewalt zu rechtfertigen, ist ein zentraler Schach-
zug der Rechtsradikalen – nicht erst seit den Ausschreitungen in Chemnitz. Gewalttäter und Terroristen radikalisieren diese Täter-Opfer-Umkehr. Dabei ist es egal,
wie konstruiert diese Rechtfertigungsversuche sind.
Der Rechtsterrorist, der in Neuseeland einundfünfzig
Muslime tötete, inszenierte seine Taten als Vergeltungs-
reaktion auf islamistische Gewalttaten in Europa – fast
20 000 Kilometer entfernt! Und trotzdem glauben viele
diese Umdeutung der tödlichen Aggression und verbreiten im Internet die Propaganda des Terroristen
weiter.

Propaganda bis zur Eskalation

Die Täter-Opfer-Umkehr hat eine lange Tradition. »Die Juden sind unser Unglück« – der nationalsozialistische Propaganda-Apparat wurde von den Ursprüngen bis zum Untergang des Naziregimes nicht müde, die Schuld und Verantwortung für die schlimmsten Gräueltaten den Opfern zuzuschreiben. Der deutsche Überfall auf Polen, mit dem 1939 der Zweite Weltkrieg begann, wurde mit einem von der SS fingierten, angeblich polnischen Angriff auf den Sender Gleiwitz begründet. Hitler gab die Strategie vor: »Die Auslösung des Konfliktes wird durch eine geeignete Propaganda erfolgen. Die Glaubwürdigkeit ist dabei gleichgültig, im Sieg liegt das Recht.« Noch im politischen Testament, das Hitler am Vortag seines Suizides verfasste, behauptete er, es sei eine Lüge, »dass ich oder irgendjemand anderer in Deutschland den Krieg im Jahre 1939 gewollt habe«. »Ausschließlich«, so Hitler, »internationale Staatsmänner, die entweder jüdischer Herkunft waren oder für jüdische Interessen arbeiteten«, hätten den Krieg gewollt. Schuld sind für die Rechtsradikalen immer ihre Opfer.

Die Nationalsozialisten rechtfertigten ihre Expansions-, Vernichtungs- und Unterdrückungspolitik als angeblich notwendige Verteidigung gegen die behauptete Bedrohung durch Juden. Für alle möglichen angeblichen Gefahren machten die Nazis sie verantwortlich, zum Beispiel für »Überfremdung«, Zukunftsangst, Materialismus, Demokratie, Liberalismus, Dekadenz, Marxismus und Kapitalismus. Die krude Universalerklärung einer liberal-marxistisch-jüdischen Verschwörung, gegen die sich das deutsche Volk wehren müsse, verfing in der Bevölkerung. Viele Deutsche ließen sich ideologisieren und folgten den Nazi-Anführern in Vernichtung, Zerstörung und Tod. Nicht wenige sahen sich selbst als Patrioten, als Verteidiger des Vaterlands vor der von den Nazis konstruierten Bedrohung. Auch wirtschaftspolitisch war die Angstpolitik erfolgreich. Die kriegswichtige Rüstungsindustrie und die Ausbeutung Hunderttausender Zwangsarbeiter schafften nach wirtschaftlichen Krisenzeiten und Abstiegssorgen Arbeitsplätze und Wohlstand.

Der Historiker Eric J. Hobsbawm deutet die Ursprünge der radikalen Rechten, die zu den europäischen Faschismen des 20. Jahrhunderts führten, als Reaktion auf gesellschaftliche Modernisierungsprozesse im späten 19. Jahrhundert: erstens als Reaktion gegen die immer schnellere Transformation von Gesellschaften durch den Kapitalismus, zweitens als Reaktion gegen die aufstrebende sozialistische Arbeiterbewegung und drittens als Reaktion gegen die damaligen Migrationsbewegungen.[6] In historischer Perspektive war der deutsche Nationalsozialismus ein monströser Gegenschlag auf dem Weg der Durchsetzung der liberaldemokratischen Grundlagen unseres heutigen Zusammenlebens. Verantwortlich für den katastrophalen Gegenschlag sind aber nicht die demokratischen Fortschritte in der Weimarer Republik, sondern die Schwäche der demokratischen Kultur in der Zivilgesellschaft und die fehlende Wehrhaftigkeit der Republik gegen das zerstörerische Treiben in ihrem Inneren. Schuld am Nationalsozialismus waren die völkischen Wegbereiter, die Nazifunktionäre und die mehr als zwanzig Millionen Deutsche, die bei der Reichstagswahl 1933 für Antidemokraten stimmten. Deren Wahlkampf wurde mit Millionenhilfen aus der Industrie unterstützt. Die Nazis profitierten von der Weltwirtschaftskrise, indem sie die existenzielle Bedrohung und Verunsicherung der Menschen politisierten und mobilisierten. All das ist bekannt.

Wenn ich historische Auszüge und Beispiele heranziehe, die aus dem Zivilisationsbruch des Nationalsozialismus oder jener Bewegungen stammen, die ihm den Weg bereiteten, dann in zweierlei Absicht: Vor allem geht es darum, hintergründige Mechanismen und Kontinuitäten aufzuzeigen. Außerdem soll daran erinnert werden, zu welch katastrophalen Folgen es führen kann, wenn die Abwertung von Menschengruppen, die Verachtung des Parlamentarismus, Verschwörungstheorien und die Lust am Untergang der liberalen Demokratie geduldet werden. Historische Gegenüberstellungen implizieren nicht, dass die neuen Politiker von rechts außen und deren Wählerschaft es automatisch und vor allem auf Krieg, Deportation und Massenvernichtung absehen. Aber was kommt in zehn oder zwanzig Jahren? Was, wenn massenhaft Verhetzte keinen demokratischen Weg mehr sehen?

Gesamtgesellschaftlich ist die Situation heute eine andere als in der Weimarer Republik, aber die sozialen Mechanismen, mit denen die radikale Rechte operiert, ähneln sich. Wir müssen erleben, wie die gleichen Mechanismen erneut die Erfolge politischer Rechtsaußen-Kräfte garantieren: Die neuen Reaktionäre geben der »Flüchtlingsinvasion«, gegen die man sich wehren müsse, die Schuld für eigene Aggressionen – sonst drohe der »Volkstod« durch »Afrikanisierung, Orientalisierung und Islamisierung«, wie der Thüringer AfD-Chef Höcke schreibt. Der bisher dem militanten Neonazimilieu vorbehaltene NS-Begriff »Volkstod« und die damit verbundene völkische Ideologie sind mit der AfD im Bundestag angekommen.

Schleichende Radikalisierung

Wie konnte es dazu kommen? Als ich nach den Eskalationen in Chemnitz in die ZDF-Talkshow Markus Lanz eingeladen war, um mit dem Vizepräsidenten des Deutschen Bundestags, Wolfgang Kubicki, und anderen über die Ereignisse von Chemnitz zu diskutieren, ging es sehr schnell nicht mehr um Rechtsradikalismus, sondern um Geflüchtete. Der FDP-Politiker Kubicki weiß sehr wohl, dass Rassismus nicht einfach vom Himmel fällt. Dennoch provozierte er mit der Aussage, Angela Merkels »Wir schaffen das« sei die Wurzel der rechten Gewalt in Chemnitz. Das ist ein Beispiel für das rhetorische Schattenboxen vieler liberaler Demokraten: Nicht aus Überzeugung, sondern aus taktischem Kalkül öffnet man sich nach rechts. Es folgte harsche Gegenrede, auch aus den eigenen Reihen. Kubicki kritisierte zwar in seinem ausführlichen Statement auch die Polizei und die sächsische Landesregierung, doch klar ist: Schuld an der Gewalt tragen die Gewalttäter selbst. Eine Verlagerung der Verantwortung kommt im politischen Diskurs einer Entlastung der Täter gleich.

Die Wurzeln der radikalen Rechten liegen nicht, wie häufig behauptet wird, in der Asylpolitik des Jahres

2015, als die deutsche Bundesregierung die Grenzen für die in Ungarn gestrandeten Geflüchteten offen ließen. Die Rechtsradikalen sind schon immer Teil dieses Landes, aber Politik und Gesellschaft haben die Bedrohung für die Demokratie nicht ernst genommen. Merkels »Wir schaffen das« ist nicht die Ursache des Hasses von rechts außen, der schlichte Pragmatismus des Satzes wird aber von völkisch-nationalen Pessimisten und Angstmachern als große Provokation aufgefasst und als Kriegserklärung gegen völkische Ansprüche wahrgenommen.

Den Auftakt der neuen Rechtsaußen-Offensive bildeten ab 2013 diverse NPD-nahe »Nein zum Heim«-Initiativen, die in sozialen Netzwerken und Straßenprotesten auftauchten – also vor der Migrationskrise im Sommer 2015. In deren Zuge haben auch Intellektuelle dem Schulterschluss der radikalen Rechten auf der Straße den Weg bereitet: Ein wichtiger Zwischenschritt war die »Gemeinsame Erklärung 2018«, initiiert von der rechten Publizistin Vera Lengsfeld. Erstunterzeichner waren bekannte Autoren wie Uwe Tellkamp und Henryk M. Broder, aber auch langjährig aktive Rechtsradikale wie Dieter Stein und Karlheinz Weißmann von der neurechten Wochenzeitung *Junge Freiheit*. Den Aufruf unterzeichneten über 165 000 mehr oder weniger prominente Personen – darunter viele mit Berufen der oberen Mittelschicht. Sie kritisieren »illegale Masseneinwanderung« und erklären sich solidarisch mit »denjenigen, die friedlich dafür demonstrieren, dass die rechtsstaatliche Ordnung an den Grenzen unseres Landes wiederhergestellt wird«. Was für manche eher harmlos klingen mag, ist die bürgerlich-intellektuelle

Aufwertung rechtsradikaler Demonstranten und Netzwerke. Denn Akteure aus dem Umfeld der NPD oder neurechte Bündnisse wie »Ein Prozent für unser Land« und die AfD stehen bundesweit hinter fast allen größeren Kundgebungen gegen Geflüchtete und die Asylpolitik der letzten Jahre. Diese Akteure tarnen sich häufig als »Bürgerbewegung« oder »Bürgerinitiative« und folgen damit einer Mimikry-Strategie.

Nicht vom Himmel gefallen

Im Jahr 2004 zog die NPD mit 9,2 Prozent der Stimmen in den sächsischen Landtag – lange vor der Migrationskrise. Seit den Neunzigerjahren ist Chemnitz eine Hochburg der international vernetzten Neonaziszene. Die Rechtsterroristen des NSU tauchten bei Chemnitzer Unterstützern unter. Diese Helfer wurden bis heute nicht zur Verantwortung gezogen. Und bereits im Jahr 2013 demonstrierten im sächsischen Schneeberg, etwa vierzig Kilometer südwestlich von Chemnitz, 1800 Menschen gegen eine Asylunterkunft. Die Demos meldete ein örtlicher NPD-Funktionär an. Passend titelte die *taz* damals: »NPD-Aufmarsch im Erzgebirge: Unter bürgerlichem Deckmantel«[7]. Nichts anderes passiert bei Pegida in Dresden und im August 2018 in Chemnitz: Rechtsradikalismus wird ummantelt und unterstützt aus der sogenannten Mitte der Gesellschaft. Fünfzig Kilometer nördlich von Chemnitz liegt Mügeln: Dort hetzten im Sommer 2007 etwa fünfzig Deutsche acht Inder durch die Stadt. Behörden und Politik verharmlosten die rassistischen Ausschreitungen, für den Bürgermeister war der Ruf der Stadt das eigentliche Opfer – aufgrund der kritischen Öffentlichkeit.

In vielen Regionen sind Rechtsradikale im Stadtbild, bei Festen, im Stadion, in Vereinen und Betrieben seit Jahrzehnten Teil der Normalität. Es ist wichtig, sich vor Augen zu halten, was das im Alltag bedeutet: Rechtsradikale sind Steuerzahlerinnen und Arbeitgeber, Nachbarinnen und Cousins, Mitglied im Sportverein und der Feuerwehr, Töchter von Polizisten, Pfleger der Alten und Kranken, Handwerker und Angestellte im öffentlichen Dienst. Neonazis sind Teil der Gemeinschaft. Die vielstimmigen Abwehrreaktionen dagegen, »in die rechte Ecke gestellt zu werden«, sind Ausdruck dieser pathologischen Normalität. Wem Rassismus und die Verharmlosung des Nationalsozialismus im Alltag ganz selbstverständlich begegnen, der kommt von selbst gar nicht auf die Idee, was daran problematisch sein könnte. Wenn der erfahrbare Alltag rechtsdominiert ist, werden abstrakte und »von außen« transportierte Interventionen und Zuschreibungen zurückgewiesen.

Immer wieder zeigt sich: Erst nach eruptiven Ereignissen – insbesondere Gewalttaten – wird Rechtsradikalismus als Problem wahrgenommen. Vielerorts ist es da aber zu spät für jedes »Wehret den Anfängen«, denn die Ideologien und Strukturen der radikalen Rechten sind bereits fest verankert. In einigen Fällen ist ihre Dominanz so verfestigt, dass sie gar keine Gewalt mehr anwenden müssen – weil es niemanden (mehr) gibt, der sich ihnen in den Weg stellt.

An den Ereignissen in Chemnitz 2018 kann man von der Angstmache über die Propaganda, die Täter-Opfer-Umkehr, die schleichende Radikalisierung bis zur Vernetzung und Mobilisierung viele der typischen Entwicklungen und Strategien von Deutschland rechts außen gut erkennen. Um aber die aktuelle Situation wirklich umfassend verstehen und angemessen dagegenhalten zu können, muss man die Merkmale und Entwicklungen der radikalen Rechten noch grundsätzlicher in den Blick nehmen.

Die vielen Facetten
von Deutschland
rechts außen

Durch Sprache sortieren wir die Welt. Begriffe können helfen, die Umgebung, in der wir leben, zu verstehen. Aber sie können auch in die Irre führen, unzulässig stigmatisieren oder verharmlosen. Rechtsradikale bezeichnen sich selbst als Patrioten oder Konservative und gründen »Bürgerinitiativen«. Damit täuschen sie die Öffentlichkeit und verwischen die Grenze zwischen legitimen rechtsdemokratischen Positionen und gefährlichen rechtsradikalen Positionen. Die Aufhebung dieser Unterscheidung führt zu Diskursverschiebungen durch das Einsickern rechtsradikaler Ideologie in die Gesellschaft. Damit bedrohen die zentralen Kampagnen der Rechtsaußen-Politik historische Fortschritte, die die Mehrheit der Deutschen unterstützt.

Im Artikel 3 des Grundgesetzes heißt es: »Niemand darf wegen seines Geschlechtes, seiner Abstammung, seiner Rasse, seiner Sprache, seiner Heimat und Herkunft, seines Glaubens, seiner religiösen oder politischen Anschauungen benachteiligt oder bevorzugt werden. Niemand darf wegen seiner Behinderung benachteiligt werden.«* Doch Rechtsaußen-Akteure gehen von einer Ungleichwertigkeit von Menschen aus. Antisemitismus, Sexismus, Muslimfeindlichkeit, Rassismus oder Ethnopluralismus sind Ausdruck dessen. Rassismus ist dem Soziologen Albert Memmi zufolge »die verallgemeinerte und verabsolutierte Wertung tatsächlicher oder fiktiver Unterschiede zum Vorteil des Anklägers und zum Nachteil seines Opfers, mit der seine Privilegien oder seine Aggressionen gerechtfertigt werden sollen«[1]. Ethnopluralismus als modernisierte Form des Rassismus basiert darauf, Menschen aufgrund ethnisch-kulturalistischer Merkmale räumlich zu separieren – nach dem Motto: »Deutschland den Deutschen, die Türkei den Türken.«

Die Begriffe *rechts außen* und *radikale Rechte* sind Sammelbegriffe. Sie können unterschiedliche politische und ideologische Strömungen umfassen. Gemeint sind damit Akteure, Einstellungen und Verhaltensweisen, die in Konflikt stehen mit den demokratischen, in der Verfassung festgelegten Regeln und Werten, zum Beispiel der Unantastbarkeit der Menschenwürde und dem Gleichheitsrecht.

Der Begriff *rechts außen* erfüllt eine relationale Funktion: Er beschreibt also ein Verhältnis. Das Dresdner Pegida-Bündnis steht im Verhältnis zu den Menschenrechten und zur großen Mehrheit der Bevölkerung *rechts*

---

* Die Verwendung des Begriffes »Rasse« ist selbst problematisch, weil schon die Existenz menschlicher »Rassen« eine Erfindung der Rassisten ist. Darum plädieren Fachleute, etwa des Deutschen Instituts für Menschenrechte, dafür, den Begriff in der Verfassung zu ersetzen.

außen. Innerhalb dieses rechtsradikalen Spektrums stehen Neonazis, die Gewalt und den Nationalsozialismus offensiv verherrlichen, *noch weiter rechts außen.* Die AfD als Gesamtpartei steht weit *rechts außen* der politischen Mitte, und sie steht im Widerspruch zu zentralen demokratischen Grundwerten. Die Partei ist in der Gesamtbetrachtung rechtsradikal, aber sie ist in sich nicht homogen. Eine Reihe von Funktionären und diverse Strömungen, die in den vergangenen Jahren massiv an Einfluss gewonnen haben, stehen selbst innerhalb der AfD *rechts außen.*

Dem Wortsinn nach können Rechtsradikale nicht »radikal« (von lateinisch »radix«, Wurzel) sein, denn sie gehen den wirklichen Problemen nicht an die Wurzel. Vielmehr führen sie mittels Sündenböcken, nationaler Kollektivierung und Verschwörungstheorien in die Irre und verschleiern dadurch Widersprüche und Interessenskonflikte innerhalb der Gesellschaft. Und die gibt es selbstverständlich. Soziale und wirtschaftliche Unterschiede hierarchisieren das Zusammenleben. Davon lenkt die radikale Rechte ab, indem sie soziale und politische Fragen zu ethnisch-kulturellen Problemen verklärt. In der radikalen Rechten werden Einstellungen und Mechanismen gesteigert, die sich auch in der »Mitte« unserer Kultur und Gesellschaft finden (beispielsweise Rassismus und Sexismus) – sie werden *radikalisiert* und politisiert. Rechts außen ist ein Produkt der Gesellschaft, der Rechtsradikalismus nährt sich aus der Mitte, und die Grenzen verschwimmen zunehmend. Ich nutze den Begriff des Rechtsradikalismus trotz seiner Mängel, um auf den Aspekt der Radikalisierung gesamtgesellschaftlicher Themen hinzuweisen und um diesen soziologischen Ansatz vom »Extremismus«-Verständnis staatlicher Akteure abzugrenzen.

Alle Nazis sind rechtsradikal, aber nicht alle Rechtsradikalen sind Nazis

Ich erlebe immer wieder, wie Menschen Rechtsradikalismus mit der NPD und dem NSU verbinden oder mit jugendlichen Skinheads und Neonazis, die vor allem in den Neunzigerjahren das Bild prägten – so als hätte der Rechtsradikalismus gar nichts mit unserer Gesellschaft zu tun. Das ist das Bild, welches bis heute das staatliche Rechts*extremismus*verständnis maßgeblich prägt. Selbst im Jahr 2019 nutzen Medien noch das längst überholte Symbolbild schwarzer Springerstiefel mit weißen Schnürsenkeln. Dabei sind für Rechtsradikale heute eher Sportkleidung oder Hundekrawatten à la Gauland typisch.

Der Rechtsradikalismus hat seit der Gründung der Bundesrepublik unterschiedliche Entwicklungsstadien durchlaufen: Doch nie war er ausschließlich eine Jugendsubkultur, und niemals stellte er die Demokratie nur *von außen* infrage. Rechtsradikale Einstellungen sind in allen gesellschaftlichen Milieus und politischen Lagern verbreitet. Der Rechtsradikalismus war – entgegen vieler anderslautender Klischees – nie eine reine Erscheinung der sozial Abgehängten oder Randständigen. Ein sorgfältiger Umgang mit Sprache und eine präzise Benennung sind wichtig, um Behauptungen und Versprechungen, Wahlkampfmaschen und langfristige Strategien einordnen zu können. Häufig speisen sich als »rechtspopulistisch« verharmloste Entwicklungen in Deutschland erheblich aus der Geschichte des Rechtsradikalismus: sowohl hinsichtlich Ideologie und Strategie als auch hinsichtlich der Wählerschaft.

In der Öffentlichkeit werden verwandte Begriffe jedoch diffus, missverständlich und bisweilen verharmlosend verwendet – etwa Rechtspopulismus, Rechtskonservativismus, Deutschnationalismus und Rechtsnationalismus. Zur Freude der AfD hat die Tagesschau 2016 entschieden, die Partei nicht mehr als »rechtspopulistisch« zu bezeichnen. Das wäre nachvollziehbar, würde Tagesschau-Chef Kai Gniffke die Partei stattdessen als »rechtsradikal« oder »rechtsextrem« bezeichnen. Aber nein, Gniffke zufolge wolle man den Zuschauern nicht vorschreiben, was sie zu glauben haben – als wäre die Frage der korrekten Einordnung eine Glaubensfrage und keine Faktenfrage.[2] Bei anderen Meldungen ist die Tagesschau deutlicher. So wird etwa der neue brasilianische Präsident Jair Bolsonaro treffend als »Rechtsextremer« bezeichnet.[3]

Derweil gratulierte der AfD-Bundestagsabgeordnete Petr Bystron dem Antidemokraten Bolsonaro zum Wahlsieg, er freue sich auf die »Zusammenarbeit« und attestierte: »Die konservative Revolution hat damit auch Südamerika erreicht.«[4] Weltweit träumen Bewegungen, Politiker und Intellektuelle rechts außen von einem Umsturz. Aber sie sind im Gegensatz zu echten Konservativen *Reaktionäre*.

Die »konservative Revolution«:
der reaktionäre Gegenschlag

In einem Gastbeitrag in der *Welt* forderte auch CSU-Landesgruppenchef Alexander Dobrindt im Januar 2018 eine »konservative Revolution«[5]. Er machte deutlich: »Wir unterstützen diese Revolution und sind ihre Stimme in der Politik.« Ob ihm klar war, in welche begriffliche Tradition er sich damit stellte? Als »konservative Revolution« werden antidemokratische und antiliberale Akteure bezeichnet, die sich in den 1920er-Jahren gegen die demokratischen Errungenschaften der Weimarer Republik wendeten und dem Nationalsozialismus den Weg bereiteten. Der vielfach ausgezeichnete und 2016 verstorbene Historiker Fritz Stern beschreibt die »konservative Revolution« als eine schwer fassbare gesamteuropäische Geisteshaltung, deren Kraft und Reichweite für die Gräuel des 20. Jahrhunderts nur selten erkannt wurde. Stern meint: »Gerade weil er so unlogisch ist, trifft der Ausdruck ›konservative Revolution‹ genau den Kern der Sache, verkörpert doch die Bewegung in der Tat ein Paradoxon: ihre Anhänger wollten die von ihnen verachtete Gegenwart zerstören, um in einer imaginären Zukunft eine idealisierte Vergangenheit wiederzufinden.«[6]

Die »konservative Revolution« ist ein Angriff auf die modernen Ideen und Institutionen der liberalen, weltlichen und industriellen Zivilisation. Konservative Revolutionäre beklagen den Niedergang und stellen Presse und politische Parteien als korrupt dar. Die meisten rechtsradikalen Ideologen sind der Überzeugung, dass die angeblich bessere und heile Welt der Vergangenheit durch »böse Hände« zerstört wird. Sie glauben an Verschwörungen und schreiben in der Regel den Juden die Schuld für den Untergang zu. Auch heute sind die Ablehnung des Liberalismus, die Beschwörung von Verfall und die Behauptung angeblich zerstörerischer Eliten sehr häufig Ausdruck einer antisemitischen Weltanschauung.

Die historischen Vordenker der »konservativen Revolution« verorteten die Ursprünge der gehassten »Dekadenz« im Universalismus der Aufklärung und in der Französischen Revolution. Darauf bezogen sich auch politische Vollstrecker, beispielsweise der führende Propagandist der Nationalsozialisten, Joseph Goebbels, der erklärte, dass das »Jahr 1789 hiermit aus der Geschichte ausgelöscht wird«. Heute gilt der radikalen Rechten das Jahr 1968 als Wurzel allen Unheils – in den Worten von AfD-Chef Meuthen als Ursprung des »links-grün versifften« Deutschlands. Damit ist der Gegenpol benannt, der reaktionäre Rückschlag hat selbst aber keine positiven Zukunftspläne: Er ist nichts ohne das fortschrittliche Feindbild, an dem er sich abarbeitet. Die Reaktionären begründen ihren Gegenschlag mit demokratischen Fortschritten, die sie als Bedrohung betrachten. Seit jeher ist die radikale Rechte eine Bewegung der Gegenaufklärung.

In den frühen Neunzigerjahren warnte der damalige CDU-Bundestagsabgeordnete Friedbert Pflüger vor Anhängern der »konservativen Revolution« in den Reihen der eigenen Partei: Wie bereits in der Weimarer Republik behaupteten die konservativen Revolutionäre kulturellen Verfall und Dekadenz.[7] Schon damals agitierten sie gegen die angebliche Bedrohung durch Geflüchtete und Einwanderer und sehnten sich nach den deutschen Grenzen von vor 1939 zurück. Pflüger schilderte, wie konservative Revolutionäre versuchten, »ihre Bemühungen als eine Art Kulturkampf gegen eine kleine Gruppe angeblich linksliberaler Intellektueller hinzustellen«, doch in Wirklichkeit gehe es »um einen Angriff auf den Grundkonsens der Bundesrepublik Deutschland«. Darüber hinaus machte Pflüger deutlich, dass die neuen Reaktionäre noch schlimmer sind als die alten, denn sie müssten »aus der Geschichte gelernt haben, welche furchtbaren Folgen ihre Theorien nach sich ziehen können«.

Heute befürwortet eine große Mehrheit der Menschen progressive Veränderungen – nicht nur wenige Intellektuelle. Doch das alles hinderte CSU-Landesgruppenchef Dobrindt nicht daran, in seinem Gastbeitrag Anfang 2018 zu schreiben: »Auf die linke Revolution der Eliten folgt eine konservative Revolution der Bürger.«

Vorgetäuschter Konservativismus

AfD-Rechtsaußen Björn Höcke symbolisiert die Radikalität des Reaktionären, der unter dem Deckmantel des Konservativismus den Umsturz forciert. Im Interview mit einer rechtsradikalen Website sagt Höcke: »Wir sollten uns in Zeiten der Krise und des Niedergangs vor einem falschen Konservativismus hüten, der sich an Institutionen klammert, die längst selber an der Zerstörung unseres Landes und seiner Bestände mitwirken.«[8]

In diesem Satz versteckt sich die gefährliche Strategie der radikalen Rechten: Sie deutet den Konservativismus zu einem radikal-völkischen Projekt um, behauptet den Niedergang der Gesellschaft und erklärt demokratische Institutionen für vogelfrei, um den angeblichen Verfall aufzuhalten. Mehrfach haben Rechtsradikale bereits Beamte, Polizisten, Verfassungsschützer und sogar Soldaten aufgerufen, dem Staat den Gehorsam zu verweigern und sich so faktisch der »konservativen Revolution« anzuschließen. Tatsächlich kommen nicht wenige AfD-Politiker aus dem Polizeidienst. In Thüringen wurde im April 2019 bekannt, dass sogar ein Staatsanwalt die Höcke-AfD unterstützt und Kritiker von Rechtsradikalen mit Ermittlungsverfahren überzogen hat.[9] Das zeigt: Die Gefahr der Untergrabung des staatlichen Gewaltmonopols ist real.

Reaktionäre sind keine Konservativen, sondern, wie der Sozialphilosoph Adorno bemerkte, »Pseudokonservative«, die liberale und konservative Ansichten lediglich als Deckmantel für letztlich destruktive Wünsche nutzen.[10] Mark Lilla, ein amerikanischer Wirtschafts- und Politikwissenschaftler, stellt fest, dass Reaktionäre genauso radikal sind wie Revolutionäre und ebenso fest in historischen Vorstellungen gefangen. Anders als der Revolutionär ist der Reaktionär aber nicht von Hoffnung motiviert. Ihn treiben apokalyptische Ängste – die er zugleich befeuert. Der reaktionäre Geist kann sich in unterschiedlichen politischen Formen zeigen: in der amerikanischen Rechten um Donald Trump zum Beispiel, in europäischen Nationalismen oder im Islamismus. Alle Reaktionäre erzählen ihren Anhängern im Kern die gleiche Geschichte: Es hänge ganz von ihrem

Widerstand ab, ob die Gesellschaft untergeht oder ob sie es schaffen, das Ruder herumzureißen. Sich selbst halten manche Reaktionäre nicht für radikal, und sie wollen sich nicht in die rechte Ecke gestellt sehen. Doch sie sind Fanatiker, getrieben von der panischen Angst vor einer bevorstehenden Katastrophe.[11]

Anzeichen für die Katastrophe sehen sie in diversen Veränderungen; das drohende Unglück lässt radikale Gegenmaßnahmen insbesondere dann attraktiv erscheinen, wenn diese Veränderungen sehr schnell und dadurch besonders sichtbar verlaufen. Es ist ein tiefer Kulturpessimismus, der reaktionäre Kräfte antreibt, nicht nur in Deutschland. Diffuse, in die Zukunft gerichtete Ängste und politische Schwarzmalerei finden ihren Ausdruck in Verschwörungserzählungen und in Sorgen vor »Überfremdung«, Globalisierung und dem Verlust der Identität – aber auch in Protest und Gewalt.

In den letzten Jahren sind die Menschen nicht massenhaft hoffnungslos oder rechtsradikal geworden, aber das rechtsradikale Potenzial wurde zum Handeln aktiviert. Angebliche apokalyptische Bedrohungsszenarien wurden in der Öffentlichkeit erzeugt und werden permanent aufrechterhalten. Doch erst die sogenannte Flüchtlingskrise und die sie begleitenden medialen Dramatisierungen ließen die Dämme brechen. So konnte das latent rechtsradikale Potenzial der Gesellschaft dazu motiviert werden, auch rechtsradikal zu handeln und zu wählen. Viele »besorgte Bürger« sind in Wahrheit reaktionär, doch ihre demokratiefernen Einstellungen werden erst jetzt sichtbar. Um die Entfesselung des Rechtsradikalismus wieder einzufangen, müssen die Dämme zur radikalen Rechten wieder neu und fester als zuvor errichtet werden: in erster Linie durch deutliche Ab- und Ausgrenzung ihrer Protagonisten und Parolen. Erst wenn diejenigen der Rechtsaußen-Sympathisanten, die in ihren Einstellungen noch ambivalent sind, mit den Konsequenzen ihres Handelns konfrontiert sind, werden sie rechtsradikalen Zusammenschlüssen den Rücken kehren.

Der Holocaust kann sich wiederholen

Eine totale Machtübernahme von nationalistisch-völkischen Politikern könnte zu ähnlichen Ergebnissen führen wie vor gut neunzig Jahren. Das ist derzeit zwar unwahrscheinlich, doch die Zukunft ist ungeschrieben. Der einflussreiche AfD-Rechtsaußen Björn Höcke sieht sich als Prophet, der die Deutschen wieder zu völkischer Stärke führen wird. In seinem 2018 erschienenen Buch kündigt Höcke an, Deutschland werde nach (s)einer Machtergreifung »leider ein paar Volksteile verlieren, die zu schwach oder nicht willens sind, sich der fortschreitenden Afrikanisierung, Orientalisierung und Islamisierung zu widersetzen«[12]. Nötig sei ein »groß angelegtes Remigrationsprojekt« – also Vertreibungen, die ohne Gewalt nicht vorstellbar sind.

Der Historiker Timothy Snyder hat in seinem Buch *Black Earth* die Ursachen des Holocausts aufgearbeitet und schließt daraus: Der Holocaust kann sich wiederholen, wenn »sich am Horizont eine Apokalypse abzeichnet [...] dann kommt die Stunde der Blut-und-Boden-Demagogen«[13]. Snyder stellt heraus, dass Hitler während der Wirtschaftskrise eine sich anbahnende

Krise so dargestellt hat, dass sie sofortige drastische Maßnahmen rechtfertigte. Die Schuld am angeblichen drohenden Unglück wurde den Juden zugeschrieben – deren Vernichtung aus Sicht der Nazis die Katastrophe verhindern konnte. Für Rechtsaußen wie Höcke sind die als »Volkstod« bezeichneten demografischen und kulturellen Veränderungen unserer Zeit jene künftige Krise, die, wenn nötig, mit aller Kraft verhindert werden muss. Wenn Höcke im Jahr 2018 schreibt, »neoliberalistische Multikultikräfte« seien »Freunde des Volkstods«, gegen den man sich mit »deutscher Unbedingtheit« wehren müsse, dann ist das die rhetorische Erlaubnis künftiger Brutalität – aller vorgeschobenen Distanzierungen von Gewalt zum Trotz. Die von Höcke herausgestellte »deutsche Unbedingtheit« ist für ihn der »Garant«, »dass wir die Sache gründlich und grundsätzlich anpacken werden, wenn »die Wendezeit gekommen« ist, da »wir Deutschen keine halben Sachen« machen.

Die Metaphern über zerstörerische internationale Kreise und der Begriff »Volkstod« werden weltweit im Antisemitismus als Codes für Juden genutzt – und für jene, die aus Sicht der Antisemiten »für jüdische Interessen arbeiten« (Hitler). Der Politikwissenschaftler und Antisemitismusforscher Samuel Salzborn analysiert, dass im rechten Antisemitismus zahlreiche Varianten der Fantasie einer jüdischen Weltverschwörung präsent sind. Strukturell antisemitisch sind demnach Vorstellungen, »in denen homogene Heimaträume gegen universalen Kosmopolitismus geschützt werden sollen«[14]. Der Historiker Snyder stellt fest: Der Vernichtungswille der deutschen NS-Politik war nur denkbar, weil man in den Juden die Produzenten und Akteure einer korrupten globalen Weltordnung zu erkennen meinte. Er kommt zu dem beklemmenden Schluss, dass Juden heute wieder weltweit als universelle Bedrohung betrachtet werden. Die Möglichkeit eines neuen Holocausts ist im rechtsradikalen Denken verwurzelt, weil es dem alten Schema folgend eine Gruppe (bei Höcke »neoliberalistische Multikultikräfte«) als universale Bedrohung darstellt. Höcke und seine Mitstreiter verbrämen den strukturellen Antisemitismus. Den kennt man, offener geäußert, auch von Neonazis bei Rechtsrockkonzerten, wenn sie grölen: »Blut muss fließen knüppeldick, wir scheißen auf die Freiheit dieser Judenrepublik.«

Völkische gegen die kommende Katastrophe

Damals wie heute unterteilt die radikale Rechte die Bevölkerung in das »echte Volk« auf der guten Seite und die gefährlichen, korrupten und zerstörerischen Kräfte auf der anderen Seite. Wirklichkeitsfern werden ein einheitlicher Volkswille beziehungsweise ein einheitliches Volksinteresse behauptet. Das dient der Herstellung klarer Freund-Feind-Linien, stiftet Identität und Zusammengehörigkeit und markiert Sündenböcke und Schuldige. In dieser Weltsicht sind die Rollen klar verteilt: Zur richtigen Seite kann sich demnach zählen, wer erkennt, dass »die Eliten«, »die Altparteien«, »die Lügenpresse« oder die »links-grün Versifften« nicht den inneren Interessen »des Volkes« folgen, sondern fremden, »volksfeindlichen« oder »antideutschen« Belangen. Feindliche Kräfte sind demzufolge all jene, die Migration und Gleichberechtigung zulassen, also die

»Scheinkonservativen« sowie »dekadente« Liberale und
»Globalisten«, kosmopolitische Grüne und linke »Vaterlandsverräter«. Sie erfüllen für die radikale Rechte
die Rolle der »Volksverräter« und inneren Feinde. Genannt werden häufig auch Juden, etwa der Philanthrop
George Soros, die sich angeblich der Zerstörung der Nationen und der Völker schuldig machen.

Der Anspruch, den »wahren Willen« des »echten
Volkes« zu vertreten, folgt aus einer hochmoralisierenden ideologischen Position: Die harmonische Volksgemeinschaft werde durch Einwanderung, Multikulturalismus, Gleichberechtigung und die Vertreter
der liberalen Demokratie unterdrückt, verhindert und
zunehmend zerstört. Gegen Unterdrückung und Zerstörung zu kämpfen, das kann doch nicht falsch sein,
oder? Menschen, die sonst für einen starken Staat und
die Einhaltung der Gesetze plädieren, reklamieren mit
einem Mal das Notwehrrecht für sich, weil der Staat
ihre Erwartungen nicht erfüllt und in die Hände des
böswilligen Feindes gefallen scheint.

Doch die Wirklichkeit ist weniger eindeutig und
homogen, denn die meisten Menschen sind in ihren
politischen und sozialen Überzeugungen ambivalent.
Erst durch die strikte Vereinheitlichung und Polarisierung sind die radikalen Rechten in der Lage, sich einerseits als neue Elite zu präsentieren und andererseits den
Mythos ihres Kampfes gegen »die Eliten« aufrechtzuerhalten. Dabei haben die allermeisten Funktionäre der
AfD äußerst privilegierte Hintergründe – sie sind keine
Außenseiter im Kampf gegen Ungerechtigkeit, sondern
Etablierte, die um ihre demokratiefernen Vorrechte ringen. Die radikale Rechte präsentiert sich als die einzige

Alternative, die versteht und vertritt, was »das Volk«
will. Ihr antipluralistischer Alleinvertretungsanspruch
basiert aber keineswegs auf demokratischer Legitimie-
rung, er gründet – entgegen ihrem Selbstbild als Voll-
streckende – auch nicht auf einem heimlichen politischen Willen *der* Bevölkerung. Denn unbestreitbar ist
die übergroße Mehrheit der Bevölkerung nicht mit den
Zielen von rechts außen einverstanden. Trotzdem gelingt es der radikalen Rechten, Teile des öffentlichen
Diskurses zu dominieren und, wie AfD-Bundessprecher
Alexander Gauland am Abend der Bundestagswahlen
2017 ankündigte, die etablierte Politik »zu jagen«.

Gefährliche Naivität

Wer sich mit zum Teil jahrzehntealten Strategiepapieren der »konservativen Revolution« beschäftigt, dem
kann angst und bange werden. Denn diese reaktionären
Einflüsse prägen mittlerweile die AfD und haben damit
den lang geplanten Schritt aus der Nische in die politische Massenmobilisierung vollzogen. Die kompromiss-
lose Ausrichtung am historischen Erfolg ihrer Bewegung
lässt Protagonisten der neuen radikalen Rechten als
Gegenpol zur flexiblen Sachpolitik attraktiv erscheinen.
Wohldurchdachte Äußerungen der völkischen Anführer,
ihre Vorbürgerkriegsthesen und ihre Abschottungs- und
Vertreibungsforderungen zielen zwar auf einen Tabu-
bruch, aber sie sind auch ideologisch unterfüttert.
   Für die Rechtsaußen-Protagonisten sind die Parlamente Bühnen und Mittel zum Zweck der vorerst kulturellen Machtgewinne. Es geht ihnen nicht primär um

Einfluss auf Ausschüsse und Gesetzesentwürfe, sondern um eine starke öffentliche Einflussnahme als »fundamentaloppositionelle Bewegungspartei«, wie Höcke es nennt. Schon Adolf Hitler bezeichnete die NSDAP als »Partei der Bewegung«. Die Neurechten untergraben die politische Kultur im Land, um eine ideelle Vorherrschaft von Unzufriedenheit und Zukunftsangst als Wegbereiter für den reaktionären Umsturz zu schaffen. Sie zielen auf eine »konservative Revolution«. Diese überschneidet sich »in der historischen Wirklichkeit«, wie der Erfinder des Begriffes, der Schweizer Vordenker der Neuen Rechten Armin Mohler, schreibt, »schon sehr« mit dem Nationalsozialismus.[15] Vom marxistischen Intellektuellen Antonio Gramsci (1891–1937) hat die »Neue Rechte« die Analyse übernommen und für ihre Zwecke angepasst, dass ein gesellschaftlicher Konsens wesentlich ist, um einen Umsturz durchzusetzen. Politische Macht kann nur erobern, wer kulturell führend ist.[16] Darum greifen die Rechten die zivilgesellschaftliche Basis der Demokratie an und inszenieren sich als neue Volksstimme.

Abwehrkämpfe gegen den Fortschritt

Die Rechtsaußen tun viel dafür, um zu wirken, als wären sie in der Geschichte »vorndran« – die Avantgarde einer neuen Zeit. AfD-Mitgründer Konrad Adam schreibt in der *Jungen Freiheit*: »Der Geist steht nicht mehr links.«[17] Doch der Satz ist pure Augenwischerei. Noch nie waren die Deutschen so fortschrittlich eingestellt wie heute. Ob der Griff nach der Macht über den Geist künftig erfolgreich ist, hängt nicht von der radikalen Rechten ab, wie diese gern glauben machen möchte, sondern von der Mehrheit, die für die offene Gesellschaft einsteht.

Vielstimmig betonen die Rechten die eigene Stärke und bestätigen sich bei Veranstaltungen, Demonstrationen und im Netz gegenseitig als die »Erwachten«, als Pioniere einer neuen, zum Teil revolutionären Bewegung. Das Getöse soll vor allem über die eigene historische Schwäche hinwegtäuschen. In Wirklichkeit haben wir es mit einer Reaktion der kulturell Verbitterten zu tun, das heißt, mit einem erbitterten Abwehrkampf eines zutiefst pessimistischen Milieus. Dieses Milieu war schon immer Teil des »Establishments« und des Mentalitätshaushalts der Deutschen. Es wurde in den vergangenen Jahrzehnten aufgrund fortschreitender Demokratisierung und Liberalisierung zunehmend und aus guten Gründen in die Defensive gedrängt, und jetzt sieht es seine letzten Felle davonschwimmen. Die Machtbestrebung von rechts außen, die wir in Deutschland erleben, ist ein radikal rechtes Aufbegehren – ein erbitterter Versuch rückwärtsgewandter Reaktionäre, demokratische Errungenschaften einzureißen und die Geschichte zurückzudrehen, um Nationalismus und autoritäre Ansprüche samt ungerechtfertigter Privilegien zu verteidigen und zurückzugewinnen. Das Rechtsaußen-Milieu fürchtet, durch Globalisierung und gesellschaftlichen Fortschritt nicht länger auf Kosten anderer auf der Gewinnerseite zu stehen.

Ein Teil ihrer Strategie: Indem die Rechtsaußen-Kräfte aus einer fundamentaloppositionellen Rolle »zur Jagd« angesetzt haben, lassen sie die Demokraten müdelaufen. Wer müde ist, begeht eher Fehler und macht den Rivalen unnötige Zugeständnisse. So verschärfte zum Beispiel die Bundesregierung 2016 nach dem Druck von rechts die Asylgesetze massiv. Damit ist es der völkisch-nationalen Opposition samt ihrer publizistischen Begleitmusik gelungen, politische Themen und Deutungen zu setzen und die Regierungspolitik zu beeinflussen. Die Angst vor der AfD führt dazu, dass Medien und Politiker der etablierten Parteien Sprechweisen der Rechten übernehmen. Aber Zugeständnisse sind unnötig und falsch, denn sie stärken die radikale Rechte. Winston Churchill wusste das noch, bei Teilen der deutschen Politik ist das eher ungewiss.

Die rechte Flanke der Konservativen

Ein großer Teil der Stimmen für die AfD kommt aus dem Lager der Nichtwählenden, die die etablierten Parteien schon vor vielen Jahren aufgegeben haben. Weitere Stimmen kommen aus den etablierten Parteien, vor allem von der CDU. Merkels Modernisierung hat die Partei für die Zukunft geöffnet – aber der Druck ist groß, durch ein konservativeres Profil Wähler von der AfD zur Rückkehr zu bewegen. Der gescheiterte Kandidat für den CDU-Vorsitz Friedrich Merz hatte das Ziel ausgerufen, die Ergebnisse der AfD zu »halbieren« – durch eine stärkere Repräsentation »wertkonservativer« Positionen in der CDU. Doch um welchen Preis? In der Talkshow Anne Will nannte er Alfred Dregger als ein Vorbild, dem es gelungen sei, die rechte Flanke der Union zu schließen. *Der Spiegel* bezeichnete Dregger, der von 1982 bis 1991 der CDU/CSU-Fraktion im Bundestag vorsaß und 2002 verstarb, als »Galionsfigur« der Neuen Rechten. Denn Dregger, der als Hauptmann im Zweiten Weltkrieg kämpfte, hielt den 8. Mai 1945, den Tag der Befreiung Europas vom Nationalsozialismus, für einen Tag »erzwungener Unterwerfung«[18]. Er forderte, die Deutschen sollten »aus dem Schatten Hitlers heraustreten«, er kritisierte die Wehrmachtsausstellung und veröffentlichte einen Beitrag in einem von dem rechtsradikalen Publizisten Rolf-Josef Eibicht herausgegebenen, revisionistischen Sammelband mit dem Titel *50 Jahre Vertreibung – Der Völkermord an den Deutschen*. Mitautoren des Bandes waren Franz Schönhuber (ehemaliger Vorsitzender der Partei Die Republikaner) und Gerhard Frey (ehemaliger Vorsitzender der Partei DVU). Heute wäre es zu Recht undenkbar, dass Annegret Kramp-Karrenbauer gemeinsam mit Rechtsradikalen den Nationalsozialismus relativiert.

Mit der Gründung der AfD haben zahlreiche frühere Rechtsaußen-Politiker der Union, wie Alexander Gauland oder Martin Hohmann, eine neue politische Heimat gefunden. Manche Konservative sehnen sich danach, die rechte Flanke ausgerechnet durch eine Öffnung nach rechts außen zu schließen, so wie Alfred Dregger oder Franz Josef Strauß. Strauß hielt 1988 die Abschaffung der Apartheid in Südafrika für »unverantwortlich« und die Forderung nach demokratischer Gleichstellung der schwarzen Mehrheit für »nicht wünschenswert«[19]. Es ist Ausdruck von Fortschritt, dass im Zuge der Demokratisierung derartige Positionen heute in der Union und in der demokratischen Mitte weniger zustimmungsfähig sind als je zuvor. Ob die Union von einem konservativeren Auftreten profitieren kann, ist also fraglich. In vielen Fällen – national und international – hat sich erwiesen, dass Rechtsaußen-Positionen von Demokraten vor allem den Rechtsaußen-Parteien nutzen.

Die Mehrheit der deutschen Bevölkerung sowie der CDU-Wählerschaft lehnt einen Rechtsruck der Union ab. Laut dem Meinungsforschungsinstitut Forsa halten 63 Prozent der Deutschen es für falsch, wenn die CDU konservative Werte wieder stärker betont.[20] 60 Prozent der Unionsanhängerschaft befürwortet ein Festhalten am Kurs der Mitte, den Angela Merkel prägte. Wählerinnen hat die Union bei Landtagswahlen 2018 in Bayern und Hessen nicht nur an die AfD, sondern in großer Zahl auch an Die Grünen verloren. Mit denen regiert die CDU seit 2016 im konservativen Baden-Württemberg als Juniorpartner zusammen. Das alles spricht dafür, dass ein harter Rechtsruck der Union – beispielsweise durch Koalitionen mit der AfD – die Partei eher zerreißen als stärken würde. Zahlreiche Studien zeigen, dass das Herz des übergroßen Teils der Bevölkerung für Europa, Gleichberechtigung, Solidarität und Vielfalt schlägt. Ein rechtskonservativer Kurs der Union würde die politische Mitte freigeben, wovon vor allem Die Grünen profitieren würden. Ein Rechtsruck ist für die Union weder zweckmäßig noch wünschenswert, weil er die Machtchancen der Rechten nicht verkleinern, sondern vergrößern würde. Wir müssen andere Wege finden, die offene Gesellschaft zu verteidigen, und wir müssen lernen, mit einem relevanten Teil völkisch-nationalistischer Pessimisten zu leben, ohne dabei den Weg des Fortschritts und der Freiheit zu verlassen.

Backlash: die Konterrevolution
von rechts außen

»Die Welt ist in Bewegung geraten, die Bevölkerung vieler Länder wird demografisch bunter gemischt. Dies gilt auch für Deutschland. Während auf der Ebene der Politik sich allmählich die Einsicht durchzusetzen beginnt, dass Deutschland ein Einwanderungsland ist, steht in der öffentlichen Wahrnehmung ein vergleichbarer Bewusstseinswandel aus.« Diese Zeilen des Buches *Wir und die Anderen*, geschrieben von der Soziologin Elisabeth Beck-Gernsheim, stammen aus dem Jahr 2004.[21] Die Forscherin studierte die unterschiedlichen Lebensweisen und die neue Vielfalt in der Einwanderungsgesellschaft. Obwohl Deutschland der OECD zufolge das beliebteste Einwanderungsland Europas ist und Wirtschaftsverbände nicht müde werden, die Notwendigkeit von Migration zur Behebung des Fachkräftemangels zu betonen, tun sich viele noch immer schwer damit, das anzuerkennen. Gerade in ländlichen, ethnisch und kulturell relativ homogenen Regionen ist diese Entwicklung kaum durchgedrungen und sorgt in den letzten Jahren, da sie zunehmend sichtbar wird, für massive Abwehrreaktionen. Und so ist es wenig verwunderlich, dass die neue Stärke des Rechtsradikalismus in Deutschland maßgeblich auf die Mobilisierung von Einwanderungsgegnern zurückzuführen ist.

Der Politologe Ronald Inglehart veröffentlichte 1977 die weitsichtige Analyse einer »stillen Revolution«.[22] Er zeigt: Mit der stillen Revolution infolge der weitgehenden materiellen Existenzsicherung in westlichen Industriestaaten gewinnen seit den Sechzigerjahren zunehmend postmaterielle Werte an Bedeutung, etwa offene Grenzen, Gleichberechtigung und Umweltschutz. Steven Pinker, ein amerikanischer Psychologe, belegt über vierzig Jahre nach Inglehart faktenreich den humanistischen Fortschritt der Welt in den vergangenen Jahrzehnten.[23] Viele Übel, wie Gewalt, nehmen ab, während sich humanistische Fortschritte durchsetzen. Trotz aller bestehenden Missstände ist das menschliche Wohlergehen weltweit gestiegen. Aber die großen Fortschritte sind im Alltag kaum jemandem präsent. Das Buch *Factfulness* von Hans Rosling, Anna Rosling Rönnlund und Ola Rosling und ihre Stiftung Gapminder liefern erstaunliche Perspektiven und Daten gegen eine überdramatisierende Weltsicht.[24] Die Fakten und klugen Plädoyers für Aufklärung, Wissenschaft, Humanismus, Fortschritt und Weltbürgertum sind Augen öffnend für einen realistischen Blick auf die Geschichte der liberalen Demokratie und ihre neuen Herausforderungen. Dazu zählt: In den letzten Jahrzehnten ist die Zustimmung zu liberalen Werten auf der ganzen Welt massiv gestiegen. Es ist eindeutig, trotz der weltweiten politischen Rückschläge: Aufklärung und Humanismus setzen sich durch. Doch wie immer in der Geschichte wecken sie auch Reaktionen der Gegenaufklärung.

Gegen den kulturellen Fortschritt begehren insbesondere die Konterrevolutionäre von rechts außen auf. Inglehart und Pippa Norris zeigen anhand internationaler Daten, dass die weltweite Unterstützung für populistische Parteien in erster Linie eine nostalgische Reaktion einer älteren Wählerschaft ist – gegen die langfristigen Prozesse des Wertewandels der stillen Revolu tion.[25] Diese Rückschläge wenden sich gegen kosmopolitische und liberale Werte wie Multikulturalismus und Multilateralismus, Inklusion, Solidarität mit Geflüchteten, ethnische und lebensweltliche Vielfalt, flexible Identitäten, gleichgeschlechtliche Ehe, LGTBIQ-Rechte oder Umweltschutz. Meine Forschungen zur radikalen Rechten in Deutschland sowie verschiedene Studien zur Wählerschaft der AfD bestätigen diese These.[26]

Gegen liberale Fortschritte richten sich im Zeitverlauf immer wieder wellenförmig auftretende reaktionäre Bewegungen. Der Soziologie Seymour Lipset beschrieb in den Siebzigerjahren diese Politik des Rückschlags (engl. *backlash*) als eine Reaktion von Gruppen, die aufgrund gesellschaftlicher Veränderungen das Gefühl haben, an Bedeutung, Einfluss und Macht zu verlieren – und die versuchen, diese Veränderungen umzukehren oder einzudämmen.[27] Der *Backlash* ist der Widerstand der Privilegierten, die sich gegen Versuche benachteiligter Gruppen wenden, ihre Benachteiligung zu überwinden. Die benachteiligten Gruppen stellen damit notwendigerweise die ungerechten und gewohnheitsmäßigen Privilegien der Machtstarken infrage, die von der Benachteiligung profitiert haben. Stimmt die Theorie der wellenförmig wiederkehrenden reaktionären Bewegung, dann befinden wir uns gerade auf einem neuen, einem besonderen Höhepunkt.

Widerstand gegen den Verlust von Privilegien

Der aktuelle Backlash richtet sich gegen das schleichende Ende des Zeitalters männlich-weißer Vorherrschaft in westlichen Gesellschaften. Der amerikanische Soziologe Michael Kimmel hat darauf hingewiesen, dass wachsende Gleichberechtigung vor allem unter weißen Männern Wut und Gegenreaktionen hervorruft.[28] Männer und Angehörige der nationalen Mehrheit starten im Wettbewerb um die besten Plätze nicht mehr mit fünf, sondern nur noch mit drei Minuten Vorsprung vor Frauen und Menschen aus Einwandererfamilien. Die kommende Katastrophe, vor der sich die Privilegierten fürchten, ist, dass sie künftig gar keinen Vorsprung mehr haben könnten. Chancengleichheit und Vielfalt sind für diejenigen, die von der Benachteiligung anderer profitieren, kein Versprechen, sondern eine Bedrohung. Chauvinistisches Anspruchsdenken ist in den vergangenen Jahrzehnten jedoch erheblich zurückgegangen. Die Aussichten sind gut, dass die Emanzipation auch künftig gelingt. Gerechter, offener und vielfältiger: Das sind die wirklichen Trends. Und den allermeisten gefällt das.

Aber bei einem Teil der Bevölkerung sorgen progressive Veränderungen für Enttäuschungen und Frustration. Rückschläge können sich auch positiv auswirken, wenn sie zum produktiven Streit beitragen und somit die Akzeptanz von Veränderungen vergrößern. Rechtsradikale nehmen jedoch gesellschaftspolitische Widersprüche und berechtigte konservative Impulse auf und radikalisieren sie einseitig. Die Gefahr ist das Einsickern rechtsradikaler Ideologien und die vielfach (zum Beispiel in Chemnitz) zu beobachtende Entwicklung, dass bei Rückschlägen gegen den Fortschritt die Grenzen zwischen dem demokratischen und dem antidemokratischen Spektrum verschwimmen. Rechtsradikale Bewegungen und Parteien politisieren, radikalisieren und organisieren das Unbehagen mit der Veränderung, um es gegen die Demokratie an sich in Stellung zu bringen. Und das ist noch nicht alles.

Im autoritären Nationalismus formiert sich zugleich ein Gegenschlag zu kulturellen *und* zu ökomischen Veränderungen im Zuge der Globalisierung. Politische und wirtschaftliche Missstände der sozialen Ungerechtigkeit werden auf Schwächere umgeleitet. Seit Thilo Sarrazins *Deutschland schafft sich ab* stehen nicht mehr die Banken, sondern der Islam am Pranger. Frustrationen in der Bevölkerung sind politisierbar durch radikale Nostalgiker, die behaupten: »Ohne die kulturellen Veränderungen würdest du besser dastehen, so wie früher! Es ist nicht deine Schuld, sondern die der Globalisten, denen das eigene Volk nichts wert ist!« Aber die neuen Rechtsaußen-Kräfte mobilisieren nicht nur in wirtschaftlich schwächeren Schichten – in Wirklichkeit lenken sie von deren materiellen Schwierigkeiten ab, statt sie zu verändern. Ansonsten würde ihr Ergebnis bei Wahlen nur wenig über dem liegen, was die NPD in den Nullerjahren erreichen konnte. Die neuen populistischen und radikalen Rechten sind in allen Gesellschaftsschichten erfolgreich, in denen die Furcht vor dem Verlust von Status und Macht verbreitet ist. In Deutschland vereint sich die international zu beobachtende Konterrevolution gegen die Welt von morgen mit der Kontinuität der völkischen Rechten – mit dem Ergebnis, dass Verlust- und

Zukunftsängste in reaktionäre Politik radikalisiert werden.

Die radikale Rechte führt in erster Linie einen Kulturkampf. Es ist nicht überraschend, dass die Wahlergebnisse der Rechtsaußen-AfD in Ostdeutschland insgesamt (wenn auch nicht in allen Regionen!) höher sind als im Westen, denn in den neuen Bundesländern ist die liberale und offene politische Kultur kürzer und weniger tief verankert als in den alten Bundesländern. Schon 1990 führte das Ende der DDR zu großer Orientierungsunsicherheit. Rechtsradikale Agitatoren machten sich das ideelle Vakuum zunutze. In den neuen Ländern hat es einen emanzipatorischen Kulturkampf – wie im Westen mit der 1968er-Bewegung – nie in vergleichbarer Intensität gegeben. Anders als die » stille Revolution « im Westen kam der Kulturwechsel im Osten quasi über Nacht. Die westlichen Werte der liberalen Demokratie hatten es daher im Osten von Anfang an schwerer, auch weil einige sie als dekadent und übergestülpt wahrnahmen. Die Ursprünge der Zivilgesellschaft in Ostdeutschland liegen in der DDR-Bürgerrechtsbewegung – mit völlig anderen Ausgangsbedingungen und Zielen als im Westen: Ihr ging es vorrangig um Veränderungen des Staats, während die kulturelle Liberalisierung vor allem in die Gesellschaft wirkt. Aufgrund anhaltender sozialer Ungleichheit waren und sind existenzielle Sorgen in Ostdeutschland größer. Das führt dazu, dass postmaterielle und prodemokratische Werte insgesamt eine geringere Rolle spielen und die Zivilgesellschaft schwächer ist. Rechtsradikale Demagogen hatten seit der Vereinigung im Osten folglich ein leichteres Spiel.

Dimensionen des Backlashs

Der antimoderne Gegenschlag beschränkt sich nicht auf die Einwanderungsfrage. Es geht ihm um die Rückgewinnung von Macht. Diese Macht findet ihren Ausdruck in der Diskriminierung von und Herrschaft über Frauen und marginalisierte Gruppen. Unterschiedliche Strömungen kämpfen gegen die kulturelle und ökonomische Gleichheit, gegen die Inklusion von Menschen mit Behinderungen, gegen ökologische Transformation und gegen die Stärkung wirtschaftlich Schwacher. All diese Rückschläge fordern die westliche Demokratie heraus – wobei die übergreifenden Mechanismen in Europa und in den USA besonders deutlich werden. Trump, Salvini, der Brexit und antiliberale Regierungen in Osteuropa sind Ausdruck des Aufbegehrens gegen die »stille Revolution«.[29]

Anders als Konservative deuten Reaktionäre liberale Fortschritte als Schritte in die Katastrophe, die sie mit radikalen Mitteln bis zum Umsturz aufhalten wollen. Im Gegensatz dazu erkennen Konservative die Verfassung, die Presse- und Wissenschaftsfreiheit und die Bedeutung der Zivilgesellschaft für die Demokratie im Allgemeinen an. Konservative stehen Fortschritten grundsätzlich offen gegenüber. Sie sind bemüht, möglichst viele Menschen in gesellschaftlichen Modernisierungsprozessen mitzunehmen und versuchen dabei Kultur, Traditionen oder den Glauben an die Schöpfung zu bewahren. Reaktionäre dagegen wollen die offene Gesellschaft vernichten. Sie radikalisieren bewahrende Impulse gegen die Modernisierung ins Zerstörerische, sie

greifen die Demokratie an, indem sie unter dem Deckmantel des Konservativismus Modernisierungskonflikte
verstärken.

Die folgenden sieben zentralen und miteinander ver-
wobenen Dimensionen des Gegenschlags offenbaren,
gegen welche Fortschritte sich die Reaktionären maßgeblich wenden. Deutlich wird: Sie reagieren stets auf
Entwicklungen in der Gesellschaft und radikalisieren
Themen und Haltungen der Mitte.

Der rassistische Rückschlag – die Kränkung der Erwartung, als weißer Deutscher allein unter weißen Deutschen zu leben

Die Behauptung drohender »Überfremdung«, »Islamisierung« oder anders bezeichneter demografischer
Katastrophen liefert dem Unbehagen mit dem Liberalismus und mit dem stetigen Fortschreiten der Geschichte Verantwortliche und Gesichter, Gegner und Feinde.
Soziale Integration und der politische Islam sind ernst
zu nehmende gesellschaftspolitische Aufgaben. Aber
die radikale Rechte übertreibt und verabsolutiert die
Herausforderungen unverhältnismäßig. Die Rechtsaußen-Propaganda negiert den Unterschied zwischen
der Mehrheit der friedlichen Muslime und der Minderheit radikaler Islamisten. Die bloße Anwesenheit von
Menschen, die als muslimisch angesehen werden, wird
zur Gefahr erklärt. Ein Resultat der Überdramatisie-
rung ist, dass die Bevölkerung den Anteil der musli-
mischen Menschen im Land gänzlich falsch einschätzt.
Eine Befragung des Meinungsforschungsinstituts Ipsos
zeigt: Nach Überzeugung der Befragten ist jeder fünfte
Deutsche islamischen Glaubens, doch tatsächlich liegt

der Anteil nur bei 4 Prozent.[30] Diese Fehlwahrnehmung ist im Interesse der rechtsradikalen Angstmacher, denn: Je größer die Bedrohung erscheint, desto näher liegen radikale Maßnahmen.

Es sollte sich eigentlich von selbst erübrigen, festzustellen, dass Bedenken über kulturelle Veränderungen, Kritik an der Asylpolitik oder am politischen Islam nicht per se rechts oder rassistisch sind. Tatsächlich ist es eine große Schwäche der Liberalen und Linken, dass sie universalistische Kritik an Antisemitismus und Sexismus unter Menschen mit muslimischem Hintergrund weitgehend Konservativen und Rechtsradikalen überlassen. Glaubwürdig kann sich gegen diese Probleme nur positionieren, wer antisemitische oder frauenfeindliche Haltungen und Handlungen überall kritisiert, wo sie auftreten; und dass nicht nur bei anderen Gruppen, sondern auch im eigenen kulturellen oder politischen Milieu, sei es nun christlich, muslimisch, bürgerlich, rechts oder links geprägt. Denn es gibt kein politisches oder kulturelles Umfeld, in dem Antisemitismus und Sexismus nicht präsent sind. Durch rassistische Pauschalisierungen beschmutzen Rechtsradikale wie AfD und Pegida legitime Kritik, zum Beispiel am politischen Islam oder anhand von Integrationsproblemen: Sie nehmen die extremsten Positionen ein, radikalisieren Spannungen einseitig nach rechts und sprechen Menschen aufgrund ihrer Kultur oder Herkunft das gleichwertige Existenzrecht ab. Damit wird der Eindruck noch verstärkt, jede Kritik sei per se rassistisch. Um nicht in diese Falle zu tappen, schweigt manch einer lieber ganz. Aber genau das ist falsch und antiaufklärerisch. Fortschrittliche Kritik sollte von einem klar erkennbaren

Standpunkt des aufgeklärten Universalismus jede Form von Antisemitismus, Sexismus oder Rassismus ablehnen und benennen.

Im Ethnopluralismus und im völkischen Nationalismus äußert sich die Enttäuschung über den vermeintlichen Verlust der homogenen »Volksgemeinschaft« und der dadurch erhofften Privilegien für die dominante Gruppe: als Deutscher »rassisch« oder kulturell mehr wert zu sein als andere. Deutsche ohne Migrationshintergrund stehen demnach in Konkurrenz mit Menschen aus Einwandererfamilien. Dass die vielfältige Gesellschaft insgesamt hervorragend funktioniert, enttäuscht die identitäre Hoffnung, als Deutsche herauszuragen. Kulturelle Aufladungen haben diesen Chauvinismus dem Zeitgeist angepasst: Nicht mehr von »rassischer«, sondern von kultureller Überlegenheit ist die Rede. Rechtsradikale hetzen gegen »Multikulti« und die »bunte Republik«, weil ihre Erwartungen aus der Vergangenheit mit der Realität der Gegenwart kollidieren.

Aber die Wahrheit ist: Traditionalisten, Rassisten und Sexisten setzen im Kulturkampf gegen die Gleichberechtigung schon seit Jahrzehnten immer verzweifelter auf ihr Team, das immer seltener automatisch gewinnt. Forderungen, die auf die Diskriminierung von »Ausländern« hinauslaufen, finden heute viel weniger Zuspruch als jemals zuvor – das zeigt die Langzeitstudie Allbus.[31] Die Mehrheit der Deutschen sieht Geflüchtete als kulturelle Bereicherung und ist für deren Aufnahme.[32] Und der amerikanische Psychologe Steven Pinker konstatiert: Rassisten gehören zu einer aussterbenden »Rasse«.[33]

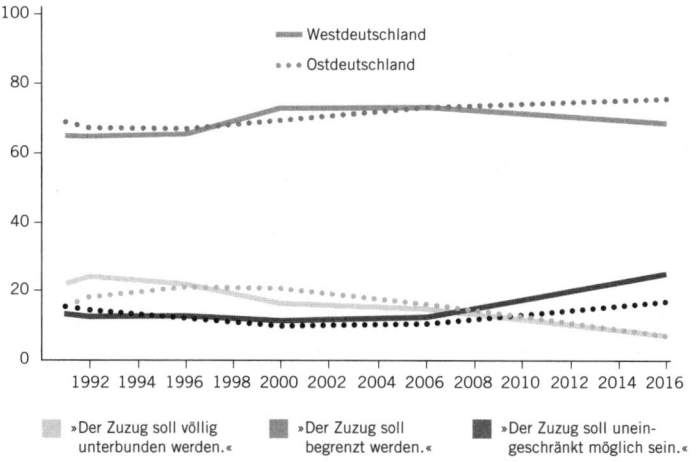

Abbildung 1: **Einstellungen zum Zuzug Schutzsuchender 1991–2016,** in Prozent (Quelle: Bundeszentrale für politische Bildung: Datenreport 2018, S. 407)

Der Umgang mit geflüchteten Menschen belegt die Liberalisierung großer Teile der Gesellschaft besonders deutlich. Eine Studie des Bundesfamilienministeriums ergab: Zwischen 2015 und 2017 engagierten sich mehr als die Hälfte der Deutschen in der Flüchtlingshilfe.[34] Die in der Langzeitstudie Allbus gemessenen Einstellungen zum Zuzug von Schutzsuchenden zwischen 1991 und 2016 zeigen, dass die deutsche Bevölkerung nicht nach rechts gerückt ist, sondern immer offener wird: Die schroffe Ablehnung des Zuzugs von Schutzsuchenden ist in den letzten 25 Jahren stark zurückgegangen (siehe Abbildung 1). Dagegen hat sich der Anteil derjenigen vergrößert, die sich für einen uneingeschränkten Zuzug von Schutzsuchenden aussprechen. Vielfalt wird immer selbstverständlicher. Die große Mehrheit derer, die für einen begrenzten Zuzug ist, ist jedenfalls stabil geblieben. Ablehnung erfahren Menschen aus Einwandererfamilien vor allem dort, wo es kaum Erfahrungen im Zusammenleben von vielfältigen Ethnien und Kulturen gibt. Allerdings ist die europäische Politik vor dem Druck von rechts außen eingeknickt: Nicht nur, dass die staatliche Seenotrettung von Geflüchteten im Mittelmeer eingestellt wurde – auch die zivile Seenotrettung wird durch Repressionen an ihrer humanitären Arbeit gehindert.

Integration ist in Deutschland nicht gescheitert, sondern funktioniert im Allgemeinen immer besser. So berichtet die Organisation für wirtschaftliche Zusammenarbeit und Entwicklung (OECD) über »beachtliche Fortschritte« bei der Integration von Menschen aus Einwandererfamilien in Deutschland. Als »Integrationsparadox« bezeichnet der Soziologe Aladin El-Mafaalani die Beobachtung, dass einerseits die Integration in Deutschland noch nie so gut war wie heute, aber sich andererseits dadurch das Konfliktpotenzial erhöht und die Schließungsforderungen gegen die historische Offenheit besonders laut werden.[35] Gelungene Integration steigert das Konfliktpotenzial, weil sich mehr Menschen mit unterschiedlichen Perspektiven zunehmend auf Augenhöhe begegnen. Der vorhandene Rassismus wird dadurch nicht automatisch mehr oder weniger, sondern zunächst vor allem sichtbarer. Denn mit der Vielfalt radikalisiert sich die Parallelgesellschaft der Anhänger weißer Vorherrschaftsideologien (wie auch religiöser Fundamentalismen), die eben nicht ein gleichberechtigter Teil einer vielfältigen Gesellschaft neben anderen sein wollen. Radikale Rechte und radikale Islamisten wollen den pluralistischen Zusammenhalt zerstören und die bunte Vielfalt durch die Einfalt einer homogenen Gemeinschaft ersetzen. Mely Kiyak veranschaulicht den Gegenschlag: »Je mehr Kinder von ehemaligen Putzfrauen und Fabrikarbeitern in bedeutende Positionen rücken, umso mehr macht das die Rassisten verrückt und umso mehr sind sie bereit, der in ihren Augen bedrohlichen Entwicklung mit allen Mitteln Widerstand zu leisten.«[36] Dass Menschen aus Einwandererfamilien im Wettbewerb aufholen, wird von Teilen der alteingesessenen Bevölkerung als Benachteiligung interpretiert. Der *rassistische Backlash* erträgt die empirische Belehrung der vielfältigen Realität nicht. Darum machen Rechtsradikale permanent die großen Integrationserfolge unter Verweis auf tragische Problemfälle schlecht. Aus ethnischer, religiöser, kultureller oder geschlechtlicher Verschiedenheit leiten sie die Ungleichwertigkeit von Menschengruppen ab, die das Zusammenleben hierarchisieren soll.

Der nationalistische Rückschlag – die Kränkung des Glaubens in den Nationalstaat

In Wahlumfragen stiegen die Werte der AfD im Zusammenhang mit den Ankunftszahlen geflüchteter Menschen und insbesondere nach den sexualisierten Übergriffen in Köln zum Jahreswechsel 2015/16 massiv an. Doch die Ankunft von vielen Geflüchteten hat nicht nur die »Sorge« um die ethnische Homogenität mobilisiert. Es war auch die Enttäuschung über die spürbare Erosion des Nationalstaates, die viele Menschen verunsichert hat. Dass die Bundesregierung im September

2015 die innereuropäischen Grenzen nicht schloss, führte erstmals in der Geschichte der europäischen Integration die Kehrseiten des Verlustes der nationalen Schranken vor Augen. Eine Umfrage im Jahr 2016 zeigt, dass 66 Prozent der befragten Deutschen nationale Grenzen zurückhaben wollten. Anders als Rassismus ist diese Enttäuschung zwar aus der Zeit gefallen, aber demokratiepolitisch legitim.

Dieselbe Erhebung ergab übrigens, dass 72 Prozent es als Pflicht ansahen, verfolgte oder notleidende Menschen aufzunehmen.[37] Doch das trat fast schon in den Hintergrund. Der *nationalistische Backlash* ist eine Folge davon, dass bisher eine öffentliche Diskussion über die Anforderungen von europäischer Integration, Globalisierung, offenen Grenzen und freiem Handel ausgeblieben ist. Subnationale Unterformen, etwa der bayerische oder ostdeutsche Partikularismus, sind Ausdruck dessen.

Für die AfD ist der »Dexit« – der Austritt Deutschlands aus der Europäischen Union – ein wünschenswertes Szenario. In einem Leitantrag zum Wahlprogramm für die Europawahlen im Jahr 2019 stimmte die Mehrheit der AfD-Delegierten für einen »Dexit«, falls sich die Europäische Union nicht innerhalb von fünf Jahren nach AfD-Vorstellungen verändere. Die angestrebten Veränderungen würden letztlich der Abschaffung der EU als Wertegemeinschaft gleichkommen.[38] Die AfD setzt sich für ein Ende der Europäischen Union ein, will das Vorhaben aber vorerst gemeinsam mit Nationalisten anderer EU-Staaten anschieben, bevor sie für den deutschen Alleingang wirbt. Aber die Mehrheit der Deutschen war noch nie so proeuropäisch eingestellt:

81 Prozent halten die EU-Mitgliedschaft Deutschlands »für eine gute Sache«.[39] Etwa ebenso viele Menschen in Deutschland fühlten sich in einer 2017er-Befragung als Europäer. Die Aussage, dass Vorteile der EU-Mitgliedschaft überwiegen, findet 2019 mehr Zustimmung als je zuvor.[40] Die Wirtschaft ist für den reibungslosen Güterverkehr auf offene Grenzen angewiesen. Auslandsaufenthalte sind aus vielen Studiengängen kaum noch wegzudenken. Wer es sich leisten kann, genießt das unkomplizierte Reisen ins europäische Ausland. Der desaströse Brexit-Prozess macht deutlich, wie gefährlich, kostenintensiv und chaotisch die Rückkehr zu nationalistischen Egoismen ist. Trotz Zugewinnen für die radikale und populistische Rechte bei den Wahlen des Europaparlaments im Mai 2019 ist es äußerst unwahrscheinlich, dass die antieuropäischen und nationalistischen Aufwallungen erfolgreich sein werden – solange die große Mehrheit der Europabefürworter die Arena nicht kampflos verlässt.

Bei der Rehabilitierung des deutschen Nationalismus kommt die radikale Rechte um die Verharmlosung von Schoah und Krieg nicht herum. Um den Nationalismus als Alternative zu präsentieren, müssen die katastrophalen Folgen nationalistischer Vergangenheit relativiert werden. Darum bezeichnet Alexander Gauland die Nazizeit als »Vogelschiss«. Zwar hat die AfD revisionistische Schlussstrich-Positionen wieder in den Bundestag getragen, aber insgesamt geht der Revisionismus in Deutschland zurück: 1986 waren noch 66 Prozent der Westdeutschen der Meinung, dass man nicht mehr so viel über die Nazi-Vergangenheit reden und besser einen Schlussstrich ziehen sollte. 2018 stimmen dieser

Aussage nur noch 45 Prozent der befragten Deutschen zu.[41]

Der autoritäre Rückschlag – die Kränkung
der Erwartungen in den Staat

Eng verbunden mit dem nationalistischen Rückschlag ist die Reaktion auf ein in Teilen der Bevölkerung empfundenes Staatsversagen. Viele Menschen, die 2015/16 in der Flüchtlingshilfe aktiv waren, kritisierten das Versagen des Staates bei der Aufnahme, Versorgung und Unterbringung der Geflüchteten. Das beeindruckende ehrenamtliche Engagement, zum Beispiel bei Sprachkursen oder Spenden, kompensierte staatliche Engpässe. Helfende sahen ihren Einsatz als Reaktion auf das Versagen des Staates. Zivilgesellschaftliche Initiativen versorgten beispielsweise geflüchtete Menschen, während diese zum Teil wochenlang auf Behördentermine oder die Erstversorgung warten mussten. Die Zivilgesellschaft hat gezeigt, wie schwierige Situationen mit Menschlichkeit, Pragmatismus und Zuversicht bewältigt werden können. Sie haben Merkels »Wir schaffen das« in die Tat umgesetzt. Doch auch diejenigen, die es weniger gut mit den Geflüchteten meinen, sprachen von Staatsversagen. Sie meinten aber das vermeintliche Versagen des Staates, geflüchtete Menschen zurückzuweisen oder rigoros abzuschieben.

Der *autoritäre Backlash* erwartet vom Staat Härte und eine rücksichtslose Durchsetzung des angeblichen Volkswillens. Dieser steht über dem individuellen Schicksal und über dem rechtsstaatlichen Prinzip der Einzelfallprüfung. Rechtsradikale instrumentalisieren öffentlich gewordene Fälle von straffälligen oder gewalttätigen Geflüchteten oder Menschen aus Einwanderer-familien als Beweis dafür, dass die Staatsgewalt nicht fähig und nicht willig sei, das »eigene Volk« zu schützen. Tatsächliche Missstände, etwa zu lange dauernde Behördenverfahren und Strafverfolgung in vielen Bereichen, lassen an der Effektivität des Staates zweifeln. Auch in Institutionen werden Fehler gemacht, zum Teil systematisch, doch auch dort kann sich eine produktive Fehlerkultur entwickeln.

Im Zeichen neoliberaler Sparpolitik wurden jahrelang Personal und öffentliche Leistungen zurückgebaut. Zugleich gab es keine großen Diskussionen über die Erwartungen der Bevölkerung und darüber, wie der Staat den Anforderungen der Bürgerschaft im 21. Jahrhundert gerecht werden kann. Eine entscheidende Rolle spielt dabei die zunehmende Privatisierung von Sicherheit und der Rückzug der Polizeipräsenz – dagegen haben sich in manchen Orten Bürgerwehren gegründet.

Fest steht: Ein handlungsfähiger Staat kostet Steuergeld. Solange aber populistische Parolen mehr öffentliche Resonanz hervorrufen als die ernsthafte Diskussion sozialer Probleme, können sich Politik, große Unternehmen und Reiche aus der Verantwortung ziehen. Allgemeines Gerede vom Staatsversagen spielt denen in die Hände, die die liberale Demokratie abschaffen wollen. Befragungen zur Zufriedenheit der Bevölkerung mit dem Funktionieren der Demokratie jedenfalls zeigen: Sie ist in Deutschland insgesamt in den vergangenen dreißig Jahren merklich gestiegen. Der positive Trend bestätigt sich in Ost- und Westdeutschland, auch wenn die Zufriedenheit mit dem Funktionieren der Demokratie in

Ostdeutschland insgesamt seit 1990 konstant deutlich geringer ausgeprägt ist als im Westen.[42]

Der antifeministische Rückschlag – die Kränkung patriarchaler Ansprüche

Obwohl wir von echter Gleichberechtigung der Geschlechter noch weit entfernt sind, waren die letzten Jahrzehnte vom Fortschritt geprägt. Noch 1985 weigerte sich die Lufthansa, Frauen als Pilotinnen zu beschäftigen. Erst seit 1997 ist Vergewaltigung in der Ehe strafbar – das beschloss der Bundestag damals unter anderem gegen die Stimmen von Friedrich Merz und Horst Seehofer. Der Anteil der Hochschulabsolventinnen ist erheblich gestiegen, allerdings ist der Anteil von Frauen, die einen Lehrstuhl innehaben, immer noch gering (2016: 23 Prozent). Die Aufstiegschancen für Frauen sind weit von echter Gleichberechtigung entfernt – aber viel besser als noch vor zehn Jahren. Die Sozialpsychologin Beate Küpper bringt die Entwicklung, die von einem Teil der Männer als Bedrohung wahrgenommen wird, auf den Punkt: »Papa kriegt nicht mehr automatisch das größte Schnitzel.«[43]

Der *antifeministische Backlash* wird ausgelöst, weil die Chancen der Frauen auf volle Gleichberechtigung gestiegen sind. Reaktionäre versuchen dann, Frauen auf benachteiligte Plätze zurückzuverweisen. Es handelt sich, wie die Pulitzer-Preisträgerin Susan C. Faludi schreibt, um einen Präventivschlag, der die Frauen weit vor der Ziellinie stoppen soll.[44]

Der Gegenschlag ist der Beweis für die Fortschritte der Emanzipation, auch wenn von einem Sieg noch nicht gesprochen werden kann. Gegenschläge finden ständig und immer wieder statt – wie bereits erwähnt: wellenförmig als Reaktion auf erkämpfte Fortschritte. Die neuerliche Reaktion richtet sich gegen die Entwicklung, die die Kolumnistin Margarete Stokowski als »die letzten Tage des Patriarchats«[45] bezeichnet; es ist ein Kampf gegen die Erfolge des Feminismus in den vergangenen Jahrzehnten. Beatrix von Storch, stellvertretende AfD-Fraktionsvorsitzende im Bundestag, und die von ihr gegründete »Zivile Koalition e.V.« gehören zu den wichtigsten Akteuren des antifeministischen Gegenschlags. Schon 2014, kurz nach Gründung der AfD, initiierte deren Jugendorganisation Junge Alternative eine Kampagne gegen Feminismus.

Der antifeministische Gegenschlag tritt in Politik und Kultur für ein reaktionäres Geschlechterrollenverständnis ein und stellt sich gegen die Gleichstellung von Frauen, gegen Parität, gegen Abtreibungen, vielfaltsbewusste Sexualkunde und gendersensible Sprache. Geschlechterunterschiede und ein traditionelles Rollenverständnis gelten den Reaktionären als natürlich. Deswegen werden feministische Fortschritte als ideologische Störungen des angeblich harmonischen Naturzustandes abgelehnt. Die radikale Rechte verachtet das Weibliche als schwach und fürchtet, der Siegeszug der Gleichberechtigung zerstöre den natürlichen Charakter, die Wehrhaftigkeit und die Fertilität der weißen Deutschen. Die Zukunft des nach ethnisch-kulturellen Kriterien definierten »deutschen Volks« gerate in Gefahr. Der Feminismus ist in dieser Sicht für die »Verweiblichung« der Gesellschaft verantwortlich. Dadurch habe die als feindlich und imperialistisch betrachtete Macho-Kultur des Islams leichtes Spiel. Aber in Wirklichkeit gleicht das misogyne Frauenbild der Rechtsradikalen dem Frauenbild des Islamismus. Und so treffen sich radikale Islamisten und radikale Rechte in ihren reaktionären Rollenvorstellungen. Beide inszenieren sich als Beschützer der Frauen. Exemplarisch für die radikale Rechte steht Björn Höcke, der 2015 auf einer Kundgebung forderte: »Wir müssen unsere Männlichkeit wiederentdecken. Denn nur, wenn wir unsere Männlichkeit wiederentdecken, werden wir mannhaft! Und nur, wenn wir mannhaft werden, werden wir wehrhaft. Und wir müssen wehrhaft werden, liebe Freunde!«[46]

Aber es sind nicht nur die AfD und deren vorpolitische Netzwerke, sondern es sind auch viele der sogenannten Männerrechtler, denen es oftmals nicht um Männerrechte geht, sondern um Vorrechte der Männer.

Aus der AfD wurde #metoo als »Hysterie« bezeichnet und eine Debatte gefordert, die sich für Männer einsetzt.[47] Die Identitären versuchen, die emanzipatorische Kraft von feministischen Bewegungen wie #Aufschrei und #metoo zu verlagern. Mit den Hashtags haben Frauen und Feministinnen in sozialen Netzwerken sexualisierte Belästigungen und Übergriffe thematisiert. Rechtsradikale Identitäre reagierten mit der Kampagne »#120db«, die sie als »wahren Aufschrei« bezeichneten. Doch ihnen ging es nicht um Frauenrechte, sondern darum, sexualisierte Gewalt zu »Migrantengewalt« umzudeuten. Einerseits lenken die Rechtsradikalen damit von ihrer Frauenfeindlichkeit und den gefährlichen Männlichkeitsidealen in Teilen der einheimischen Bevölkerung ab, andererseits verbreiten sie rassistische Vorurteile. Nicht zuletzt lenkt der Gegenschlag vom eigentlichen

Anliegen der emanzipatorischen Aktionen ab. Denn Frauen werden instrumentalisiert für den reaktionären Kampf, der sich gegen wirkliche Gleichberechtigung von Frauen richtet.

Antifeministische Gegenschläge wenden sich auch gegen die Freiheit von Männern, weil diese wieder in dogmatische Identitätsvorstellungen gedrängt werden. Aber damit sind die Reaktionären in der Minderheit. Die große Mehrheit der Deutschen begrüßt die feministischen Kämpfe – sowohl unter den Frauen als auch unter den Männern. Das Bildungsbarometer 2018 des Leibniz-Instituts für Wirtschaftsforschung (ifo) zeigt: 74 Prozent der Frauen und 66 Prozent der Männer beurteilen die #metoo-Debatte über sexuelle Belästigung positiv. Drei Viertel sind dafür, dass Themen wie Gleichstellung, Gewalt und Machtmissbrauch von Männern gegenüber Frauen und sexuelle Belästigung im Schulunterricht behandelt werden.[48] Das heißt aber auch: Bei jedem Vierten könnte die antifeministische Propaganda womöglich verfangen.

Der Anti-Gender-Rückschlag – die Kränkung starrer Identitätsvorstellungen

Der Gegenschlag richtet sich auch gegen homosexuelle Menschen und Menschen, die nicht in das zweigeteilte Rollenverständnis »Frau« und »Mann« passen. Die radikale Rechte greift geschlechtliche Minderheiten und homosexuelle Menschen aus mehreren Gründen an. Ein Grund ist die zwar abnehmende, aber immer noch weit verbreitete Abwertung von Homo- und Transsexuellen. In der Wahrnehmung der radikalen Rechten geht mit der Akzeptanz von Gender-Vielfalt die Abschaffung der traditionellen Familie einher. Dadurch sieht sie das Ende der sozialen Grundlagen ihrer »Volksgemeinschaft« gekommen: Für völkische Reaktionäre sind sexuelle Beziehungen, die nicht zu weißen Kindern führen, weitere Schritte zum »Volkstod«. Moderne Partnerschafts- und Familienmodelle gelten als »perverse Spitze« angeblicher Auflösungstendenzen durch den Liberalismus und als weiterer Beweis für dessen Niedergang. Homosexualität und Gender-Vielfalt sind in deren Diagnose beispielhaft für Degeneration und Verfall. Auch Kampagnen gegen die angebliche »Frühsexualisierung« – das heißt, gegen sexuelle Aufklärung in der Schule – greifen das Unbehagen mit dem Fortschritt auf.

Nicht weniger massiv ist der Angriff auf die wissenschaftliche Gender-Forschung. Während die AfD deren Abschaffung fordert, hat die reaktionäre Regierung von Viktor Orban in Ungarn das bereits umgesetzt. Und das ist in der rechtsradikalen Logik folgerichtig, schließlich belegt die von ihnen verhasste »Gender-Ideologie«, dass die Grundlagen eines naturalisierenden Gesellschafts- und Menschenbildes falsch sind: Denn Beziehungen, Rollen und Identitäten von Menschen stehen eben nicht aufgrund angeblich natürlicher (oder göttlicher) Vorherbestimmung fest. Diese Einsicht kränkt alte und starre Identitäts- und Rollenvorstellungen und ruft Abwehr hervor.

Auch Kampagnen gegen geschlechtergerechte Sprache zielen letztlich darauf ab, progressive Fortschritte abzuwehren, die alte Hierarchien und Ordnungsvorstellungen infrage stellen. Doch die Vergangenheit war keineswegs ein Hort der Harmonie, sondern für viele Menschen eine Zeit der Unterdrückung, Pathologisierung und gewaltsamen Anpassung an hegemoniale Rollenverständnisse. Gender-Emanzipationsbewegungen haben in den vergangenen Jahren viel erreicht, beispielsweise die rechtliche Anerkennung der dritten Geschlechtsoption »divers« sowie die Entschädigung und die Rehabilitierung von Homosexuellen, die aufgrund des Paragrafen 175 des Strafgesetzbuchs verurteilt wurden. Dieser stellte sexuelle Handlungen zwischen Männern unter Strafe. Das diskriminierende Gesetz wurde 1969 entschärft, aber erst 1994 endgültig abgeschafft. 2017 wurde in Deutschland außerdem die »Ehe für alle« legalisiert – die radikale Rechte bedauerte diesen Fortschritt lautstark und fordert dessen Rückabwicklung. 55 Prozent der AfD-Wählerschaft sprach sich einer 2017er-Umfrage zufolge gegen die gleichgeschlechtliche Ehe aus, die große Mehrheit der Wähler aller anderen Parteien fand die »Ehe für alle« dagegen gut.[49]

Der antiaufklärerische Rückschlag – die Kränkung ideologischer Wahrheitsansprüche

Durch das Internet haben so viele Menschen wie nie zuvor günstige Voraussetzungen, Fakten zu suchen und in größere Zusammenhänge einzuordnen. Die Menge der zur Verfügung stehenden Informationen explodiert und krempelt Entscheidungsprozesse um. Politik und Medien orientieren sich immer häufiger an Empfehlungen von Expertinnen und Wissenschaftlern. Die Aufklärung setzt sich zunehmend durch – und weckt damit den Widerstand ihrer alten Feinde.

Doch Antiintellektualismus, Verschwörungstheorien und das Geschwätz von »Gender-Ideologie« oder

»Klimalüge« sowie wissenschaftsfeindliche Denunziationskampagnen lenken davon ab, dass unsere Gesellschaft die aufgeklärteste und rationalste ist, die es jemals gab. In Deutschland streitet die AfD wissenschaftliche Erkenntnisse ab – beispielsweise zum Klimawandel – und denunziert Studien und Fachleute, die nicht in ihr Weltbild passen. Der aufgeklärt-pragmatische Stil der promovierten Physikerin Angela Merkel wird von Rechten gehasst. Intellektuellenfeindlichkeit geht einher mit der Abwehr neuer Erkenntnisse: Reaktionäre stellen dem wissenschaftlichen Fortschritt den angeblich »gesunden Menschenverstand« gegenüber. Bereits Goethe wusste: Mit dem Wissen wächst der Zweifel. Denn die Einsicht in das ständige Wachstum von Erkenntnissen erinnert uns daran, dass der Erkenntnisprozess niemals abgeschlossen ist. Schlussfolgerungen können nur auf Grundlage der derzeit zur Verfügung stehenden Erkenntnisse wissenschaftlich abgesichert werden. Das setzt eine permanente Offenheit gegenüber Neuem voraus – und das ist keine Stärke der radikalen Rechten. Auch ihr Narzissmus immunisiert vor Fakten. Durch die selektive Auswahl von Informationen schafft sie sich neue »Wahrheiten«, die ihrer Ideologie und ihren Interessen entsprechen. Wenn es sowieso kein abschließendes Wissen gibt, so der antiaufklärerische Reflex, macht die vom Ressentiment geleitete Lüge keinen Unterschied. So können munter Verschwörungstheorien und Lügenvorwürfe mit Angstmache verbunden und gegen den Fortschritt in Stellung gebracht werden.

Die moderne Sachlichkeit widerlegt gesellschaftliche Annahmen, die lange als selbstverständlich galten. Beispielsweise erbrachte erst die medizinische Forschung den Beweis, wie gesundheitsschädlich das Rauchen ist. Noch vor fünfzehn Jahren war das Rauchen im öffentlichen Nahverkehr und in Gaststätten gang und gäbe. Die wissenschaftliche Rationalität führte dann zum Umdenken in Politik und Gesellschaft. Ähnliches trifft auf Umweltgifte im Energie- und Verkehrsbereich zu. Doch Fortschrittsskeptiker sehen in den faktenbasierten Fortschritten »Umerziehungsmethoden« und fühlen sich gegängelt. Wissen führt zu Fortschritt, aber ein Teil der Menschen bleibt hinter den wissenschaftlichen und kulturellen Veränderungen zurück. Dadurch entstehen Spannungen, die das Ressentiment entfesseln. Hinter dem *antiaufklärerischen Backlash* stehen die Verklärung der Vergangenheit, der irrationale Hang zur Mystik und das rücksichtslose Einfordern der eigenen Interessen und Privilegien auf Kosten anderer. Dabei wird behauptet, dass nur Minderheiten progressive Veränderungen begrüßen würden. Aber das stimmt nicht: Gerade für eine ökologische Transformation gibt es große Sympathie – so unterstützt beispielsweise die Mehrheit der Deutschen im Frühjahr 2019 den von Schülerinnen und Schülern initiierten Klimastreik »Fridays for Future«.[50]

Lebenslanges Lernen kann den Umgang mit den gestiegenen Anforderungen und Möglichkeiten erleichtern – lebenslanges Lernen über die Welt und die Gesellschaft (und nicht nur für den Markt, der aber auch immer stärker auf die Offenheit der Arbeitenden angewiesen ist). Unser Wissen wächst massiv. Das zeigt sich zum Beispiel daran, dass jedes Jahr mehr wissenschaftliche Fachartikel erscheinen. Zwischen 2006 und

2016 ist die Zahl der Studierenden in Deutschland um 50 Prozent gestiegen. Das von führenden Forschungsinstitutionen realisierte Wissenschaftsbarometer zeigt: Trotz des Erstarkens wissenschaftsfeindlicher Politik hat das allgemeine Vertrauen der Bevölkerung in Forschung und Wissenschaft seit 2014 nicht gelitten.[51]

Das ökonomische Paradox – zwischen neoliberalem und nationalsozialistischem Rückschlag

Als die AfD 2013 als marktradikale Partei entstand, befand sich der neoliberale Kapitalismus in Deutschland durch die Wirtschaftskrise in einer historischen Legitimationskrise. Marktradikale Rechte und Bürgerliche fürchteten Erfolge linker Bewegungen. Anzeichen für ein kapitalismuskritisches Revival gab es in den Jahren nach 2007 tatsächlich (siehe Kapitel 3, Dunkle deutsche Tradition). Die Rechte organisierte daraufhin einen antisozialen Gegenschlag und stahl globalisierungskritischen Bewegungen mit radikalen nationalen Forderungen und rassistischen Thesen die Show. Wenig später transformierten Reaktionäre die soziale Verunsicherung schleichend zu einem kulturellen Pessimismus. Soziale Probleme, die mit kluger Politik, mit mehr Geld und Umverteilung zu lösen wären (zum Beispiel durch bessere Finanzierung sozialer Wohnungs- und Rentenpolitik, mehr Geld für Bildung, Polizei, Justiz und für bessere Integration aller, die in Deutschland leben), verklärte die radikale Rechte zu »Überfremdungsproblemen«.

Noch bevor sich eine ernsthafte Gefahr für das herrschende Wirtschaftssystem der Ungleichheit bilden konnte, gründete sich eine aggressive Abwehrbewegung.

Deren Radikalisierung bedroht heute durch Anti-Einwanderungspolitik und Nationalismus demokratische Normen und die Zukunft von wirtschaftlichem Wohlstand. Der Kampf gegen Einwanderung und kulturelle Veränderungen eint die radikale Rechte. Paradox daran ist, dass die AfD innerlich in der sozialen Frage vollkommen gespalten ist. Libertäre und Marktradikale wie Alice Weidel stehen in der sozialen Frage völkischen Nationalisten wie Björn Höcke gegenüber. Der träumt, wie Vordenker der »konservativen Revolution« in den 1920er-Jahren, von einem nationalen Sozialismus und erklärt die deutsche Arbeiterschaft zu einem zentralen Symbol der radikalen rechten Machtbestrebungen. Gemeinsame Feindbilder, der Druck von außen und die bisherigen Wahlerfolge halten die programmatisch in dieser Frage vollkommen widersprüchliche Partei bisher zusammen. Doch eine Spaltung wird wahrscheinlicher, wenn die AfD unter Druck steht, eine gemeinsame sozialpolitische Programmatik zu vertreten.

Rechten Marktradikalismus und Sozialpopulismus verbinden Ungleichheitsideale: einerseits in der Abgrenzung nach unten gegen die wirtschaftlich schwächeren Milieus, andererseits in der Abgrenzung nach außen gegen Geflüchtete und andere Einwanderer. Rassismus kann für Menschen in unterschiedlichen Situationen funktional sein, zum Beispiel um für Aggressionen, Hass oder Langeweile einen Sündenbock zu finden: Wer wirtschaftlich benachteiligt ist oder sich ungerecht behandelt fühlt, kann anderen die Schuld für seine Situation geben und sich somit selbst aus der Verantwortung entlassen. Aber auch für relativ Reiche ist Rassismus hilfreich: Wer besonders wohlhabend ist, kann seinen

Wohlstand dadurch rechtfertigen, dass ganze Menschengruppen pauschal als faul, weniger wert oder weniger leistungsfähig markiert werden – besonders wenn der eigene Wohlstand im Verhältnis zur Leistung anderer nicht gerechtfertigt ist.

Zwischen Anspruch und Wirklichkeit tobt das Ressentiment

Die erreichten Fortschritte machen sichtbar, wie weit unsere Gesellschaft noch davon entfernt ist, ihren eigenen Ansprüchen gerecht zu werden. Mit dem Sichtbarwerden dieser Kluft wächst die Härte, mit der sich die Profiteure der alten Ungerechtigkeit an ihre schwindende Macht klammern. Der Philosoph Max Scheler hat festgestellt: Die bestehende Differenz zwischen der verfassungsmäßigen Stellung von Gruppen und ihrem realen Stand in der Gesellschaft lässt Vorurteilen, Neid, Angst vor Unterlegenheit und Abneigungen – kurz: dem Ressentiment – freien Lauf.[52]

Ressentiments sind in Gesellschaften besonders auffällig, in denen einerseits gleiche Rechte und Wertigkeit als Anspruch festgeschrieben sind, wo aber andererseits tatsächlich große Unterschiede zwischen Gruppen bestehen. Ich habe den Zustand zwischen dem egalitären Anspruch und der ungerechten Wirklichkeit als »demokratische Schere« bezeichnet.[53] Den verfassungsmäßigen Ansprüchen nach darf in Deutschland niemand »wegen seines Geschlechtes, seiner Abstammung, seiner Rasse, seiner Sprache, seiner Heimat und Herkunft, seines Glaubens, seiner religiösen oder politischen Anschauungen benachteiligt oder bevorzugt werden. Niemand darf wegen seiner Behinderung benachteiligt werden.« (Artikel 3 GG) Aber diese Verfassungsnorm wird im Alltag ständig verletzt – durch institutionelle Diskriminierung und in den Beziehungen zwischen Menschen. Je sensibler wir für diese Verletzungen werden, desto besser sind die Chancen, demokratischen Ansprüchen gerecht zu werden und die Schere zu schließen.

Indes weckt das Problematisieren der Kluft die Wut derer, die mit der Ambivalenz nicht umgehen können oder sogar die demokratischen Rechte und Werte an sich infrage stellen. Dass der Widerstand so hartnäckig ist, hat mehrere Gründe – erstens, weil vor allem Männer sich gegen den drohenden Machtverlust wehren. Zweitens ruft die Demokratisierung Spannungen hervor, weil ökonomische Ungleichheit strukturell im Wirtschaftssystem angelegt ist. Diese Ungleichheit wirkt sich unmittelbar auf den Status, die Sichtbarkeit und die Anerkennung von sozialen Gruppen aus. Zum Beispiel haben Kinder aus finanziell schwächeren Familien immer noch viel geringere Chancen, einen hohen Bildungsabschluss zu erreichen, als Kinder aus wohlhabenden Familien. Der dritte Grund, warum der Widerstand gegen echte Gleichheit, zum Beispiel zwischen Männern und Frauen, so erbittert ist, liegt in der damit verbundenen Einsicht in die Unvollkommenheit und Unabgeschlossenheit der Gesellschaft. Es gibt kein »Ende der Geschichte« (Francis Fukuyama). Dieser Fakt kränkt das Bedürfnis nach Harmonie und Kohärenz. Kultur und Gesellschaft entwickeln sich ständig weiter – in vielen Bereichen zum Besseren. Zugleich ist weltweit festzustellen, dass sich die radikale Rechte als

Gegenbewegung zur schleichenden Durchsetzung egalitärer und progressiver Werte aufstellt, um die Ungleichheit aufrechtzuerhalten. Die radikale Rechte mobilisiert menschenfeindliche Einstellungen und Ressentiments, die schon immer latent in der Gesellschaft verbreitet waren. Weil beispielsweise rassistische Ressentiments häufig unbewusst sind und zu unserer Kulturgeschichte gehören, ruft die Kritik daran starke Ablehnung hervor: »Ich bin kein Rassist, aber ...«, »Ich lasse mich nicht in die rechte Ecke stellen« usw.

Ressentiments sind in Phasen schneller gesellschaftlicher Veränderungen besonders leicht zu aktivieren. Alle Generationen vor uns haben gelernt, dass es mehr oder weniger »normal« ist, Frauen und Minderheiten ungleich zu behandeln. Das demokratische Gleichheitsversprechen war und ist nicht eingelöst, aber wir kommen dem egalitären Ideal langsam näher. Wenn man sich daran gewöhnt hat, von der Benachteiligung anderer zu profitieren, weckt wachsende Gleichberechtigung das versteckte Ressentiment. Weniger als je zuvor wird es heute als legitim erachtet, Menschen aufgrund ihrer Herkunft, Religion oder ihres Geschlechtes ungleich zu behandeln. Es gibt heute nicht *mehr* Rassismus und Sexismus, sondern *weniger* als je zuvor. Mit der wachsenden Gleichberechtigung nimmt auch die Sensibilität für Diskriminierungen zu. Die Reaktionären wähnen sich von diesen Veränderungen in die Enge getrieben und schlagen zurück.

Gesellschaftliche Veränderungen führen immer auch zu Spannungen. Diese Spannungen werden von manchen Menschen als unangenehm, ja, sogar als gesellschaftliche Spaltung wahrgenommen. Aber viele Veränderungen sind positiv und Spannungen für den Fortschritt notwendig. Konflikte, die daraus resultieren, sind anstrengend, aber keineswegs ein Anlass, die positiven Veränderungen an sich infrage zu stellen. Konflikte sind auf lange Sicht meist produktiv. Erst im Rückblick wird offensichtlich, wie nationalistisch, rassistisch und sexistisch die vergangene Normalität war, wenn die Schritte hin zu selbstverständlichen Ansprüchen wie Vielfalt, Gleichwertigkeit und Chancengerechtigkeit als apokalyptische Bedrohung angesehen werden.

Demokratisierung der Demokratie

Die »stille Revolution« der Liberalisierung ist nicht weniger als die Demokratisierung der Demokratie. Ein Staat ist keine Demokratie ohne freie Wahlen, Meinungs-, Presse- und Versammlungsfreiheit, ohne Rechts- und Sozialstaatlichkeit, Gewaltenteilung und Freiheit der Kultur und Wissenschaft. Aber nicht nur die Verfahren und Institutionen sind wichtig, sondern auch Teilhabe und demokratische Kultur. Darum ist eine starke Zivilgesellschaft der beste Schutz der Verfassung. Demokratie ist, wie vor allem der Sozialphilosoph Oskar Negt immer wieder betonte, eine Lebensform, die durch gesellschaftliche Lernprozesse geprägt, herausgefordert und fortentwickelt wird. Demokratie ist immer unfertig, weil sich unsere materiellen und kognitiven Chancen auf die neu zu entdeckenden Grundwerte der Französischen Revolution – Freiheit, Gleichheit und Geschwisterlichkeit – immer weiterentwickeln. Die Zivilgesellschaft weiß heute viel mehr über die Bedingungen von Solidarität, Menschenwürde und Antidiskriminierung als je zuvor. Wir sehen viel klarer, wie unfertig das demokratische Projekt ist. Mit der steigenden Liberalisierung der vielfältigen Bevölkerung steigen die Anforderungen an die Demokratie, ihre Versprechen endlich für alle einzulösen. Es steigen auch innere Widersprüche, wenn Benachteiligungen immer weniger als gerechtfertigt angesehen werden, aber soziale Ungleichheit im Gegenzug nicht abnimmt. Genau an diesem Punkt können aggressive Ungleichwertigkeitsideologien mobilisiert werden, um die Benachteiligungen als angeblich natürlich zu rechtfertigen – dann nämlich müsste sich auch nichts ändern.

All die Fortschritte, die Reaktionäre zum kulturellen Zerfall, zur Auflösung von Orientierung und Identität erklären, befürwortet der Großteil der Bevölkerung. Allerdings sind Mehrheiten allein kein Garant dafür, dass eine Forderung oder Entwicklung demokratisch ist. Selbst wenn also eine Mehrheit die Einführung der Todesstrafe begrüßen würde, wäre das verfassungsrechtlich nicht legitim. Auch das rechtsradikale Ideal einer homogenen »Volksgemeinschaft« ist verfassungswidrig. Die Unantastbarkeit der Menschenwürde ist nicht verhandelbar.

Für manche ist die Demokratie nur dazu da, durch gelegentliche Abstimmungen parlamentarische Mehrheiten zu organisieren. Aber diese staatszentrierte Sicht findet immer weniger Zuspruch. Andere sehen Demokratie nur als eine Begleiterscheinung des Marktes. In Wirklichkeit hängt das alles eng miteinander zusammen: Die postmateriellen Fortschritte in westlichen Staaten gehen Hand in Hand mit dem gewachsenen

Wohlstand und stabilen demokratischen Institutionen. Je selbstverständlicher Gleichwertigkeit ist, desto stärker sind die Empörung über bestehende Ungerechtigkeiten und der Kampf um demokratische Emanzipation. Ein Teil von all jenen, die von Ungerechtigkeiten profitieren und sich daran gewöhnt haben, reagiert mit Hass und Gewalt auf die wahrgenommenen Statusbedrohungen. Doch anders als die Reaktionären in den 1920er-Jahren können sie heute nicht auf die Unterstützung großer Teile der Wirtschaft hoffen, denn die ist auf Globalisierung, Vielfalt und Zuwanderung angewiesen. Durch die internationale Konkurrenz um Fachkräfte gewinnen Standortfaktoren wie die Akzeptanz von Vielfalt an Bedeutung: Niemand will dort arbeiten und leben, wo rassistische Mobs Menschen jagen.

Durch die Globalisierung verliert demokratisch legitimierte Politik allerdings an Kontrollmöglichkeiten über den Privatsektor. Darunter leidet das Vertrauen in die Demokratie. Die einzige plausible Lösung zur Regulierung der internationalen Märkte ist die weitere Demokratisierung der internationalen Zusammenarbeit, etwa die Stärkung des Europaparlamentes – und nicht etwa das gegenseitige Überbieten mit nationalen Schutzzöllen. Dennoch erleben wir einen Abwehrkampf gegen die fortschreitende Demokratisierung.

Das Erstarken der reaktionären Front ist also ein riesiger Gegenschlag gegen die liberalen Fortschritte der vergangenen Jahrzehnte. Die Gesellschaft hat die Rassisten und Sexisten in den eigenen Reihen meist ignoriert. Durch Emanzipationsbewegungen und wissenschaftliche Fortschritte hat sich das geändert. Rassisten und Sexisten, die über Jahrhunderte die Gesellschaft prägten, verlieren an Boden. Bei ihrem unfreiwilligen Rückzug hinterlassen sie verbrannte Erde und entfesseln den völkischen Kulturpessimismus. Weil ihnen die Zeit ihrer Alleinherrschaft unwiederbringlich verloren scheint, prophezeien sie der ganzen Gesellschaft den Untergang. Was für eine Anmaßung!

Die Demografie der Bevölkerung ändert sich, und sie ändert sich vielerorts schneller als früher, aber es gibt keinen » Volkstod «. Kultur und Wertvorstellungen verändern sich, aber sie gehen nicht unter. Weder die kulturelle Apokalypse noch der Siegeszug des Rechtsradikalismus stehen bevor. Die Rechten drängen in Deutschland nicht aus einer historischen Position der Stärke an die Macht, sondern aus einer relativen Schwäche.

Demokratie ist kein Selbstläufer

Ich habe bei Vorträgen erlebt, wie der Befund, dass die Rechten eine negative antimoderne Reaktion auf positive fortschrittliche Entwicklungen sind, falsch verstanden werden kann. Zwei Fehlinterpretationen tauchen besonders häufig auf. Erstens: Die Progressiven seien schuld, dass Rechtsradikale heute wieder die liberale Demokratie gefährden; es sei mit dem Fortschritt, Gender-Mainstreaming und politischer Korrektheit übertrieben worden – darum fühlten sich Menschen abgehängt und in die Enge getrieben. Zutreffend ist daran, dass durch die Geschwindigkeit der gesellschaftlichen Liberalisierung der vergangenen zwanzig Jahre, beispielsweise in der Gleichstellung von Frauen oder

Homosexuellen, viele konservativ eingestellte Menschen kulturell abgehängt wurden, weil das, was sie einst als normal erfahren und gelernt haben, nun nicht mehr gilt. Wir lernen dazu – der Aufklärung sei Dank. Doch ein Vermittlungs- und Erklärungsdefizit lässt sich ebenso wenig leugnen wie die kulturelle Arroganz einiger Progressiver, die die Augen vor der Realität verschließen: Anspruch und Wirklichkeit sind nicht identisch. Was in urbanen Zentren, in Redaktionen oder Hochschulen immer selbstverständlicher als rassistisch oder frauenfeindlich gilt, ist für große Teile der Bevölkerung noch immer materielle und normative Realität – auch in Redaktionen und an Hochschulen. Die große Herausforderung, der sich leider viele Progressive verweigern, ist es, ohne Wut oder Überheblichkeit politische und kulturelle Veränderungen auch jenen nachvollziehbar zu machen, die weder *Die Zeit* lesen noch Deutschlandfunk hören. Wer spricht mit Max Mustermann darüber, warum es – entgegen dem, was er in der Schule und in der Gesellschaft jahrelang gelernt hat – »auf einmal« mehr als zwei Geschlechter gibt und warum diese Veränderung für ihn keine Bedrohung, aber für viele andere eine Erleichterung bedeutet? Wer beantwortet seine Zweifel ohne Verachtung? Es geht nicht darum, um jeden Preis mit Rechten zu reden – schon gar nicht mit deren Kadern und über deren Themen. Es geht um den schmalen Grat, diejenigen in produktive Konflikte einzubinden, die nicht voller Hass sind und die die Demokratie nicht stürzen wollen, aber der rasanten Entwicklung mit Befremden gegenüberstehen. Selbst die politische Bildung innerhalb und außerhalb der Schulen kommt oft nicht mehr hinter den Entwicklungen her und erreicht nur das meist ohnehin offene Bildungsbürgertum. Sie muss daher ausgebaut und erweitert werden. Es ist nicht die Aufgabe der Angehörigen diskriminierter Gruppen zu erklären, warum Diskriminierung, Sexismus und Rassismus falsch sind. Das ist die Aufgabe der ganzen Gesellschaft, die durch ihre Normen, Werte und durch das Grundgesetz der Diskriminierungsfreiheit verpflichtet ist. Es ist keiner Frau zuzumuten, auf einen Teil ihres Gehaltes zu verzichten oder sexualisierte Übergriffe schweigend zu ertragen, nur damit sich einige überprivilegierte Männer nicht bedroht fühlen und zu Pegida rennen oder im Netz emanzipierte Frauen belästigen. Kein Mensch muss still aushalten, angespuckt, erniedrigt, verprügelt, gejagt oder überfahren zu werden, nur damit der Eindruck vermieden werden kann, dass Deutschland ein Rassismusproblem hat. Kein Mensch sollte im Mittelmeer sterben müssen, weil die Politik fürchtet, Wähler an rechtsradikale Parteien zu verlieren. Wir müssen unsere Kinder und Enkel nicht tatenlos dem Unfalltod überlassen, weil Egoisten mit 190 Kilometern in der Stunde über die A1 brettern wollen. Die Verschmutzung der Weltmeere und die Zerstörung des Klimas sind nicht hinzunehmen, nur weil einige im All-inclusive-Urlaub auch das zehnte Bier aus einem neuen Plastikbecher trinken wollen oder ständig das Flugzeug nehmen statt den Zug. Aber in der Wirklichkeit ist davon nichts selbstverständlich, und jeder Fortschritt muss durch Aufklärung, Bildung, Dialog, gute Politik und Protest gesellschaftliche Unterstützung wecken. Das ist aufwendig, aber ohne Alternative.

Mit Studierenden habe ich ethnografische Erkundungen in Stadtvierteln und ländlichen Kleinstädten unternommen – ursprünglich mit dem Ziel, den öffentlichen Raum und seine Jugendmilieus zu untersuchen. Aber viele Studierende berichteten, dass sie darüber mit interessierten Menschen ins Gespräch kamen, mit denen sie sonst nie gesprochen hätten. Beide Seiten haben von den Einblicken in Lebenswirklichkeiten, die ihnen sonst fremd sind, profitiert. Solche Zugänge erscheinen mir wichtiger als die dreißigste Textdiskussion unter Kommilitonen. Es bräuchte zivile Gesellschaftssemester, in denen auch Professorinnen, Mitarbeiter und Studierende in Ämtern, Betrieben, Dörfern und Stadtteilen auf Augenhöhe mit ihren Mitmenschen über die kulturellen Entwicklungen ihrer Lebenswelt sprechen und so dazu beitragen, Vielfalt kennenzulernen und anzuerkennen. Und eine größere Dosis gesellschaftliche Realität schadet auch dem akademischen Elfenbeinturm nicht.

Das zweite Missverständnis gegenüber der These des Rückschlags umfasst die Annahme eines Fortschrittsautomatismus: Wenn die Gesellschaft sowieso immer offener wird, erledigt sich auch der Rechtsradikalismus irgendwann, und man kann sich entspannt zurücklehnen und das Leben, Kunst und Kultur genießen, anstatt kontrovers zu diskutieren, auf Gegendemonstrationen zu gehen, Petitionen und Leserbriefe zu schreiben oder für demokratische Projekte zu spenden. Dieser Irrtum ist besonders gefährlich. Denn auch das Dritte Reich war nicht das Ergebnis einer revolutionären Erhebung, sondern eines reaktionären Schlags gegen die als fremdartig verhöhnte liberale Demokratie der Weimarer Republik. Der nationalkonservative Versuch, die Nazis durch Integration zu stoppen, scheiterte mit katastrophalen Folgen. Dieser Backlash machte nicht nur sehr schnell bisherige Fortschritte zunichte, sondern brachte mit dem Holocaust und der Kriegsmaschinerie unfassbares Leid über die Welt. Das Dritte Reich konnte nur entstehen, weil sich zu wenig Deutsche gegen die Nazis und für die Demokratie einsetzten. Der Sozialpsychologe Harald Welzer konstatiert: »Die Weimarer Republik ist nicht gescheitert, weil die Demokratie zu viele Feinde hatte, sondern zu wenig Freunde.«[54] Die Mehrheit der Freunde der liberalen Demokratie muss also lauter werden!

Gegen die These eines Automatismus des unaufhaltsamen Siegeszugs der Demokratie sprechen außerdem die massiven Rückschritte, die die rechtsautoritären Regime in Italien, Polen und Ungarn mit ihren Angriffen gegen die Pressefreiheit, die Unabhängigkeit der Justiz, die Freiheit der Wissenschaft und die Zivilgesellschaft bereits durchgesetzt haben. Dass die Gesellschaft in Deutschland heute so offen eingestellt ist wie nie zuvor, ist kein Zufall. Es ist das Ergebnis langer sozialer und politischer Kämpfe von zahllosen Menschen in allen möglichen Bereichen und Regionen, die sich nicht mit Diskriminierung und Hass, Demokratieverdrossenheit und antimodernem Denken abgefunden haben, sondern die sich immer wieder kritisch eingemischt, protestiert und gezeigt haben, dass eine andere und bessere Zukunft möglich ist. Auf diesen Erfolgen sollten wir uns nicht selbstzufrieden ausruhen, sondern selbstbewusst aufbauen.

Denn auch die radikale Rechte ruht sich nicht aus. Nach einer langen Phase der Stagnation in relativer Bedeutungslosigkeit träumt sie davon, eines Tages die

Macht zu ergreifen. Darauf bereitet sie sich seit Langem vor. Wegen der jahrelangen Ignoranz und Verharmlosung des rechtsradikalen Potenzials in Deutschland wirkt ihr neuerliches Erstarken so erschreckend. Dabei waren wir gewarnt.

Dunkle deutsche Tradition

Das Erstarken der radikalen Rechten ist alles andere als überraschend. Es war nur eine Frage der Zeit, bis die rechtsradikal Eingestellten eine politische Bewegung formieren würden. Die folgende kleine Geschichte des neuen Rechtsradikalismus in Deutschland rekonstruiert, wie sich das heutige Rechtsaußen-Lager formiert hat. Denn die radikale Rechte arbeitet seit Jahrzehnten darauf hin, eine Krisensituation auszunutzen. In Dörfern, Stadtteilen und Vereinsstrukturen, bei Aktionen und Schulungen wird der Ernstfall trainiert und vorbereitet. Schon lange warnen Aktivisten und Wissenschaftlerinnen davor. Gesellschaft und Politik haben diese Analysen und Appelle jedoch nicht ernst genommen. Nun rächt sich die Ignoranz.

Die Wurzeln heutiger rechtsradikaler Ideologie und Strukturen gehen weit in die Geschichte zurück und haben die Zerschlagung des Nationalsozialismus 1945 überlebt – in beiden Teilen des Landes. Bei den Bundestagswahlen 1969 misslang die erste große Offensive eines neuen rechtsradikalen Backlashs im Nachkriegsdeutschland mit dem knappen Scheitern der NPD an der Fünfprozenthürde. Daraufhin spaltete sich die radikale Rechte in einen neonazistisch-militanten Flügel und einen neurechten Flügel. Beide Traditionslinien bestehen bis heute fort – 2018 haben sie in Chemnitz den offenen Schulterschluss vollzogen.

1981 machte in der Bundesrepublik die Sinus-Studie Schlagzeilen. Die Untersuchung kam zu dem Ergebnis: »13 Prozent aller Wähler in der Bundesrepublik verfügen über ein geschlossenes rechtsextremes Weltbild.«[1] Dieser Anteil der Bevölkerung mit Rechtsextremismus-Potenzial, so die Forschenden des Sinus-Instituts, neigten »unter bestimmten historisch-situativen Bedingungen zu politisch extremen Verhalten«. Unter anderem wurde in der Untersuchung auch die Zustimmung zu apokalyptischen Niedergangsbeschreibungen abgefragt. 30 Prozent der Befragten stimmten völlig oder teilweise der Aussage zu: »Wenn es so weitergeht, steht unserem Volk schon bald eine ungeheure Katastrophe bevor.« Die Zustimmung zu rechtsradikalen und apokalyptischen Positionen hat also eine bemerkenswerte Kontinuität – nur der prophezeite Untergang bleibt beharrlich aus.

Der Anteil rechtsradikal Eingestellter lag bereits zu Beginn der Achtzigerjahre bei 13 Prozent – in Westdeutschland. Knapp vierzig Jahre später ist eine rechtsradikale Partei mit 13 Prozent der Stimmen in den Deutschen Bundestag eingezogen. Warum gelang es nicht schon früher, dieses Milieu zu mobilisieren? Dafür gibt es mehrere Gründe. Die westdeutsche Gesellschaft hat einerseits ihre eigene Rechtsradikalismusbelastung geleugnet und ab 1990 die Diskussion darüber in den Osten entsorgt, statt sich selbstkritisch mit dem großen reaktionären Potenzial im Westen zu beschäftigen, das die AfD nun abrufen kann. Die großen Volksparteien konnten die Rechten andererseits zum Teil integrieren. Gleichwohl sind NPD, DVU und Republikanern vereinzelt durchaus beachtliche Stimmengewinne gelungen. Aber Rechtsaußen-Parteien vor der AfD waren aufgrund ihres verherrlichenden Blicks auf den Nationalsozialismus eindeutiger zu verorten als die selbst ernannte Alternative, die, als Professoren-Partei gegründet, zunächst eine tiefe Verankerung im bürgerlichen Spektrum aufwies. Zudem stabilisierte der Glaube an die Aufstiegs- und Wohlstandsversprechen der Marktwirtschaft und an den anhaltenden Profit durch die ökonomische Globalisierung die Parteienlandschaft. Erst mit der Wirtschaftskrise in den Jahren nach 2007 geriet dieser Glaube zunehmend ins Wanken. Die Migrationskrise 2015 machte die Schattenseite der globalisierten Welt – ihre Konflikte und Instabilitäten – vor der Haustür vieler Deutscher besonders sichtbar. Vor allem bestimmte mit der Migrationsdebatte das zentrale Rechtsaußen-Thema den öffentlichen Diskurs. Für die gerüsteten Protagonisten der Reaktionären war es ein Leichtes, Ressentiments zu mobilisieren.

Kulturelle Liberalisierung und zunehmende Demokratisierung in vielen Lebensbereichen stellen heute mehr als je zuvor alte Ordnungsvorstellungen infrage. Auch die dem modernen Zeitgeist angepasste CDU/CSU kann reaktionäre Vorstellungen immer weniger vertreten. Zugleich ist die Modernisierung der Union im Kurs der Mitte auch der Garant dafür, dass sie weiterhin den bundesweit größten Teil der Wählerschaft auf sich vereinen kann. Hinzu kommt, dass die Fragmentierung der medialen Öffentlichkeit die Rechtsaußen-Offensive begünstigt: Anders als in den Achtzigerjahren dominiert heute nicht mehr eine überschaubare Zahl an Zeitungen und Fernsehsendern die öffentliche Meinung. Durch das Internet finden verstreute Rechtsradikale zueinander, steigern gegenseitig ihre Untergangsfantasien und aktivieren dadurch kollektiven Handlungsdruck. Allerdings war die Bundesrepublik schon in den Achtzigerjahren mit einer Welle rechtsradikaler Gewalt konfrontiert. Allein beim Anschlag auf das Münchner Oktoberfest 1980 starben dreizehn Menschen. Im selben Jahr tötete ein Rechtsterrorist in Erlangen den Rabbiner Shlomo Lewin und seine Lebensgefährtin Frieda Poeschke. In beiden Fälle sind die Hintergründe und Mittäter bis heute nicht aufgeklärt.

Antisemitismus und Rassismus waren schon damals keine reinen Unterschichtenprobleme, sondern wurden von bürgerlichen Politikern und intellektuellen Stichwortgebern flankiert. Im 1981 verabschiedeten »Heidelberger Manifest« behaupteten fünfzehn Hochschullehrer, die »Integration großer Massen nichtdeutscher Ausländer ist bei gleichzeitiger Erhaltung unseres Volkes nicht möglich und führt zu den bekannten ethnischen Katastrophen multikultureller Gesellschaften«. Wirksame Maßnahmen gegen rechts blieben aus, weil der Hass vor allem Menschen aus Einwandererfamilien und politische Gegner traf und der Linksterrorismus seit den Anschlägen und Morden der RAF als größte Gefahr erschien. Allein in den Achtzigerjahren zählte der Politologe Gerhard Paul in Westdeutschland jedoch »mehr als zwei Dutzend Todesopfer des Rechtsterrorismus und Hunderte Verletzte als Folge von Brand- und Sprengstoffanschlägen, von Überfällen und Straßenkämpfen«[2]. Schon damals wurde in Westdeutschland festgestellt, dass sich viele rechtsradikale Gruppen und Parteien zwar formell zum Grundgesetz bekannten, aber faktisch in Opposition dazu standen.

Rassistische Kampagnen in den Achtzigerjahren richteten sich vor allem gegen türkeistämmige Frauen und Männer, aber das Muster der Überfremdungskampagne ist bis heute gleich geblieben. Stimmung gemacht wurde 1982 beispielsweise mit der Broschüre »Ausländer-Integration ist Völkermord«. Der Rechtsaußen-Verlag Lühe hat die Broschüre mit dem rassistischen und revisionistischen Titel 2019 wieder im Programm; das Original erschien im Verlag Hohe Warte, der dem rechtsradikalen Bund für Deutsche Gotterkenntnis zuzurechnen ist. Die Gleichsetzung von Integration und »Völkermord« nutzte die NPD[3] ebenso wie der AfD-Rechtsaußen Höcke im Jahr 2018 bei einer AfD-Kundgebung in Rostock.[4] Im Europawahlkampf 1989 waren es NPD, DVU und Die Republikaner, die mit Parolen wie »Wird Deutschland türkisch?« für »Ausländerbegrenzung« und die Ausweisung von »kriminellen Ausländern und Scheinasylanten« agitierten. 2016 ist diese Rechtsaußen-Forderung nach einer Reform des Aufenthaltsgesetzes und des Asylrechtes politisch umgesetzt worden.

Bei den Kommunal- und Landtagswahlen Ende der Achtziger gewannen rechtsradikale Parteien überall an Zulauf. 1989 zogen Die Republikaner mit 7,1 Prozent der Stimmen ins Europaparlament ein – noch bis 2001 waren sie im Landtag in Baden-Württemberg vertreten. Mit einem vergleichsweise moderaten Rechtsaußen-Kurs haben Die Republikaner in den Neunzigerjahren gegenüber der NPD an Bedeutung verloren und sind heute weitgehend verschwunden. Der langjährige Vorsitzende

Rolf Schlierer ist zuletzt durch seine Unterstützung für den AfD-nahen »Verein zur Erhaltung der Rechtsstaatlichkeit und bürgerlichen Freiheiten« in Erscheinung getreten. Der Verein unterstützte in Wahlkämpfen die AfD durch Großplakate und die Wahlkampfzeitung »Extrablatt«. Die AfD steht in diesem Zusammenhang unter Verdacht, gegen das Parteiengesetz verstoßen zu haben.

Der Rückblick zeigt: Rechtsradikalismus hat eine lange Tradition, und seine Köpfe haben nur auf eine geeignete Krise gewartet, um erneut nach der Macht zu greifen. Es ist ein verbreitetes Märchen, dass rechte Gewalt ein Produkt der Merkel-Regierung ist. Schon ein kurzer Blick in historische Quellen der alten Bundesrepublik überführt diese These der Lüge. Ebenso falsch ist die These, dass es in der DDR keinen Rechtsradikalismus gegeben habe.

Rechtsradikalismus in der DDR

In meiner Dissertation habe ich auf den bereits in der DDR grassierenden Rechtsradikalismus hingewiesen und dargelegt, wie der verlogene Legitimationsmythos der DDR den Blick auf die Realität verstellt hat.[5] Noch im März 1989 teilte die Auslandspresseagentur der DDR mit: »Im Unterschied zur BRD wurde im sozialistischen deutschen Staat der Faschismus mit allen seinen Wurzeln, mit Stumpf und Stiel ausgerottet.«[6] Spätestens der Überfall rechtsradikaler Skinheads auf ein Punkkonzert in der Ostberliner Zionskirche im Oktober 1987 widerlegte die Lüge öffentlich.

Mit der Gründung der National-Demokratischen

Partei Deutschlands (NDPD) wurde 1948 in der DDR versucht, Altnazis in das nicht-demokratische Blockparteiensystem zu integrieren. In ihrer Hochzeit um 1953 zählte die NDPD ca. 230 000 Mitglieder. Nach der deutschen Vereinigung versuchten NPD und Die Republikaner erfolglos, mit der NDPD zusammenzuarbeiten. 1990 trat die NDPD dem Bund Freier Demokraten bei, der sich schließlich der FDP anschloss.

Ab Ende der Siebzigerjahre traten in der DDR junge rechtsradikale Skinheads in Erscheinung. Anziehungspunkte waren die größeren Fußballvereine. Noch im August 1989 behauptete die staatliche DDR-Nachrichtenagentur, neonazistische Tendenzen in der DDR seien »purer Unsinn«[7]. Diese kategorische Abwehr geht zurück auf den ideologischen Legitimationsmythos der DDR und ihr orthodox-kommunistisches Faschismusverständnis in Kategorien der Dreißigerjahre. Dahinter stand die von dem bulgarischen Kommunisten Georgi Dimitroff geprägte These, der Faschismus sei »die offene, terroristische Diktatur der reaktionärsten, chauvinistischsten, am meisten imperialistischen Elemente des Finanzkapitals«. Mit Bodenreform und Enteignungen, so die SED-Logik, seien die Wurzeln des Faschismus in der DDR beseitigt worden. Mit der realen Gestalt des Nationalsozialismus als Massenbewegung hat diese Theorie wenig gemein.

Eine Studie aus dem Jahr 1988 vom Leipziger Zentralinstitut für Jugendforschung erlaubt einen Einblick in die Einstellungen von Jugendlichen und jungen Erwachsenen in der DDR.[8] 1988 stimmten 12 Prozent der befragten Schüler und 15 Prozent der Lehrlinge der Aussage zu: »Der Faschismus hatte auch seine guten Seiten.« 44 Prozent der Schüler, 67 Prozent der Lehrlinge und 20 Prozent der Abiturienten meinten:» Deutschland den Deutschen!« Zwischen 12 Prozent (Abiturienten) und 46 Prozent (Lehrlinge) forderten:» Ausländer raus!« Ein menschenfeindliches Fundament war also auch in der DDR vorhanden.

Untersuchungen über rechtsradikale Einstellungen von Erwachsenen in der DDR sind nicht bekannt, ihre Existenz aber ist unzweifelhaft. So zeigte sich der Rechtsradikalismus in der DDR zum Beispiel auch bei ihrem Ende. Als Teile der Bevölkerung ihre Wut über das SED-Regime bei den Montagsdemonstrationen auf die Straße trugen und das Ende der DDR einläuteten, witterten rechtsradikale Gruppen Morgenluft. 1989 traten bei den Leipziger Demonstrationen massiv und offen rechtsradikale Gruppen auf und verteilten unter anderem Materialien von NPD, DVU, Republikanern und der später verbotenen Freiheitlichen Deutschen Arbeiterpartei (FAP).[9]

Kein Ende der Geschichte

Mir ist ein Workshop zu Rechtsradikalismus in Ost- und Westdeutschland in Erinnerung geblieben, den ich vor einigen Jahren in Rheinland-Pfalz geleitet habe. Dort berichtete eine Lehrerin:» Als die Mauer fiel, dachten wir, alles wird gut. Jetzt gibt es keinen Feind und keine großen Probleme mehr. Als dann die Krisen anfingen, habe ich gedacht, das kann doch alles nicht wahr sein, das haben wir doch alles hinter uns. Seitdem frage ich mich, was überhaupt noch stimmt und wie das alles werden soll.«

Die Lehrerin glaubte an den Mythos vom »Ende der Geschichte«. Doch der Glaube, mit dem Ende der Sowjetunion und dem Fall des Eisernen Vorhangs seien alle großen Widersprüche und Konflikte beigelegt, war Wunschdenken. In seiner radikalisierten Form hat der Glaube an den Mythos vom »Ende der Geschichte« dazu geführt, Konflikte und Widersprüche in der Gesellschaft nicht wahrnehmen zu wollen oder sie zum Problem einiger randständiger »Extremisten« (vor allem in Ostdeutschland) zu erklären. Der Wunsch nach Harmonie verhindert produktive Auseinandersetzungen mit vorhandenen Missständen. In einer Studie zu Rechtsextremismus und Stadtgesellschaft in Ostdeutschland haben Rainer Strobl, Stefanie Würtz und Jana Klemm festgestellt: Ein falsch verstandenes Harmonieideal der politischen Kultur führt dazu, dass Konflikte nicht ausgetragen werden[10] – doch das ist dringend notwendig für eine widerstandsfähige politische Kultur. Denn die Verschleppung verschärft und verfestigt Probleme. Heute sehen wir, wie gefährlich jahrelanges Wegsehen ist, und häufig werden Probleme noch immer verleugnet. Statt sie offensiv anzugehen und Rechtsradikalismus zu benennen, sorgt man sich vielerorts vor allem um das Image und winkt ab. Dadurch werden Probleme vertagt. Fakt ist: Wegsehen hilft nicht. Mit dem Einzug der AfD in den Bundestag fällt der Schleier der Harmonie. Die Konflikte liegen offen vor uns – jetzt müssen wir sie austragen.

Mit NPD, DVU und Republikanern waren drei Rechtsaußen-Parteien in den Neunziger- und Nullerjahren in Landesparlamenten vertreten. In Sachsen-Anhalt erreichte die DVU 1998 12,9 Prozent der Stimmen.

International sorgten die massiven Gewalteskalatio-
nen und pogromartigen Überfälle auf Menschen aus
Einwandererfamilien Anfang der Neunzigerjahre für
Sorge mit Blick auf das vereinte Deutschland: Durch
rechte Gewalt starben allein zwischen 1990 und 1993
in Deutschland 55 Menschen.[11] Die Bilder aus Rost-
ock-Lichtenhagen, Solingen, Mölln und Hoyerswerda
gingen um die Welt. Tausende Menschen unterstützten
die rechtsradikale Gewalt, indem sie den Tätern zu-
jubelten und den Rettungskräften den Weg versperrten.
Rückenwind bekamen die Gewalttäter auch aus der
etablierten Politik. Die reagierte zum einen mit dem sogenannten Asylkompromiss, der weithin, auch in der
rechtsradikalen Szene, als Triumph der militanten Stra-
ßenproteste gedeutet wurde. Später bezogen sich Rechtsradikale immer wieder auf diesen Erfolg als Beweis ihrer
Wirksamkeit – dass nämlich radikale und gewaltsame
Aktionen zu parlamentarischen Erfolgen führen können.

Zum anderen reagierte die Politik mit einem Verbot
vieler wichtiger rechtsradikaler Organisationen. Die
Szene organisierte sich daraufhin neu: informeller und
konspirativer. Ohne unmittelbare Mitgliederstruktu-
ren wurde es schwieriger, repressiv gegen die Rechtsaußen-Strukturen vorzugehen.

Die Analysen des Politikwissenschaftlers und langjährigen CDU-Politikers Friedbert Pflüger von 1994 sind
auch bei heutiger Lektüre noch lesenswert.[12] Pflüger
betrachtete darin das frisch vereinte Deutschland und
stellte fest, dass sich eine neue »konservative Revolution« (…) »mit beachtlicher intellektueller und publizis-
tischer Macht gegen die freiheitliche Demokratie« wen-
dete und »das Denken der Gesellschaft bis tief hinein

in bürgerliche Kreise« beeinflusste. Wieder einmal, so Pflüger damals, folgten deutsche Intellektuelle einem rechten Zeitgeist» der mit wirklich konservativem Denken fast nichts zu tun hat, wohl aber den Versuch unternimmt, die pluralistische Demokratie revolutionär zu überwinden«. Heute stellt sich die Frage, was eigentlich neu ist an der Neuen Rechten – außer ihrer Bündelung in der AfD und im Umfeld der AfD.

In den Neunzigerjahren kämpfte die antifaschistische und liberale Zivilgesellschaft in Ost- und Westdeutschland gegen das Erstarken der radikalen Rechten: mit Lichterketten, Demonstrationen und teilweise auch militant. Im Osten stellten sich vor allem junge Antifaschisten, Gewerkschafter und Kirchenvertreter den neuen Nazis in den Weg. Wegen ihres Engagements für eine humane Gesellschaft wurden viele überfallen, auf offener Straße und in ihren Wohnungen verprügelt, ausgegrenzt, kriminalisiert und als »Linksextremisten« mit Neonazis gleichgesetzt. Einige wurden sogar von Nazis getötet. Vor allem in Ostdeutschland war rechte Gewalt allgegenwärtig. Statt Solidarität und Unterstützung ernteten viele jugendliche Antifas Repressionen, wodurch sich manche im Sinne einer selbsterfüllenden Prophezeiung radikalisierten. Folgen waren gewaltsame Ausschreitungen bei Rechtsaußen-Aufmärschen, etwa am 1. Mai 1997 in Leipzig. Auch im Westen demonstrierten Tausende Rechtsradikale mit der NPD, zum Beispiel in München gegen die Ausstellung des Hamburger Instituts für Sozialforschung über die Verbrechen der Wehrmacht.

Gefährliche Normalität: Rechtsradikalismus am Anfang des neuen Jahrtausends

Das neue Jahrtausend begann relativ entspannt – bedenkt man die zahlreichen hysterischen Katastrophenszenarien und Untergangsfantasien, die mit dem Jahrtausendwechsel verbunden waren. Weltweit grassierte die Furcht vor dem Millennium-Bug: die Angst davor, dass es aufgrund von Computerfehlern beim Jahreswechsel 1999/2000 zu schwerwiegenden Folgen in allen möglichen Bereichen kommen könnte. Demnach drohten der Verkehr, das Bank- und Finanzwesen, Kraftwerke und sogar Atomwaffen außer Kontrolle zu geraten. Die Katastrophe blieb aus, zur großen befürchteten Krise kam es nicht. Einzelne Scherereien, etwa eine Kfz-Steuerforderung für die letzten hundert Jahre über 760000 Dollar, die ein US-Autofahrer erhielt, konnten gelöst werden.[13]

In der radikalen Rechten ging es indes gewohnt angespannt weiter: das Schüren von Angst vor »Überfremdung«, Aufmärsche, Brandanschläge, permanente Stimmungsmache und Vorbereitungen für den Griff nach der Macht. Eine neue Qualität erreichte der Bombenanschlag auf den Bahnhof Wehrhahn in Düsseldorf am 27. Juli 2000, bei dem zehn Menschen zum Teil lebensgefährlich verletzt wurden und eine schwangere Frau ihr ungeborenes Kind verlor. Alle Betroffenen hatten einen Migrationshintergrund, sechs gehörten jüdischen Gemeinden an. Für die Tat wurde bis heute niemand rechtskräftig verurteilt. Der Anschlag in Düsseldorf und zahlreiche weitere Vorfälle waren Anlass dafür, dass der damalige Bundeskanzler Gerhard Schröder den »Aufstand der Anständigen« ausrief. In den folgenden Jahren änderte sich der staatliche Umgang mit Antisemitismus, Rassismus und Rechtsradikalismus. Der Bund (und nach und nach auch die Länder) unterstützten zivilgesellschaftliche Aktivitäten für demokratische Kultur verstärkt. Dadurch verbesserte sich die Situation vielerorts deutlich. Aber nicht überall.

»NPD-Schock in Sachsen«[14] titelte *Spiegel Online* im September 2004. Damals erreichte die neonazistische Partei bei den Landtagswahlen 9,2 Prozent der Stimmen und wurde unter den Erstwählern sogar zweitstärkste Kraft. Sachsen ist schon lange eine Hochburg der radikalen Rechten. Ein wirksames Mittel gegen rechts außen hat der Freistaat bis heute nicht gefunden, wie die Ausschreitungen in Chemnitz erneut belegen. Seit dem Ende des Zweiten Weltkriegs regierten in Sachsen nur die SED und nach der Vereinigung die CDU (teilweise in Koalition mit SPD und FDP). Sachsen geht es wirtschaftlich relativ gut, doch in Hinblick auf die wenig abwechslungsreiche politische Tradition wundert es nicht, dass das Bedürfnis nach einer »Alternative« in größeren Teilen der Bevölkerung verfängt. Von einem »Schock« war 2017 und erneut 2019 die Rede, als die AfD bei den Bundestags- beziehungsweise Europawahlen in Sachsen stärkste Kraft wurde. Obwohl die CDU dort besonders konservativ ist, hat sie es nicht geschafft, die Rechtsaußen-Flanke zu schließen. Im Gegenteil zeigt sich in Sachsen: Je rechter die Union steht, desto stärker ist auch die radikale Rechte. Früher oder später, so ist zu befürchten, greift die AfD in Sachsen nach der Regierungsmacht. Das wäre der nächste Dammbruch in der politischen Kultur der Bundesrepublik.

Die langfristige Entwicklung in Sachsen legt nahe: Das Aufrechterhalten stark konservativen Denkens führt dazu, dass Reaktionäre in Zeiten großer Veränderungen besonders erfolgreich Enttäuschungen und Untergangsängste für radikale Politik mobilisieren können. Wo die radikale Rechte besonders schwach ist, überwiegen dagegen moderate Traditionen der Anerkennung von kultureller Veränderung und Fortschritt – beispielsweise in Schleswig-Holstein oder im einwohnerstärksten Bundesland Nordrhein-Westfalen. Auch das weltweit zu beobachtende Stadt-Land-Gefälle bestätigt diesen Befund: In größeren Städten mit einer vielfältigen Kultur und einem modernen Bürgertum erleben Rechtsradikale mehr Gegenwehr und weniger Unterstützung als in ländlichen Regionen, in denen Veränderungen langsamer verlaufen. Immer wieder machen rechtsradikale Gewaltgruppen vor allem aus Ostdeutschland Schlagzeilen. Dabei verzerrt die öffentliche Aufmerksamkeit auch das Bild, denn rassistische Übergriffe und Gewalt in Westdeutschland werden nur selten zu bundesweiten Aufmachern.

Rechte Gewalt ist Alltag

Um die politische Situation in den neuen Bundesländern zu verstehen, muss man sich die permanente Bedrohung vor Augen führen, die von militanten Rechtsradikalen ausgeht. Dazu gehört die jahrzehntelange Tradition des Wegsehens und Verharmlosens. Heute werden Verteilungsschlüssel für Geflüchtete außer Kraft gesetzt, um sie in bestimmen Ortschaften nicht unterbringen zu müssen, weil der Staat die Sicherheit der Menschen vor rechtsradikalen Schlägern und Brandstiftern nicht gewährleisten kann. Die Bürgerschaft kann der Kontinuität der Alltagsgewalt und Vertreibung von rechts außen nicht viel entgegensetzen, oftmals versucht sie es erst gar nicht.

Eine Offensive des Rechtsstaats und der wehrhaften Demokratie müsste den Neonazis permanent auf die Füße treten und ihre Handlungsspielräume einschränken. Bei vielen Progressiven werden Forderungen nach einem starken Staat nicht auf Begeisterung stoßen. Das ist nachvollziehbar, auch weil durch Verstrickungen von Angehörigen der Polizei, des Verfassungsschutzes und anderer Behörden in rechtsradikale Machenschaften das Vertrauen in die Staatsorgane erheblich gelitten hat. Aber nach Jahren intensiver Betrachtung des Problems sehe ich keinen anderen rechtsstaatlichen Weg, um aus ostdeutschen Dörfern und Kleinstädten wie Freital oder Eisenach, die von fest verankerten rechtsradikalen Gangs bedrängt werden, Orte zu machen, in denen Menschen auch nach Einbruch der Dunkelheit ohne Angst verschieden sein können. Dazu braucht es eine demokratische Polizeikultur, den Willen, die Rechten zu stoppen, sowie die Mittel und das Know-how. Die Zuständigen müssen wissen, welche Begriffe, Ideologien, Strategien und Codes die Rechtsradikalen jeweils nutzen, denn das verändert sich aus taktischen Erwägungen ständig. Es ist kein Widerspruch, dass die ideologisch antimoderne rechtsradikale Szene immer wieder Trends aufnimmt und nutzt: vom Kleidungsstil bis zu Neuen Medien. Mittels moderner Kleidung wurde das typische Bild rechtsradikaler Skinheads in den Nullerjahren verdrängt – beispielsweise durch die bei Neonazis beliebte, sportlich daherkommende Modemarke Thor Steinar, deren Symbolik nationalsozialistische Botschaften chiffriert. Neonazismus prägte die öffentliche Wahrnehmung der radikalen Rechten im Deutschland der Nullerjahre, verkörpert durch die NPD und diverse »Kameradschaften« sowie durch Gewalttaten, Konzerte und Aufmärsche mit zum Teil mehreren Tausend Teilnehmenden. Die Ideologie blieb tödlich: Insgesamt starben zwischen 2000 und 2010 67 Menschen durch rechte Gewalt.[15] Öffentlich bekannt sind vor allem die Opfer des NSU.

Radikalisierter Rassismus

Die Mitglieder des rechtsterroristischen NSU ermordeten zwischen 2000 und 2007 zehn Menschen: Enver Şimşek († 2000, Nürnberg), Abdurrahim Özüdoğru († 2001, Nürnberg), Süleyman Taşköprü († 2001, Hamburg), Habil Kiliç († 2001, München), Mehmet Turgut († 2004, Rostock), İsmail Yaşar († 2005, Nürnberg), Theodoros Boulgarides († 2005, München), Mehmet Kubaşık († 2006, Dortmund), Halit Yozgat († 2006, Kassel) und Michèle Kiesewetter († 2007, Heilbronn). Außerdem verletzten die Neonazis viele Menschen durch Bombenanschläge und Überfälle. Fast niemand – weder Behörden noch Wissenschaft oder Zivilgesellschaft – erkannte die rassistischen Motive und Hintergründe der Terrorkampagne. Erst im November 2011 flog die Terrorgruppe nach einem Banküberfall in Eisenach unfreiwillig auf. Seit 1998 hatten die rechten Terroristen, die sich im thüringischen Jena radikalisierten, in den sächsischen Städten Chemnitz und Zwickau gelebt. Statt sich im Untergrund zu verstecken, machten sie Urlaube und pflegten soziale Kontakte – auch mit ihren (zum Teil rechtsradikalen) Nachbarn beim gemeinsamen Trinken unter einem Bild von Adolf Hitler.

Fünf Jahre vor Entdeckung des NSU, im April 2006, demonstrierten Familienangehörige und Unterstützer in Dortmund gegen die Morde. Sie erkannten das rechtsradikale Motiv. Die *taz* zitierte damals Cem Yilmaz vom örtlichen Alevitischen Kulturverein, der den Trauermarsch mit Angehörigen organisiert hatte: »Alle Opfer sind Migranten. Da ist doch ein rechtsextremistischer Hintergrund sehr einleuchtend. Stattdessen gucken die Ermittler nur nach links, wollen wissen, ob Mehmet in der PKK aktiv war.«[16] Auf Plakaten des Trauerzugs stand: »9. Opfer – Wir wollen kein 10. Opfer« und »Wo ist die Polizei?« Damals lebte die Polizistin Michèle Kiesewetter noch.

Statt auf die Angehörigen der Opfer zu hören, die schon früh die Möglichkeit eines rechtsradikalen Hintergrundes gegenüber den Ermittlern ins Spiel brachten, wurden die Familien der Opfer selbst verdächtigt und durch zum Teil rassistische Ermittlungen erneut zu Opfern gemacht. Polizei und Medien nutzten für die NSU-Mordserie lange den Begriff »Döner-Morde« – als seien die Opfer keine Menschen. Sie wurden reduziert auf ein kulturelles Stereotyp. Erst 2012 wurde die diskriminierende Bezeichnung zum »Unwort des Jahres« erklärt. Es ist entlarvend, dass das Wort erst nach Bekanntwerden der Beteiligung von Rechtsradikalen zum Problem wurde: Den eigenen Rassismus hat die Gesellschaft vorher nicht erkannt.

Eine Reaktion der Politik auf den NSU-Komplex war der erneute Versuch, die neonazistische NPD zu verbieten. Im Januar 2017 scheiterte dieser Anlauf. Zwar, so das Bundesverfassungsgericht, sei die NPD unter anderem aufgrund ihres Ideals einer ethnisch homogenen Volksgemeinschaft zweifellos verfassungsfeindlich. Aber sie sei in ihren Bestrebungen nicht erfolgreich genug, um den Anforderungen für ein Parteienverbot zu genügen. Stattdessen sollten Politik und Zivilgesellschaft die Anstrengungen gegen Rechtsradikalismus verstärken. Das fünfjährige Verbotsverfahren lähmte die NPD und begünstigte die Gründung und Radikalisierung anderer Rechtsaußen-Parteien und -Bewegungen, die in die Fußstapfen der NPD traten – beispielsweise der neonazistischen Parteien Der Dritte Weg, Die Rechte sowie der AfD.

Im Sommer 2018 endete das Gerichtsverfahren gegen Beate Zschäpe und andere. Auch zahlreiche Untersuchungsausschüsse brachten Licht ins Dunkel. Doch vollständig ausgeleuchtet ist der NSU-Komplex mit seinen Hinterfrauen und -männern bis heute nicht. Nicht aufgearbeitet ist auch, wie stark der Inlandsgeheimdienst in die Mordserie involviert war: Bei der Ermordung von Halit Yozgat in Kassel beispielsweise war ein Mitarbeiter des hessischen Verfassungsschutzes anwesend, der lange als Hauptverdächtiger galt.

Offenkundig hat der NSU Fans: Neonazis verherrlichen die Terroristen bei Veranstaltungen, auf CDs und T-Shirts. Hessische Polizeibeamte (!) drohten 2018 und 2019 der Frankfurter Rechtsanwältin Seda Basay-Yildiz, ihr zweijähriges Kleinkind zu »schlachten« – und unterschrieben die Drohbriefe mit »NSU 2.0«. Die Rechtsanwältin hat die Familie des ersten Opfers des NSU, Enver Şimşek, juristisch vertreten. Der Fall ist besonders skandalös, weil die Täter polizeiliche Informationssysteme nutzten, um die Anwältin einzuschüchtern. Insgesamt lässt sich feststellen, dass die Bedrohung, die vom rechten Terrorismus ausgeht, seit 2011 gestiegen ist: Das zeigen zahlreiche Ermittlungsverfahren der Bundesanwaltschaft.[17] Zumindest dort sind die Ermittler auf dem rechten Auge sensibler als vor dem Bekanntwerden des NSU.

Intellektueller Rechtsradikalismus: Schmiede für Kader und Strategien

Das rechtsradikale Potenzial ist nicht neu. Die Sozialforschung weist seit den Nullerjahren verstärkt auf die weite Verbreitung von rechtsextremen und gruppenbezogen menschenfeindlichen Einstellungen in der Gesellschaft hin. Diese bilden den Nährboden für die Radikalisierung bis in den Terror. Forscher der Universität Leipzig fanden im Jahr 2002 bei knapp 10 Prozent der Deutschen ein geschlossen rechtsextremes Weltbild.[18] Eine Forschungsgruppe aus Bielefeld um Wilhelm Heitmeyer kam ebenfalls bereits 2002 zu dem Schluss, dass 18,3 Prozent der Westdeutschen und 24,8 Prozent der Ostdeutschen dem rechtspopulistischen Potenzial zuzuordnen sind.[19] Wie schon in der Sinusstudie 1981 beschrieben die Forschenden vor knapp zwanzig Jahren das demokratiegefährdende Potenzial *in* der Gesellschaft. Aber Rechtsradikalismus wird oft (wenn überhaupt) erst dann problematisiert, wenn er mit Gewalt die Gesellschaft angreift, zum Beispiel bei den Krawallen in Chemnitz. Gegenüber autoritären Tendenzen und Diskriminierung im Alltag ist die Gesellschaft oft blind. Ein Jahrzehnt nach der Vereinigung gewann im Schatten des Neonazismus der intellektuelle Rechtsradikalismus der Neuen Rechten an Bedeutung. Dafür brauchten sie Begriffe, Konzepte und Kader, die sich häufig aus dem Milieu der Burschenschaften rekrutierten, aber lange keiner gemeinsamen Stoßrichtung folgten. Im Jahr 2000 wurde in Hessen das neurechte Institut für Staatspolitik gegründet, das in den vergangenen Jahren maßgeblich ideologischen Einfluss auf die Radikalisierung des rechten Lagers genommen hat. Björn Höcke bezeichnete das Institut als »Oase der geistigen Regeneration«[20]. Götz Kubitschek, ein Schöpfer des reaktionären Thinktanks, ist heute einer der wichtigsten Protagonisten des Rechtsradikalismus in Deutschland. 2003 zog die Denkfabrik nach Schnellroda in Sachsen-Anhalt, wo Kubitschek immer noch Feuilletonisten empfängt. Die wiederum romantisieren ihn in ihren Darstellungen regelmäßig als Intellektuellen, der auf einem ländlichen Rittergut – fernab der urbanen Entfremdung – Freigeistiges publiziert. Gern stellt Kubitschek seine intellektuellen und publizistischen Tätigkeiten als Verleger in den Vordergrund. Aber er ist vor allem ein politischer Aktivist. Er hat unter anderem das rechtsradikale Netzwerk Ein Prozent mitbegründet, das bundesweit gegen Geflüchtete mobil macht und orchestrierte Rechtsaußen-Aktionen als spontane Bürgerproteste ausgibt. Kubitschek trat mehrfach bei Pegida und anderen Rechtsaußen-Demos auf, er gibt der AfD Ratschläge und unterstützt die Identitäre Bewegung, die in Wirklichkeit keine Bewegung, sondern ein

Verein ist. Seit der Gründung des Instituts finden regelmäßig Akademien statt, die sich vor allem an Menschen unter 35 richten, um eine junge, rechtsradikale Avantgarde zu schulen. Selbstsicher nannte Kubitschek ein 2006 in seinem Verlag Antaios veröffentlichtes Buch *Unsere Zeit kommt* – und das ist eine offene Drohung gegen die Demokratie.

Die Rechtsradikalen planen langfristig. Ganz im Sinne einer taktischen Konzeption stand schon die zweite »Sommerakademie« des Instituts im Jahr 2001 unter dem Motto »Strategien«. Unter anderem referierte dort der Chemnitzer Historiker Frank-Lothar Kroll zur »Strategie der konservativen Revolution«. Manuel Ochsenreiter, der damals über »PR-Strategien und Internetarbeit« referierte, schrieb später für rechtsradikale Zeitschriften. Ochsenreiter arbeitete bis Januar 2019 für den AfD-Bundestagsabgeordneten Markus Frohnmaier. Nach Recherchen des ARD-Politikmagazins Kontraste und des Nachrichtenportals t-online.de soll Ochsenreiter während seines Jobs bei der AfD im Februar 2018 bei ukrainischen Neonazis einen Brandanschlag in Auftrag gegeben, geplant und bezahlt haben – auf die ungarische Minderheit im ukrainischen Karpatenvorland. Die Berliner Staatsanwaltschaft ermittelt gegen Ochsenreiter wegen des Verdachts der Anstiftung zu schwerer Brandstiftung. Im Frühjahr 2019 wurde außerdem bekannt, dass Ochsenreiter eine Verbindungsfunktion zwischen AfD und russischem Kreml einnimmt, die beide das Ziel verfolgen, die liberale Demokratie zu destabilisieren.

Ebenfalls kein Unbekannter ist Martin Hohmann, der 2001 die Neurechtsradikalen über »Strategien im

Parlamentarismus« informierte. Hohmann saß damals noch für die CDU im Bundestag. Eine antisemitische Rede führte 2004 zu seinem Parteiausschluss. Seit 2017 gehört er wieder dem Bundestag an – als Abgeordneter der AfD. 2001 berichtete die neurechte *Junge Freiheit*, für Hohmann seien die islamistischen Terroranschläge vom 11. September 2001 eine »neue Chance für ›rechte‹ Themen«[21]. Dieser Zynismus prägt den Umgang von rechts außen mit dem islamistischen Terrorismus von 9/11 bis heute. Nach dem Anschlag auf die Satirezeitschrift *Charlie Hebdo* 2015 nutzte Alexander Gauland, damals stellvertretender Bundesvorsitzender der AfD, die Tat, um die rassistischen Pegida-Demonstrationen als gerechtfertigt zu erklären.[22] Kurz nach dem islamistischen Anschlag auf dem Berliner Breitscheidplatz im Dezember 2016 instrumentalisierten AfD-Politiker den Tod von zwölf Menschen vor allem in sozialen Netzwerken mit Äußerungen wie »Es sind Merkels Tote«[23]. Mit Angst einflößenden Bildern verstärkt die radikale Rechte im Netz immer wieder die Wirkung der Anschläge – und damit die Intention der Terroristen, Angst und Schrecken zur verbreiten.

Radikale Islamisten und radikale Rechte ziehen an einem Strang, um die liberale Gesellschaft einzuschüchtern und die Bereitschaft für extreme Politik zu erhöhen. Im Grunde handelt es sich beim Islamismus um eine spezifisch religiöse Form des Rechtsradikalismus. Sie vereint der Hass auf die offene Gesellschaft, und sie wirken arbeitsteilig, um die Demokratie zu zerstören. In Wahrheit braucht die demonstrierte Feindschaft gegen die »Islamisierung« den islamistischen Terror, um die Paranoia vor der »Islamisierung« zu begründen. Die radikalen Islamisten wiederum sind auf den Rassismus der Rechten angewiesen, um junge Muslime weltweit zur angeblichen »Selbstverteidigung« zu radikalisieren – ausgehend von deren Diskriminierungserfahrungen und unter Verweis auf die angeblichen (und tatsächlichen) Vernichtungsbestrebungen der radikalen Rechten. Die Strategien von Radikalen jeder Herkunft und Religion wirken nicht über Nacht. Die Protagonisten der kulturellen Polarisierung und Radikalisierung planen nicht in Wahlperioden, sondern in Jahrzehnten und Generationen: Und ihre Saat geht langsam auf.[24]

Reaktionäre aller Couleur sammeln sich seit 2015 verstärkt hinter der drastisch nach rechts driftenden AfD und ihren Vorfeld- und Abspaltungsorganisationen – etwa der Identitären Bewegung, Ein Prozent, Pegida und der Partei Aufbruch deutscher Patrioten. Die vormals noch zersplitterten radikalen Rechten setzen arbeitsteilig lang vorbereitete Strategien um. Brandenburgs AfD-Chef Andreas Kalbitz gehört dem völkischen Flügel an und wird als Nachfolger des Bundesvorsitzenden Gauland gehandelt. Er sieht sich selbst auf einem politischen »Langstreckenlauf«[25]. So normalisieren Rechtsaußen wie Kalbitz geduldig rechtsradikales Gedankengut und besetzen nach und nach Schlüsselpositionen. Dabei übertölpeln sie enttäuschte Konservative und etablieren rechtsradikale Rhetorik und Ideologie unter den Verunsicherten. Doch die neue Herausforderung bietet auch Chancen: Die wehrhafte Demokratie kennt nun ihre Gegner.

Vertrauensverlust in den Kapitalismus

Zwischen 2003 und 2005 reformierte die damalige rot-grüne Bundesregierung mit der »Agenda 2010« das deutsche Sozial- und Arbeitsmarktsystem – und läutete damit die Spaltung der SPD und die Neuaufstellung der PDS als Linkspartei ein. In vielen Städten demonstrierten Gewerkschaften, Arbeitnehmer und Linke gegen die weithin als unsozial empfundenen Einschnitte in den Wohlfahrtsstaat. Auch Neonazis und andere Rechtsradikale, insbesondere der NPD, versuchten die Sozialproteste zu nutzen. In einigen Städten fanden noch 2018 »Montagsdemonstrationen gegen Sozialabbau« statt, freilich mit viel geringerer Beteiligung. Mit der Bezeichnung »Montagsdemonstration« stellten die Veranstalter einen Bezug zu den Protesten der DDR-Bürgerschaft und zur friedlichen Revolution von 1989 her. Etwa 100 000 Menschen kamen im November 2003 zu einer Demonstration in Berlin zusammen. Das rechtsradikale Dresdner Pegida-Bündnis griff elf Jahre später die Bezeichnung der »Montagsdemonstration« auf. Zum Vergleich: An der größten Kundgebung von Pegida nahmen am 12. Januar 2015 – je nach Zählung – zwischen 17 000 und 25 000 Menschen teil.

Die Agenda-Reformen versetzten nicht nur das Mitte-Links-Milieu in Bewegung. Einigen Marktradikalen gingen die Reformen nicht weit genug. Kurz vor der Bundestagswahl 2005 unterzeichneten 243 Wirtschaftswissenschaftler einen offenen Brief für weiter gehende wirtschaftspolitische Reformen – verbreitet von der neoliberalen Lobbyorganisation Initiative

Neue soziale Marktwirtschaft (INSM). Initiiert wurde der Brief von drei Hamburger Ökonomen – darunter der spätere AfD-Gründer Bernd Lucke. Das Dokument ist eine zynische Rechtfertigung neoliberaler Ausbeutung. So wird beispielsweise attestiert, »dass eine Verbesserung der Arbeitsmarktlage nur durch niedrigere Entlohnung der ohnehin schon Geringverdienenden, also durch eine verstärkte Lohnspreizung, möglich sein wird«. Diese radikalisierte Umverteilung von unten nach oben sollte »durch verlängerte Arbeitszeiten, verminderten Urlaubsanspruch oder höhere Leistungsbereitschaft« ermöglicht werden. Als »marktkonformen und marktförmigen Extremismus« bezeichnen die Sozialforscher Eva Groß und Andreas Hövermann die »Ökonomisierung des Sozialen«[26]. Sie zeigen deutliche Zusammenhänge zwischen Rechtsaußen-Einstellungen und marktförmig-extremistischen Orientierungen sowie der Abwertung von Menschengruppen: »Personen, die Menschen nach ihrer Nützlichkeit beurteilen und andere mit einer Kosten-Nutzen-Logik betrachten, neigen eher zur Abwertung sozial schwacher Gruppen.« 2014 fanden sie »hohe Zustimmungsraten zum marktförmigen Extremismus insbesondere bei Befragten, die mit der AfD sympathisierten«. Die AfD, so Groß und Hövermann, stellt ein »politisches Sprachrohr für das vorhandene wettbewerbspopulistische Potenzial dar und kanalisierte diese ökonomisch-menschenfeindliche Verbindung«.

Als in den Jahren nach 2007 die Weltwirtschaftskrise zuschlug, war die Verunsicherung groß. In Europa, in den USA und auch in Deutschland demonstrierten Zehntausende gegen Krise, Neoliberalismus und Kapitalismus. Die Hochburgen des Protestes hierzulande waren Berlin und Frankfurt am Main. Weltweit suchten Menschen, beispielsweise bei »Occupy«, nach Alternativen, gleichzeitig hinterließ die Krise in Deutschland vor allem einen ideellen Schaden: Das Vertrauen in den Kapitalismus wurde massiv erschüttert. Die von den Soziologen Klaus Dörre, Stephan Lessenich und Hartmut Rosa 2009 beschriebene »Renaissance der Kapitalismuskritik«[27] bewegte progressive Intellektuelle – und zugleich Erzkonservative. Frank Schirrmacher, ehemaliger Mitherausgeber der *Frankfurter Allgemeinen Zeitung*, schrieb 2011: »Im bürgerlichen Lager werden die Zweifel immer größer, ob man richtig gelegen hat, ein ganzes Leben lang. Gerade zeigt sich in Echtzeit, dass die Annahmen der größten Gegner zuzutreffen scheinen.«[28] Große Teile der Bevölkerung zweifelten am Kapitalismus. Renate Köcher, die Geschäftsführerin des Instituts für Demoskopie Allensbach, diagnostizierte 2012: »In den letzten Monaten gab es auffällige Signale einer neuen grundlegenden Kritik an Wirtschaft und Banken bis hin zu Zweifeln an der Zukunftsfähigkeit des Wirtschaftssystems.«[29] Befragungen des Allensbach-Instituts bestätigten den Vertrauensverlust in den Kapitalismus: In der Bevölkerung trafen die Proteste auf breite Zustimmung. Bemerkenswerter war jedoch, so Köcher, »dass sich fast die Hälfte der Bürger pauschaler Kapitalismuskritik anschließt, während lediglich 18 Prozent entschieden widersprechen«. Demnach haben 2012 48 Prozent der Bevölkerung der Aussage zugestimmt, »der Kapitalismus passe nicht mehr zu der Welt«. Nur 18 Prozent sahen das explizit nicht so, 34 Prozent waren unentschieden. Allerdings gelang es dem linken Spektrum nicht, diese Unzufriedenheit zu kanalisieren und in politische Erfolge umzusetzen.

Im konservativen Spektrum kursierte indes die Furcht vor einer rot-rot-grünen Bundesregierung, die nach den Bundestagswahlen 2013 rechnerisch möglich gewesen wäre. Damals votierten 42,7 Prozent der Wähler für SPD, Linkspartei und Grüne und 41,5 Prozent für die Union, während AfD und FDP an der Fünfprozenthürde scheiterten. Gleichzeitig wurden unter dem Slogan »Linkstrend stoppen« einzelne Stimmen enttäuschter Konservativer lauter, die sich eine konservativere Union wünschten.

In Deutschland hatte die Wirtschafts- und Finanzmarktkrise für die wenigsten Menschen direkte wirtschaftliche Folgen, doch die *ideelle* Krisenwirkung war erheblich. Der Glaube erodierte, dass es in der Gesellschaft gerecht und vernünftig zugeht. Untergangsstimmungen und Pessimismus können in dieser Konstellation besonders gut gedeihen – und von rechts außen politisiert und gegen die Demokratie in Stellung gebracht werden, denn Verunsicherung und Zukunftsangst ölen das Getriebe der rechtsradikalen Maschinerie. Der Soziologe Wilhelm Heitmeyer hat schon früh davor gewarnt, dass der »Kontrollverlust für nationalstaatliche, demokratisch legitimierte Politik« im Zuge eines zunehmend autoritären globalen Kapitalismus zu Desintegration, Demokratieentleerung, politischer Entfremdung und letztlich zum Erstarken eines rabiaten Rechtspopulismus führen könnte.[30] Die Politologin Karin Priester analysiert: »Die Zukunftsgewissheit der Nachkriegszeit bis 1975 ist unter der Hegemonie des Neoliberalismus einer diffusen Zukunftsangst gewichen.«[31] Und der Soziologe Oliver Nachtwey stellt fest, dass das Aufstiegsversprechen des Kapitalismus mittlerweile von sozialem Stillstand und Abstiegsängsten abgelöst wurde.[32] Nun könnte man denken, dass sich die Rechtsaußen-Akteure, mit denen wir es heute zu tun haben, bereits im Kontext der Wirtschaftskrise oder der Agenda-Reformen formiert haben. Das war aber nicht in nennenswerter Weise der Fall, was ein sehr deutliches Indiz dafür ist, dass es sich beim Erstarken der radikalen Rechten nicht um eine unmittelbare Reaktion der »kleinen Leute« auf ökonomische Sorgen und Missstände handelt. Für die Entwicklung bis heute fehlte noch eine entscheidende Zutat. Und so wurde die Suche nach Antworten auf die Krisenanfälligkeit des Kapitalismus in der politischen Debatte immer weiter von einem anderen Thema verdrängt: der Frage nach der kulturellen Entwicklung und Identität der Deutschen. Als sinnbildlich für diese Verschiebung kann das 2010 veröffentlichte pessimistische und mit rassistischen Thesen gespickte Buch *Deutschland schafft sich ab* gelten.

Deutschland schafft sich ab: Revival deutscher Untergangsängste

Thilo Sarrazin – SPD-Mitglied, ehemaliger Finanzsenator in Berlin und ehemaliges Mitglied des Vorstands der Deutschen Bundesbank – avancierte mit seinem Buch zum wichtigsten Wegbereiter für die Entfesselung des autoritär-rassistischen Potenzials. Begriffe und Themen der äußersten Rechten erreichten die Gesellschaft. Eine erhebliche mediale Öffentlichkeit flankierte das

Buch – es ist eines der meistverkauften Sachbücher in der Geschichte der Bundesrepublik. Die neonazistische NPD warb mit Sarrazin-Zitaten, ihr Vorsitzender Udo Voigt freute sich:»Sarrazin macht uns salonfähig.«[33] Im Münchner NSU-Verfahren erläuterte ein früherer Weggefährte der Rechtsterroristen sein Verständnis vom rassistischen»Kampf um das biologische Überleben unseres Volkes« knapp mit:»Naja: Deutschland schafft sich ab.«[34] Die gesellschaftliche Wirkung von Sarrazins Thesen kam im rechten Kampf um die öffentliche Deutungsmacht einem Dammbruch gleich.

Das schlichte Erfolgsrezept hinter Sarrazins Buch ist das Schüren von Pessimismus und Niedergangsfurcht durch muslimische Zuwanderung und die Markierung von Sündenböcken für den behaupteten Niedergang – gewürzt mit einer Prise wissenschaftlicher Verbrämung. Mit diesem Rezept beschwor 1918 schon der kulturpessimistische Autor Oswald Spengler den *Untergang des Abendlandes* und bereitete damit als selbsterklärter Prophet der nationalen Erneuerung die Legitimation für die spätere politische Machtübernahme der Nationalsozialisten mit vor. Wie seine ideologischen Nachfolger heute verachtete Spengler die Demokratie. 1932 empfahl Spengler, Hitler zu wählen und die Hakenkreuzfahne aus dem Fenster zu hängen.[35] Kurt Tucholsky spottete bereits ein Jahr vorher:»Spengler lebt in einer Zivilisation, die er ständig anpöbelt; er profitiert von ihr und steckt bis an den Hals in dieser Kaufmannszeit. Ein Heros des Füllfederhalters. Und Menschen leiden, leiden … Was weiß dieser Möchte-Attila davon! Nichts weiß er davon. […] Wenn ich recht unterrichtet bin, gebären unsre Mütter nicht Deutschland und nicht Europa, sondern kleine Menschenwesen, Oswald oder Maria geheißen. Dieser Literat ist kein guter Literat. Sondern ein buckliges Titänlein.«[36] In Tucholskys Beschreibung kann man heute Sarrazin leicht wiederfinden. Dramatisierende Bevölkerungsdiskurse ziehen sich wie ein roter Faden durch das Deutschland des 20. Jahrhunderts, wie der Historiker Thomas Etzemüller nachzeichnet.[37] Der Erfolg von *Deutschland schafft sich ab* zeigt dabei die große emotionale Begeisterungsfähigkeit für apokalyptische Perspektiven sowie die verbreitete Angst vor dem Verlust der nationalen Identität. Die soziale Wirklichkeit belehrt die Untergangsparanoia zwar immer wieder eines Besseren, trotzdem verfingen die Vorurteile: Einer Umfrage des Meinungsforschungsinstituts Emnid aus dem Jahr 2010 zufolge konnten sich 18 Prozent der Befragten vorstellen, eine »Sarrazin-Partei« zu wählen.[38]

Die NPD, weithin unter dem Stigma der brutalen und dummen Jungs geächtet und ab Anfang 2012 durch das erneute Verbotsverfahren weitgehend ruhiggestellt, nutzte der bürgerlich-rassistische Sarrazin-Hype nicht. Zunächst profitierten die Rechten vor allem indirekt von der Ablenkungswirkung, die die Sarrazin-Debatte begleitete: Der entfesselte Kapitalismus stand nicht länger im Fokus der öffentlichen Kritik. Nicht »Neoliberalismus«, sondern »Überfremdung« wurde erneut zum Buzzword für viele, die Unbehagen mit den Entwicklungen von Politik und Gesellschaft empfanden. Dem autoritären Reflex folgend, stand nun die gesellschaftlich machtschwache Gruppe der Muslime unter Verdacht, die *wirkliche* Ursache empfundener und tatsächlicher Missstände zu sein. Die pauschale Abwertung traf in der

Euro-Krise auch die angeblich »faulen Südeuropäer«. Mit der Behauptung von kulturellen Eigenheiten und Unterschieden konnte man sich in Deutschland gut aus der viel beschworenen europäischen Verantwortung und Solidarität stehlen. 2015 gelang es dann schließlich der AfD, das Rechtsaußen-Potenzial zu mobilisieren.

Die Erschaffung eines Monsters

Die AfD wurde 2013 von Vertretern des bürgerlichen Establishments gegründet – nicht von unterprivilegierten Underdogs. Die ersten Parteivorsitzenden waren der Hamburger Wirtschaftsprofessor Bernd Lucke (heute Vorsitzender der Kleinpartei Liberal-Konservative Reformer), die Unternehmerin Frauke Petry (heute Parteivorsitzende Die blaue Partei) und der Journalist Konrad Adam. Im Wesentlichen rekrutierte sich die AfD, wie die Politikwissenschaftler Christoph Kopke und Alexander Lorenz darlegen, aus ehemaligen CDU/CSU- und FPD-Anhängern aus der »zweiten Reihe«, gefolgt von vorherigen Mitgliedern diverser Rechtsaußen-Parteien und zuvor Parteilosen (darunter einige bekannte Professoren und Journalisten).[39] Vom Sammelbecken für enttäuschte Konservative radikalisierte sich die Partei rasant zu einer Rechtsaußen-Kraft. Motiviert durch ihren wachsenden Einfluss und die Mobilisierungserfolge von Pegida gingen die Rechtsradikalen in der AfD in die Offensive: Im März 2015 verkündete »Der Flügel« um Björn Höcke (Thüringen) und Andreas Kalbitz (Brandenburg) die »Erfurter Resolution«. In ihrem Manifest beschreiben sie die AfD als »Widerstandsbewegung« und verkünden als Ziel eine »grundsätzliche politische Wende«[40]. Den Text soll der rechtsradikale Aktivist Kubitschek verfasst haben.[41] Damals warnten bereits Aktivisten, Expertinnen und Forschende vor dem Siegeszug des Rechtsradikalismus in der AfD. Auch ich habe schon 2015 in einer Studie zu aktuellen Gefährdungen der demokratischen Kultur festgestellt: Björn Höcke ist ein Rechtsextremer und Teile der AfD sind als rechtsextrem zu bezeichnen.[42] Der Inlandsgeheimdienst, dessen Auftrag der Schutz der Verfassung ist, reagierte erst Jahre später.

Die Neoliberalen um Lucke verloren den innerparteilichen Machtkampf gegen den Rechtsaußen-Flügel. 2015 wurde Lucke als Parteivorsitzender abgewählt und verließ die Partei. Auch andere prominente Mitgründer kehrten der AfD den Rücken. Der ehemalige Vize-Vorsitzende Hans-Olaf Henkel verglich die AfD 2015 mit der NPD und stellte ernüchtert fest: »Ich habe geholfen, ein Monster zu schaffen.«[43] Frauke Petry, die damals den innerparteilichen Angriff von rechts anführte, verlor 2017 einen weiteren Machtkampf gegen noch radikalere Rechtsaußen und trat mit einigen anderen aus. Allerspätestens nach dem offenen Schulterschluss der AfD mit Neonazis in Chemnitz und nachdem selbst der Verfassungsschutz die Partei Anfang 2019 zum Prüffall erklärt hat, sind Distanzierungen vom Rechtsradikalismus aus den Reihen der AfD nicht mehr glaubwürdig. Höcke und Kalbitz, die Initiatoren der »Erfurter Resolution«, haben sich in der Partei durchgesetzt und sie radikalisiert: Bei den Landtagswahlen 2019 gehen sie als Spitzenkandidaten der AfD ins Rennen.

Fluchtmigration und die Tatenlosigkeit der Politik

2013 waren die Probleme bereits da, die 2015 in der Krisendiskussion um die Zuwanderung von Geflüchteten und in gestiegenen Werten der AfD in Wahlprognosen Ausdruck fanden: Denn Flüchtlingshelfer kritisierten schon 2013, als die Zahl der ankommenden Asylsuchenden noch vergleichsweise gering war, Defizite und unerträgliche Zustände in vielen Aufnahmeeinrichtungen. Beispielsweise machte der Thüringer Flüchtlingsrat im Sommer 2013 auf katastrophale Missstände in der zentralen Erstaufnahmestelle für Geflüchtete in der Kleinstadt Eisenberg aufmerksam: Die medizinische Versorgung wurde als unzureichend bezeichnet, die Essensqualität als schlecht und die Unterbringung der Menschen als unzumutbar: »Die Räume sind voll belegt, zum Teil nur mit Matratzen auf dem Boden, zum Teil mit vielen Doppelstockbetten ohne jeglichen Schutz auf irgendeine Privatsphäre.«[44]

Noch viel schlimmer waren die Bedingungen in anderen Ländern an den europäischen Außengrenzen. Hätte die Politik schon damals auf die Missstände reagiert, hätten später vielerorts Menschen nicht im Freien übernachten müssen. Immobilien, Container, Betten und Matratzen mussten 2015 hastig und zum Teil überteuert angeschafft werden. Viele Probleme wären nicht in der Brisanz entstanden, wenn die Politik die Warnungen aus der Zivilgesellschaft und aus der Migrationsforschung rechtzeitig ernst genommen hätte. Insofern war die Krise hausgemacht.

Schon 2013 nahm die Mobilisierung gegen Geflüchtete bundesweit zu. Hinter Demonstrationen, Stickern und Facebook-Gruppen mit dem Label »Nein zum Heim« oder »Schneeberg wehrt sich« standen meist Neonazis aus dem Umfeld der NPD. Fackelmärsche im sächsischen Schneeberg im Herbst 2013 mit bis zu 1800 Menschen waren der Auftakt der Anti-Einwanderungskampagne von rechts außen. Rechtsradikale haben ein gutes Gespür für gärende Unzufriedenheit, latent vorhandenen Rassismus und die geringe Abwehrbereitschaft von Politik und Gesellschaft. Das Konzept der Mobilisierungen wie in Schneeberg adaptierte man auch für die flüchtlings- und islamfeindlichen Inszenierungen in der sächsischen Hauptstadt.

Dresden: der neue Untergang des Abendlandes

Für die radikale Rechte waren die im Herbst 2014 angelaufenen Dresdner Demonstrationen der »Patriotischen Europäer gegen die Islamisierung des Abendlands« ein Modellprojekt. In Dresden gelang es – ähnlich wie zuvor der professoralen AfD – durch die Beteiligung bürgerlicher Kreise, den Rechtsradikalismusvorwurf öffentlich immer wieder zurückzuweisen. Dabei waren die politischen Forderungen, die Bündnispartner und der selbst gewählte Titel das Produkt der Erneuerung der radikalen Rechten als Massenbewegung. Das Modell ging allerdings nur in Dresden auf. Zwar gründeten sich in vielen Städten »Gida«-Strukturen, aber bei den allermeisten Franchise-Nehmern des Labels wurde schnell deutlich, dass dahinter organisierte Rechtsradikale standen. In Erfurt und Magdeburg demonstrierten Tausende bei der AfD, aber: Nirgends konnten die Rechtsradikalen an die Erfolge von Pegida in Dresden anschließen. Neonazis aus dem In- und Ausland waren stets Teil von Pegida, doch sie prägten das Gesamtbild nicht. Auch spätere Terroristen nahmen an den Versammlungen teil und traten sogar als Redner auf. In Dresden nahmen die Zahlen rechter Gewalttaten im Zusammenhang mit den Pegida-Demonstrationen erheblich zu – noch stärker als im Rest der Republik, wo die Zahl der Angriffe auf Geflüchtete insgesamt massiv anstieg.

Das neue bürgerliche Gesicht des Rechtsradikalismus und seine Mobilisierungsstärke verunsicherten Politik, Medien und Zivilgesellschaft zutiefst. Jede Zeitung, jede Nachrichtensendung berichtete, das ganze Land sprach darüber. Dabei wandelten die Pegida-Demonstranten von Beginn an auf den Spuren der radikalen Rechten. Um die vier Millionen Menschen leben in Sachsen – davon sind 0,48 Prozent Muslime.[45] Nirgendwo zeigten sich die Rechtsaußen-Mechanismen so offen wie in Dresden in der Annahme, in der Zukunft eine drohende Katastrophe erkannt zu haben, die jetzt verhindert werden müsse. Der Begriff »Islamisierung« liefert im Sinne der radikalen Rechten eine Konkretisierung der langjährigen Kampagnen gegen »Überfremdung«. Allgemeines Unbehagen, latente Menschenfeindlichkeit und diffuse Zukunftsängste erhalten im Islam ein konkretes Hassobjekt. In den Fußstapfen der Untergangspropheten Spengler und Sarrazin fürchtete Pegida eine kommende Katastrophe für das schon von Spengler beschworene »Abendland« und rief den Widerstand aus. Mit dem Slogan »Wir für ein christliches Abendland« wirbt auch die AfD.

Köpfe, Straßen, Parlamente

2015 brachte die Aufnahme von über 800 000 geflüchteten Menschen, vor allem aus dem Kriegsland Syrien, das ohnehin marode deutsche Asylsystem an seine Grenzen. Bilder von Geflüchteten, die zu Fuß aus Ungarn über die Autobahn nach Österreich und Deutschland unterwegs waren, von überfüllten Aufnahmestellen und chaotischen Verhältnissen schockierten die Öffentlichkeit. Turnhallen wurde zu Notunterkünften umfunktioniert.

Das ehrenamtliche Engagement von Millionen Freiwilligen für die Willkommenskultur beweist die große Offenheit und Hilfsbereitschaft in der Gesellschaft. Doch kein Licht ohne Schatten: Rechtsradikale hetzten im Internet und auf den Straßen gegen Hilfesuchende und Helfende. Im Zuge der Proteste kam es zu schnellen Radikalisierungsprozessen. 2015 gab es nach Angaben von Pro Asyl und der Amadeu Antonio Stiftung in Deutschland mindestens 3769 Angriffe auf Asylsuchende und ihre Unterkünfte, davon 116 Brandanschläge und 595 Körperverletzungen. Damit verdreifachte sich die Zahl gegenüber 2014 (1248 Vorfälle).[46] Und das ist nur das Hellfeld, also die Fälle, die öffentlich bekannt werden. In mehreren Fällen ermittelten die Behörden gegen Flüchtlingsfeinde wegen Rechtsterrorismus.

In den Prognosen von Forsa für die Bundestagswahl erhielt die AfD im Januar 2016 erstmals zweistellige Zustimmungswerte – vor allem eine Reaktion auf die vermeintlich gestiegene Bedrohungslage durch

Einwanderung.[47] Für die Angstpolitik der AfD war die Kölner Silvesternacht ein Beschleuniger: Zum Jahreswechsel 2015/16 kam es zu erheblichen sexualisierten Übergriffen, vor allem durch Asylsuchende. Die Polizei reagierte alles andere als souverän und ging erst verspätet offen mit den Geschehnissen um. Die Taten, tendenziöse Medienberichte und der wahrgenommene Kontrollverlust des Staates entfesselten die Ressentiments endgültig. Bundesweit gründeten sich Hunderte, vorwiegend virtuelle Bürgerwehren gegen Geflüchtete und die wahrgenommene Schwäche des Staates.

Migration ist nicht die Ursache für das Erstarken der radikalen Rechten, aber im Zusammenspiel mit der medialen und politischen Darstellung und Debatte einer der Auslöser – der Funke am Pulverfass. Rassismus wird zum Flächenbrand, wenn er nicht frühzeitig und entschieden bekämpft wird. Lange hat Deutschland die finanz- und machtschwächeren Länder an den europäischen Außengrenzen mit der Last der Fluchtmigration weitgehend allein gelassen und in eine ökonomische Austeritätspolitik gezwungen, während in Deutschland die Wirtschaft brummte. Die deutsche Politik hat die Zuspitzung 2015 also mit zu verantworten. Statt vorausschauende und nachhaltige Lösungen zu finden, wurden die Migrationsbewegungen und die erheblichen infrastrukturellen Missstände in Aufnahmeeinrichtungen ignoriert – bis das System 2015 kollabierte. Auf so eine Situation hatten die Krisenideologen von rechts außen nur gewartet.

Mit den Zuwanderungszahlen und den damit verbundenen realen Problemen, den Defiziten staatlicher Behörden und negativen Presseberichten verstärkte sich bei notorischen Schwarzsehern der Eindruck, dass eine große Krise eingetreten ist oder unmittelbar bevorsteht: Die von rechts außen genährte Untergangsfurcht bekam in der Not der Geflüchteten ein reales Gesicht. Der Druck wuchs, aus latenten Vorurteilen wurde politisches Handeln. Die radikale Rechte kam aus der Deckung.

Medien und Politik reproduzieren die Rechtsaußen-Agenda. Sie stärken die radikale Rechte mit ihren weniger offensichtlichen Zielen und lenken von anderen drängenden Problemen ab, die für die Bevölkerung viel wichtiger sind als die Migrationspolitik. Eine vor der Bundestagswahl 2017 von der *Bild am Sonntag* beim Umfrageinstitut Kantar Emnid in Auftrag gegebene Untersuchung kam zu dem Ergebnis, dass »Zuwanderung begrenzen« erst an 17. Stelle der Aufgabenbereiche stand, die den Menschen bei der Stimmenabgabe zur Bundestagswahl wichtig waren. Ganz vorn standen zutiefst demokratische und gerechte Anliegen: gleiche Bildungschancen für alle Kinder schaffen (1), Altersarmut verhindern (2), Kriminalität (3) und Terrorismus (4) bekämpfen, Kranken- und Pflegeversorgung (5) und Klimaschutz verbessern (6).[48] Selbst in den neuen Bundesländern war die »Zuwanderung von Flüchtlingen« nur auf einem hinteren Platz der Sorgen der Menschen – nach Klimawandel, Krieg, Terror, Kriminalität und Altersarmut.[49] Auf der Hand liegen damit vernünftige und wichtige Themen, mit denen die Politik sich intensiv beschäftigen sollte, um Erwartungen zu erfüllen, Vertrauen zu gewinnen und Missständen zu begegnen.

Anomische für Deutschland

Neonazistische Parteien, Bewegungen, Subkulturen und Gewaltgruppen sind seit dem Aufstieg der AfD nicht verschwunden, sondern stehen in einer wechselseitigen Radikalisierungsdynamik mit der AfD. Gegenseitig macht man sich Konkurrenz darin, wer der bessere – das heißt erfolgreichere oder radikalere – »Patriot« ist. Neonazis sind für die AfD nützlich, weil deren Gewaltaura und Gewalterfahrungen zum Schutz von Demonstrationen und Personen, zur Abschreckung und als Drohung an Polizei und Politik wirkungsvoll sind. Beim Schulterschluss mit militanten Neonazis schwingt die Ansage mit: »Wir können auch anders.« Doch anders als die braunen Gewaltstrukturen ist der Erfolg der rechtsradikalen AfD etwas Neues und damit besonders erklärungsbedürftig. Warum also haben sich so viele Wählerinnen und Wähler ab 2015/16 der AfD zugewandt?

Ein Hauptgrund liegt in der akuten Orientierungsunsicherheit in Teilen der Bevölkerung. In der Wendezeit vom 19. ins 20. Jahrhundert stellte der Soziologe Émile Durkheim fest: Bei einem Zusammenbruch von Normen in der Gesellschaft entwickelt sich ein Zustand der Anomie. Das heißt, orientierungsstiftende Normen und Regeln fallen aus oder verlieren an Bedeutung. Anomie tritt vor allem in Situationen schneller gesellschaftlicher Veränderungen auf, in denen Menschen die Orientierung verlieren können, weil das, wonach sie ihre religiösen, sozialen oder politischen Überzeugungen ausgerichtet haben, keine Geltung mehr besitzt. Anomie äußert sich in abweichendem Verhalten, etwa Kriminalität. Durkheim bemerkte: Wirtschaftliche Krisen erhöhen die Suizidanfälligkeit – aufgrund anomischer Zustände.[50] Sein Befund lässt sich im beginnenden 21. Jahrhundert ebenfalls beobachten: Als die Wirtschaftskrise ab 2011 in Griechenland zuschlug, stieg die Suizidrate erheblich.[51] Auch ostdeutsche Männer mittleren Alters, die auch häufiger AfD wählen als andere Bevölkerungsgruppen, weisen höhere Todesraten durch Suizid, Alkohol und Drogen auf als andere Bevölkerungsgruppen.[52] Diese Gruppe ist tief verunsichert und besonders anfällig für rechtsradikale Demagogie.

Verheißungen von Harmonie und Eindeutigkeit verfangen besonders in Zeiten schneller Veränderungen und großer kognitiver Dissonanzen – also in historischen Situationen, in denen die gelernten Ansprüche und Erwartungen der Menschen durch die Realität infrage gestellt werden. Der Konfliktforscher Ted Robert Gurr hat schon vor mehr als fünfzig Jahren analysiert, dass es eine verbreitete Reaktion auf Dissonanzerfahrungen ist, Informationen zurückzuweisen und Beweise abzustreiten, die die eigene Sichtweise irritieren.[53] Das war nach 2015 nicht anders: Menschen, die ethnische Homogenität oder einen abgeschotteten Nationalstaat erwarten, haben im Kontext der Fluchtbewegungen nach Deutschland feststellen müssen, dass ihre Erwartungen der Zeit nicht mehr angemessen sind. Es liegt im Mechanismus der Vermeidung von Dissonanzerfahrungen begründet, dass Verschwörungstheorien (»der große Austausch«), Feindlichkeit gegen Fakten, Medien und Wissenschaft (»Lügenpresse!«), »alternative« Medien und alternative politische Angebote größeren Zulauf erfahren. Die Anomischen weisen die Gegenwart zurück, um den Glauben an die Erwartungen der Vergangenheit aufrechterhalten zu können. Die Welt steht aber weder still, noch ist sie widerspruchsfrei. Das Wichtigste, was wir lernen müssen, ist Toleranz – die Toleranz, Widersprüche auszuhalten und Veränderungen nicht per se als Bedrohung wahrzunehmen. Das fällt manchen Ostdeutschen besonders schwer, die Veränderungen nach der Wende als Verlust von Anerkennung, sozialer Sicherheit und Hoffnung erfahren haben. Wenig verwunderlich also, dass dort besonders hart darum gekämpft wird, ob die Demokratie langfristig von einer Zivilgesellschaft unterstützt oder von einer unzivilen Gesellschaft untergraben wird.

Angriffe auf die Zivilgesellschaft

Die AfD konnte 2016, 2017 und 2018 bei weiteren Landtags- und den Bundestagswahlen 2017 erhebliche Gewinne verzeichnen. Was daran schwerwiegend ist, wird öffentlich kaum zur Kenntnis genommen: Auf allen Ebenen greifen die Rechten die Freiheit der Kultur, der Jugendarbeit, der Zivilgesellschaft, der Medien und der Verwaltungen an. Parlamentarische Anfragen und Gesprächsvorladungen schüchtern ehren- und hauptamtlich Aktive ein und stellen die fachlichen und finanziellen Grundlagen kultureller und sozialer Arbeit infrage. Die Ziele dieses Kulturkampfes sind: Verunsicherung streuen, die liberale Demokratie im vorpolitischen Spektrum schwächen, die Zivilgesellschaft destabilisieren – als Vorstufen zur Machtergreifung in den Parlamenten.

Bundesweit geht die AfD mit Unterstellungen, Extremismusvorwürfen und parlamentarischen Anfragen gegen Träger und Initiativen vor, die sich für Demokratie einsetzen. Wie ihren autoritären Vorbildern in Ungarn, Russland und der Türkei sind ihnen unabhängige Medien, kritische Forschung und eine freie Zivilgesellschaft ein Dorn im Auge – stehen sie doch dem Griff nach der kulturellen Hegemonie im Weg.

In Sachsen-Anhalt erreichte die AfD im Jahr 2016 mit 24,3 Prozent ihr bisher bestes Landesergebnis. Besorgniserregend ist: Dort kommt ein Teil der Konservativen vom Kurs der Distanzierung ab und lässt sich von den Pseudokonservativen für eine gefährliche Polarisierung einspannen. Mit den Stimmen aus der CDU konnte die AfD um den Rechtsaußen Poggenburg nach den linksradikalen Ausschreitungen zum G20-Gipfel in Hamburg im Magdeburger Landtag eine Enquete-Kommission »Linksextremismus« durchsetzen. Erwartungsgemäß wurden fast keine Verbindungen zwischen Aktivisten aus Sachsen-Anhalt und den G20-Krawallen in Hamburg gefunden. Ohne jeden Zusammenhang und ohne Hinweise auf tatsächlichen »Linksextremismus« geriet der Verein »Miteinander« in die Schusslinie. Miteinander leistet seit vielen Jahren erfolgreiche Bildungs- und Beratungsarbeit gegen Rechtsradikalismus und für Betroffene von rechter Gewalt. Gerade heutzutage sind diese Aktivitäten wichtig. AfD und einzelne Abgeordnete der CDU stellten die finanzielle Unterstützung des Vereins infrage. Doch Miteinander stand nicht allein: Viele Jugend- und Wohlfahrtsverbände, Gewerkschaften, kirchliche Vereinigungen, zivilgesellschaftliche Initiativen und Politiker stärkten dem Verein solidarisch den Rücken. Diese Solidarität ist entscheidend, um den Griff der Rechten nach der Macht zu stoppen.

Wie schon in den 1920er-Jahren trachtet die radikale Rechte danach, eine gesellschaftliche Polarisierung anzufachen, in der sich die bürgerliche Mitte scheinbar entscheiden muss: zwischen den »Volksverrätern«, die als »linksextrem« bezeichnet und verantwortlich für den angeblichen Niedergang gemacht werden, und den selbsterklärten Patrioten. Doch es geht nicht um links gegen rechts. Es geht um die Verteidigung der Grundpfeiler der liberalen Demokratie und die Werte des Grundgesetzes an sich. Die radikale Rechte will die Demokraten gegeneinander ausspielen, um von den eigenen verfassungswidrigen Zielen abzulenken. Außerdem versucht sie die Handlungsräume und Unterstützung im konservativen Milieu durch gemeinsame Feindbilder zu steigern. Der CDU-Bundestagsabgeordnete Friedbert Pflüger stellte bereits vor 25 Jahren fest: »Vielleicht erfordert die Abwehr der Aufklärungsgegner von rechts in Zukunft eine sehr viel stärkere Zusammenarbeit derjenigen Kräfte in allen politischen Lagern, die von der offenen Gesellschaft und liberalen Demokratie des Westens zutiefst überzeugt sind.«[54] Das gilt heute mehr denn je.

Schluss mit der Verharmlosung: Die AfD ist eine rechtsradikale Partei

Die AfD konnte bei der Bundestagswahl 2017 12,6 Prozent der Stimmen auf sich vereinen. Erstmals seit 1961 sitzt damit wieder eine Partei rechts von der Union im

Parlament. Mit 92 Abgeordneten stellt sie die dritt-größte Fraktion. Mit schauriger Faszination kommentierten Teile der Medien- und Politlandschaft den Einzug in den Bundestag. Die AfD hat den völkischen Geist des rechtsradikalen Potenzials entfesselt, der die deutsche Nachkriegsgesellschaft nie verlassen hat und der insbesondere in den neuen Bundesländern die politische Kultur ganzer Regionen prägt. Mit einer überschaubaren Fraktion älterer Herren, die vor allem mit der Asylpolitik unzufrieden sind, könnte die Demokratie leben. Doch im Schatten der unzufriedenen Demokraten greifen fest verankerte Strippenzieher der demokratiefeindlichen neuen radikalen Rechten nach der Vorherrschaft – und schrecken nicht vor der Zusammenarbeit mit gewalttätigen Neonazis und Hooligans zurück. Das zeigte sich schon 2015 und 2016 bei Demonstrationen der AfD in Erfurt und Magdeburg, bei denen Gegendemonstranten und Journalisten verletzt wurden, aber besonders deutlich war der demonstrative Schulterschluss im August 2018 in Chemnitz.

Die AfD hat sich, wie die Berliner Politologin Astrid Bötticher und die Politologen Christoph Kopke und Alexander Lorenz schreiben, innerhalb kurzer Zeit radikalisiert und »zu einem Sammelbecken rechtsextremer Strömungen entwickelt«. Viele Forschende halten die AfD inzwischen für eine weitgehend verfassungsfeindliche Partei des rechten Spektrums.[55] Der Potsdamer Politikwissenschaftler Gideon Botsch stellt fest: Das Parteiprogramm der AfD steht in einem »eklatanten Widerspruch zu den Prinzipien der Verfassung, der Menschenrechte, der Rechtsordnung der Bundesrepublik und zu europäischen und internationalen Verpflichtungen« – dem »plakativen Bekenntnis« zu Demokratie und Grundgesetz zum Trotz.[56] Steffen Kailitz, Politologe am Dresdner Hannah-Arendt-Institut, analysiert, dass zwischen den Zielen von Höcke (»Remigrationsprojekt«) und der NPD (»Rückführungsprogramm)« kein nennenswerter Unterschied besteht und beides letztlich auf »rassistisch motivierte Staatsverbrechen« hinausläuft.[57] Armin Pfahl-Traughber von der Fachhochschule des Bundes für öffentliche Verwaltung in Brühl schreibt, dass die AfD eine rechtsextremistische Partei ist, auch wenn es in der Partei noch »rechtsdemokratische Minderheiten« gibt, die vor allem als »Feigenblatt« dienen und »den eigentlichen Charakter der Partei« verdecken.[58]

Lange stand die AfD durch Nichtbeobachtung faktisch unter dem Schutz des Inlandsgeheimdienstes. Der ist trotz zahlreicher Skandale und Verharmlosungen des Rechtsradikalismus noch immer für viele Menschen eine relevante Instanz und markiert die Grenzen zwischen der Demokratie und ihren Feinden. Aktivisten, Experten und Forschende warnen schon lange davor, dass die AfD gegen die Grundsätze der Menschenwürde verstößt. Doch erst im Januar 2019 hat der Bundesverfassungsschutz die Partei zum Prüffall erklärt, nachdem sie jahrelang medial und öffentlich als »rechtspopulistisch« oder als »Protestpartei« verharmlost wurde. Es sitzen nun also Rechtsradikale im Bundestag.

Einer Untersuchung der Otto Brenner Stiftung folgend, stehen jedem Bundestagsabgeordneten der AfD monatlich 20 870 Euro für persönliche Mitarbeiter zur Verfügung. Hinzu kommen etwa 150 Stellen in der Bundestagsfraktion. Das ergibt mehrere Hundert Arbeitsplätze mit »Zugang zu Ressourcen im Umfang von etwa 200 Millionen Euro und zu mitunter sensiblen Informationen«[59]. Viele Mitarbeiter, das zeigen die Recherchen, haben einen eindeutig rechtsradikalen Hintergrund. Sie haben Kontakte zu Organisationen wie der German Defence League, der neofaschistischen CasaPound Italia oder zu den Jungen Nationaldemokraten, der Jugendorganisation der NPD. Verbindungen zur Identitären Bewegung und zu reaktionären Burschenschaften bestehen ebenso wie zu Kubitscheks Institut für Staatspolitik. Sogar ein mutmaßlicher Terror-Unterstützer arbeitet für die AfD. Diese Rechtsaußen-Mitarbeiter treffen auf politisch bisher unauffällige, aber erfahrene Mitarbeiter aus konservativen Organisationen, Wirtschaft, Medien und Verwaltung. Ideologie und Sachkenntnis sowie offensive Medienarbeit, vor allem in den sozialen Netzwerken, bilden eine bedrohliche Mischung. Politische Stiftungen, die der Partei nahestehen und von Steuergeldern finanziert werden, bauen derweil den intellektuellen Kulturkampf aus und reißen weitere Brücken zwischen Rechtsradikalismus und Konservativismus ein: Die Desiderius-Erasmus-Stiftung zum Beispiel soll die Bildungs- und Vernetzungsarbeit im Sinne der AfD vorantreiben.

Rassistischer Protest ist antidemokratisch

Wenn Menschen im Fernsehen hören und sehen, dass politische Entscheidungen und Handlungen als Ausdruck allgemeiner Unzufriedenheit, als Gesellschaftskritik oder diffuser »Protest« interpretiert werden, wird das die Distanz und politische Entfremdung eher steigern und das politische Verhalten schneller enthemmen. Stimmen für die AfD sind Stimmen gegen die liberale Demokratie. Wahlentscheidungen für die AfD folgen verschiedenen Motiven, haben aber die gleiche Wirkung: das Erstarken der radikalen Rechten. Jede Stimme für die AfD ist eine Höcke-Stimme.

Geboten ist es, endlich ernsthaft die schädlichen Konsequenzen der Unterstützung rechtsradikaler Kräfte zu diskutieren und der Wählerschaft der AfD deutlich zu machen, dass sie für die Folgen ihres Handelns Verantwortung trägt. Man kann politisch unzufrieden sein, aber das ist kein Grund oder gar eine Rechtfertigung dafür, Rechtsradikale zu wählen. Wer öffentlich als »Protestwähler« bezeichnet wird, erscheint als achtbar und sogar begründet skeptisch. Kritik an der Regierung oder der Asylpolitik ist legitim und notwendig – Rassismus und völkische Umsturzfantasien sind das aber nicht. Wenn Rechtsradikalismus nur »Protest« ist, entledigen sich Politik und Gesellschaft der Pflicht, die autoritär-rassistische Gefahr zu bekämpfen und dabei auch unangenehme Wahrheiten über die eigene Verantwortung ertragen zu müssen.

Mit der AfD ist die beschämende Normalität des Rechtsradikalismus in den Deutschen Bundestag eingezogen. Manchmal denke ich: Endlich! *Endlich müssen* sich die politisch Zuständigen mit dem Rassismus und dem Rechtsradikalismus auseinandersetzen, der auch Teil ihrer Geschichte, Kultur und ihres politischen Handelns ist. *Endlich* ist die Auseinandersetzung mit menschen- und demokratiefeindlichen Positionen, Personen und Handlungen nicht mehr allein das Problem von

Minderheiten und einiger versierter Projekte und Expertinnen. *Endlich* sehen nicht nur die Betroffenen von Diskriminierung und rechter Gewalt, dass wir ein großes Problem haben. Die Autorin Mely Kiyak beschreibt, wie sie und einige andere Publizisten früher beim Versuch scheiterten, in Redaktionen für mehr Sensibilität gegenüber Rassismus zu werben: »Wir seien – biografisch bedingt – etwas empfindlich, hieß es dann oft. Weil sich unsere Journalistenkollegen vom Rassismus weder gemeint noch belästigt fühlten, wurde jeder Anschlag auf Türken oder Muslime als bedauerlicher Einzelfall gewertet. Erst als der Vorwurf ›Lügenpresse‹ im Raum stand und sie sich plötzlich selbst attackiert sahen, wurden sie aktiv.« Darin zeigt sich ein fatal kurzsichtiges Muster mangelnder Solidarität, das den Umgang mit Rechtsradikalismus prägt: »Warum bloß erkennen so viele ihre Verantwortung zu handeln erst dann, wenn sie selbst betroffen sind?«[60]

Die Konfrontation von Politik, Hauptstadtpresse, der Wirtschaft und der internationalen Öffentlichkeit mit dem postnazistischen Rechtsradikalismus in Deutschland führt zu Betroffenheit – und dazu, dass man sich endlich mit den latenten Gefahren für die Demokratie *aus* der Demokratie beschäftigt. Das kann auf lange Sicht die liberale Demokratie stärken, wenn es uns jetzt gelingt, den Angriff von rechts außen abzuwehren. Dafür braucht es eine starke Zivilgesellschaft, die sich nicht von Rechtsradikalen auseinanderdividieren lässt.

Im Fadenkreuz steht die politische Kultur

Es geht der radikalen Rechten bisher vor allem um Wege, die Deutungsmacht im vorpolitischen Raum zu dominieren. Die Neue Rechte weiß: Politische Macht kann nur erobern, wer kulturell führend ist.[61] Vor dem Umsturz der Demokratie müssen die Zivilgesellschaft und die Institutionen verhetzt und unterwandert werden, um das Vertrauen der Bevölkerung in Staat und Demokratie zu zerstören. Bedingung für eine Revolution ist eine schwache zivile Gesellschaft, die nicht in der Lage ist, den Staat vor Umstürzen zu schützen. Um Nationen mit einer relativ stabilen Zivilgesellschaft revolutionär umzukrempeln, muss also zuerst der bestehende gesellschaftliche Konsens untergaben werden. Die »Neue Rechte« hat sich diese einst linken Thesen von Antonio Gramsci angeeignet und bringt sie gegen die demokratische Kultur und Zivilgesellschaft in Stellung. Der als »Metapolitik« bezeichnete Kulturkampf von rechts außen zielt erst auf einen Umsturz der politischen Kultur und danach auf einen Umsturz des demokratischen Rechtsstaats.

Plattformen wie das rechtsradikale Verschwörungsmagazin *Compact* geben die Strategie praxistauglich vor: Angestrebt wird »eine Veränderung des Redens und Denkens«: Wenn immer mehr Leute nicht mehr von »Flüchtlingen« sprechen, sondern von »Invasoren«, nicht mehr von »Bereicherung«, sondern vom »Volksaustausch«, werden die Leute am Ende »patriotische Parteien« wählen. Die Vorstellung eines »Austauschs« des nach Blut-und-Boden-Vorstellungen definierten deutschen Volks durch weniger wertvolle Migranten ist in der radikalen Rechten weit verbreitet. In ihren Augen ist dies der wesentliche Grund für den angeblichen Niedergang der Gesellschaft. Oft werden Juden verantwortlich gemacht, diesen Austausch zu betreiben, um die angeblich natürliche Stärke der »echten« weißen Deutschen zu brechen und so die Nationen besser lenken und ausbeuten zu können. Intellektuelle Rechtsradikale, Aktionsgruppen, Parlamentarierinnen und Rechtsterroristen verbreiten gleichermaßen dieses rassistische und oft antisemitische Narrativ – im Internet, aber auch im Buchhandel und sogar im Deutschen Bundestag. Der intellektuelle Rechtsradikalismus will antidemokratische Politik wieder als politische Alternative ins Gespräch bringen. Dafür fordert er die liberalen Freiheiten der Diskursteilnahme für sich ein – und trachtet zugleich nach deren Abschaffung. Am Beispiel des rechtsradikalen Aktivisten Kubitschek zeigt der Historiker Volker Weiß, wie Rechtsradikale eben nicht einen kontroversen Pluralismus beabsichtigen, »sondern die finale Krise, um endlich zur erlösenden Tat schreiten zu können«[62]. Den Plan hat Kubitschek ausgegeben: »Unser Ziel ist nicht die Beteiligung am Diskurs, sondern sein Ende als Konsensform, nicht ein Mitreden, sondern eine andere Sprache, nicht der Stehplatz im Salon, sondern die Beendigung der Party.«[63]

Macht durch Verunglimpfung der Demokraten

Die Übernahme der Regierungsgeschäfte durch Rechtsradikale auf Bundesebene steht nicht bevor – doch auf
Landesebene ist die Gefahr in ostdeutschen Bundesländern real. In Regierungsverantwortung werden sie
es nicht aus eigener Kraft schaffen, sondern nur dann,
wenn Demokraten mit ihnen kollaborieren. Selbst in
Regierungsverantwortung würden die Rechtsradikalen
nicht unmittelbar die totale Kontrolle übernehmen, aber
mit neuer Qualität die Zerstörung der demokratischen
Kultur und Zivilgesellschaft vorantreiben, um die Voraussetzungen für einen autoritär-völkischen Umsturz zu
schaffen. Einige Rechtsradikale wollen (noch) gar nicht
in die Regierung: aus Angst, sich dadurch zu stark in
das demokratische System integrieren zu müssen. Ihre
kulturelle Machtpolitik können sie auch – und langfristig vielleicht sogar wirkungsvoller – aus der Opposition führen.

Denn Macht wird nicht nur dort ausgeübt, wo Gesetze
beschlossen werden und Geld verteilt wird. Einschüchterung, Drohung, Denunziation, Provokationen und Stimmungsmache sind ebenfalls Machtinstrumente. Nicht
zuletzt weckt die harsche Kritik von rechts außen Selbst-
zweifel. So haben zum Beispiel die »Lügenpresse«-Vor-
würfe in einigen Medien zu Verschiebungen nach rechts
geführt. Einige Redakteure eines großen öffentlichen
Rundfunksenders berichteten mir, sie wollten ihren rechten Kritikern wegen der »Lügenpresse«-Vorwürfe mehr
Raum gewähren. Zudem versuchen etliche Medien, auch
die Rechten als Zielgruppe zu gewinnen. Das ist proble-

matisch: Rechtsradikalen Personen und Positionen aufgrund ihrer Lautstärke eine Plattform zu liefern heißt nämlich auch, sie zu normalisieren. Die eigentliche Frage lautet doch: Ist das Vertrauen in die Medien wirklich gesunken, oder sind die Kritiker nur lauter geworden? Die Langzeitstudie »Medienvertrauen« der Universität Mainz hat herausgefunden: Der Anteil derjenigen, die den Medien nicht vertrauen, ist von 2008 zu 2018 von 9 auf 22 Prozent gestiegen.[64] Doch im selben Zeitraum ist auch der Anteil derjenigen, die den Medien vertrauen, von 29 auf 44 Prozent gestiegen. Stark zurückgegangen ist der Anteil jener, die die Frage nach dem Vertrauen in die Medien mit »teils/teils« beantworten: Die Bevölkerung polarisiert sich also an der Frage des Medienvertrauens.

Mit eigenen Medien, sozialen Netzwerken und gezielten Kampagnen zur Beschädigung des Vertrauens in die etablierten Medien greift die radikale Rechte nach neuer Deutungsmacht. Der von der Hamburger AfD 2018 initiierte Lehrer-Pranger, mit dem die Schülerschaft im Netz jene Lehrkräfte denunzieren soll, die sich angeblich oder tatsächlich kritisch gegenüber der Partei äußern, offenbart: Die Partei hält nichts von demokratischer Bildung. Die Drohkampagne wirkt durch Verunsicherung und Einschüchterung – und soll so den Boden bereiten, den Machteinfluss der Rechten auszuweiten.

Rechtsradikale füllen die programmatischen Lücken des Populismus

»Nur eine Partei ohne rationales Programm konnte mit solchem Erfolg Stimmenfang betreiben.« Diesen Satz schrieb der sozialdemokratische Soziologe Theodor Geiger 1930 über die Wahlerfolge der NSDAP.[65] Die »Panik im Mittelstand«, so Geiger, sei ausschlaggebend gewesen für die Stimmengewinne der NSDAP, ohne dass die nationalsozialistische Partei es nötig gehabt habe, konkrete Antworten auf Krise, Verunsicherung und Verzweiflung präsentieren zu müssen. Offensichtlich ist politische und verbale Radikalität für einen Teil der Bevölkerung noch immer attraktiv.

Die Mobilisierung von Verunsicherungen infolge gesellschaftlicher Krisen und Veränderungen war eine zentrale Entstehungsbedingung der faschistischen Bewegungen im 20. Jahrhundert. Die Politologin Karin Priester bezeichnet den Populismus als »Kind der Krise«[66]. Für die Forscherin ist der Populismus ein »auf sich gestellter, theoretisch armer Konservativismus«. In der Wissenschaft wird der Populismus dem britischen Politologen Michael Freeden folgend bisweilen als eine »dünne Ideologie« bezeichnet. Der Populismus verfolgt demnach spezifische Ziele, verfügt aber nicht über eine eigenständige »Hochideologie« (wie der Sozialismus oder der Liberalismus). Das heißt, Rechtspopulismus ist eine Form von rechtskonservativem Aufbegehren ohne umfassendere Agenda und theoretischen Hintergrund. Die als populistische Protestpartei gestartete AfD hatte zunächst – jenseits der Ablehnung des Euros – kein umfassendes politisches Programm. Bis heute hat die Partei auf zentrale Zukunftsfragen keine Antworten. Von genau dieser Unbestimmtheit profitiert die Partei. Und es macht sie gefährlich, denn rechtsradikale Ideologen haben leichtes Spiel, die programmatischen Lücken zu füllen. Die radikale Rechte, die seit Jahrzehnten auf die Chance gewartet und die entsprechenden Strukturen, Strategien und Kader hervorgebracht hat, konnte in das programmatische Vakuum des Populismus stoßen. Längst hat der Rechtsaußen-Flügel Stück für Stück die Oberhand übernommen.

Die Inhaltsleere des Populismus ebnet in Deutschland radikalen völkischen Strategen den Weg: Obwohl sie auf Bundesebene keineswegs parlamentarisch bedeutsam und im Vergleich zu den ausdifferenzierten Lehren demokratischer Theorien nicht etabliert waren, haben kleine Zirkel die Möglichkeit einer nationalsozialistischen Alternative am Leben gehalten. Stärker als in anderen liberalen Demokratien Europas wurde die faschistische Ideologie hierzulande stets aktualisiert. Nicht nur aus historischen Gründen, sondern auch deswegen muss sich die Rechte in Deutschland an ihrem Verhältnis zum (Neo-)Nationalsozialismus messen lassen. In ihren Nischen hat die radikale Rechte jene gesellschaftliche Krise abgewartet, die ihr eine Wiedergeburt ermöglicht. Was die AfD in Deutschland über den weltweit zu beobachtenden nationalautoritären und populistischen Impuls hinaus so gefährlich macht: Die populistisch-rechtskonservativen Restbestände in der AfD zeigen keine ernsthafte Resilienz gegen den Durchmarsch radikal rechter Positionen und Politiker.

Die Distanz der angeblich moderaten AfD-Kreise zum Rechtsradikalismus ist erodiert: Die Parteiführung der AfD verteidigte den Schulterschluss mit Neonazis bei den Aufmärschen in Chemnitz. Beim mit reichlich nationalistisch-mythischem Kitsch aufgeladenen »Kyffhäusertreffen« des radikal-völkischen AfD-Flügels um Höcke im Juni 2018 trat Parteivorsitzender Jörg Meuthen als Sprecher auf. Dort lobte er seine »lieben Freunde« vom »Flügel«, freute sich darüber, dass sein Auftritt dort ein »hohes Maß an Selbstverständlichkeit« habe. Meuthen betonte, dass der »Flügel selbstverständlich integraler Bestandteil unserer Partei« ist. Derselbe Politiker tritt regelmäßig in Talkshows auf, wo er Rechtsradikalismusvorwürfe gegen seine Partei zurückweist. Dass Demokraten und selbst gut ausgebildete Journalisten diese groteske Janusköpfigkeit durchgehen lassen, ist gleichsam Grund und Symptom für die manchmal schwächelnde Wehrhaftigkeit unserer Demokratie.

Nicht alle, die die AfD unterstützen, verstehen, was da passiert. Bei einer skandalösen Rede im Dresdner Ball- und Brauhaus Watzke im Januar 2017 sagte Björn Höcke: »Ich weise euch einen langen und entbehrungsreichen Weg, ich weise dieser Partei einen langen und entbehrungsreichen Weg, aber es ist der einzige Weg, der zu einem vollständigen Sieg führt, und dieses Land braucht einen vollständigen Sieg der AfD.« Höckes Ankündigung zielt direkt auf seine Partei. Es wird mit ihm keine Kompromisse mit jenen geben, die seinen Rechtsaußen-Weg nicht mitgehen. Beobachtung durch den Verfassungsschutz oder weitere Parteiaustritte von Rechten, die weniger fanatisiert sind, werden Höcke nicht aufhalten. 2017 beantragte die damalige AfD-Spitze um

Frauke Petry noch ein Parteiausschlussverfahren gegen Höcke. Seine eigene Parteiführung sprach von der »Wesensverwandtschaft mit dem Nationalsozialismus« und davon, dass sein Menschenbild der Würde des Menschen widerspricht. Darüber hinaus hieß es, dass sich Höcke »unmittelbar gegen die verfassungsgemäße Ordnung« wendet und er Aussagen von Hitler nutzt. In der eigenen Partei schätzte man Höcke als Nationalsozialisten ein, doch 2018 scheiterte das Ausschlussverfahren. Dadurch muss sich die ganze Partei seine Äußerungen zurechnen lassen.

Höcke ist ein besonders schillerndes und bekanntes Beispiel, aber bei Weitem nicht der einzige Rechtsaußen in der AfD. Zum Rechtsaußen-Flügel innerhalb der Rechtsaußen-Partei AfD werden unter anderem auch die einflussreichen Politiker Markus Frohnmaier (Baden-Württemberg), Thomas Röckemann (Nordrhein-Westfalen), Alexander Gauland und Andreas Kalbitz (Brandenburg), Hans-Thomas Tillschneider (Sachsen-Anhalt), Jens Maier (Sachsen) und die Politikerin Katrin Ebner-Steiner (Bayern) sowie die Jugendorganisation Junge Alternative gezählt. Deren Einfluss ist so groß, dass ohne sie keine wichtigen Richtungsentscheidungen mehr möglich sind.

Rechte Demagogen haben seit Jahren auf so eine Gelegenheit gewartet und die theoretische Schwäche des populistischen Moments genutzt. Sie trugen ihre ausgearbeiteten Begriffe, Strategien und Ansätze einer eigenen politischen, neofaschistischen Theorie in die schnell gewachsene, dauerempörte, vom Konservativismus enttäuschte und dabei politisch weitgehend substanzlose Wutbürgerschaft. Die AfD wurde nicht als rechtsradikale

Partei gegründet, aber die konservativen Restbestände werden zu Steigbügelhaltern der Rechtsaußen-Akteure degradiert und erliegen somit ihrer Offenheit nach rechts außen. In diesem Sinne erklärt eine Handreichung aus dem rechtsradikalen Institut für Staatspolitik, wie der Populismus als Instrument für die antidemokratischen und umstürzlerischen Ziele der »konservativen Revolution« in Stellung gebracht werden kann, um als »Brechstange« das »etablierte Kartell aufzubrechen«.

Längst wandelt die AfD in den Fußstapfen der NPD. Die Analyse »Demokratieferne Räume« zu den Bundestagswahlen 2017, verwirklicht von den Soziologen Christoph Richter und Lukas Bönsch für das Institut für Demokratie und Zivilgesellschaft, zeigt Überraschendes: Die AfD hat in den Wahlkreisen besonders viel Stimmen erreicht, in denen bei den Bundestagswahlen 2013 schon die neonazistische NPD besonders stark war.[67] Dabei geht es nicht um die Wählerwanderung von NPD zu AfD, denn die Wahlergebnisse der NPD wurden von denen der AfD abgezogen, um den Effekt zu überprüfen. Der Grund für den Zusammenhang ist das langsame Einsickern rechtsradikaler Ideologien in den Mainstream dort, wo sich die Gesellschaft nicht klar nach rechts außen abgrenzt. Das heißt: Offenheit gegenüber rechtsradikalen Akteuren führt zur Verrohung der politischen Kultur. Analysen zeigen, dass der NPD-Effekt erklärungsstärker ist als sozial-ökonomische Indikatoren wie die Arbeitslosenquote. Die Schlussfolgerung liegt auf der Hand: Eine Verankerung und Normalisierung des offenen Rechtsradikalismus vor Ort schaffen nachhaltig ein politisches Klima, in dem die Menschen eher bereit sind, rechtsradikale Parteien zu unterstützen.

Woher kommt die Unterstützung für rechts außen?

Vertreten rechtsradikale Bewegungen und Parteien wirklich – wie sie behaupten –»das Volk«? Wohl kaum. In Wirklichkeit unterscheiden sich die Sympathisanten von Rechtsradikalen erheblich vom Rest der Gesellschaft: in ihrem Denken und in ihren Stimmungen. Nach Wahlen schicken Redaktionen gern Berichterstatter in ostdeutsche Gruselorte mit besonders hohen Ergebnissen für Rechtsaußen-Parteien, um das Bild der sozial abgehängten Modernisierungsverlierer zu bestätigen. Das verstellt den Blick auf die komplexeren Ursachen der rechtsradikalen Mobilisierungserfolge – in Ost- und Westdeutschland. Denn wirtschaftliche Benachteiligung allein ist nicht in der Lage, die Unterstützung für die Rechtsaußen-Partei zu erklären. Widersprüchliche Befunde der Wahlforschung zeigen ebenso wie die unterschiedlichen Dimensionen radikal rechter Politik: Es gibt nicht nur *ein* Motiv, warum Menschen ihr Kreuz bei Rechtsaußen-Parteien setzen. Es gibt verschiedene individuelle, ökonomische, politische und kulturelle Gründe dafür, nach rechts zu driften.

Unterschiedliche Flügel innerhalb der radikalen Rechten verfolgen zum Teil entgegengesetzte Ziele:

Während der vor allem in den alten Bundesländern starke marktförmig-extremistische Flügel in der AfD den Sozialstaat weiter schwächen möchte, zielt der in den neuen Ländern dominante völkische Flügel auf einen nationalen Sozialismus. Im Streitpunkt der sozialen Frage liegt ein großes Spaltungspotenzial für die Partei. Doch solange soziale Gerechtigkeit nicht für große gesellschaftspolitische Polarisierung sorgt (wie die Migrationsthematik), profitieren die Rechten davon, dass sie arbeitsteilig unterschiedliche Zielgruppen adressieren können.

Obwohl vielfach widerlegt, hält sich der Mythos hartnäckig, dass der Rechtsradikalismus vor allem ein Problem der wirtschaftlich Abgehängten ist. In ökonomischer Not, so die verbreitete Ansicht, ist der Sog nach rechts eine Art falsch adressierter Protest. Diese Annahme ignoriert die Lebenswirklichkeiten der vielen relativ armen Menschen, die nicht rechtsradikal sind. Und sie ignoriert das rechtsradikale Potenzial in höheren Statuslagen. Auch Professoren und Unternehmer können nach rechts außen driften. Das ist aufgrund ihrer Macht besonders gefährlich. Die Gründung der AfD war ein Projekt marktradikaler Eliten, die von Beginn an auch Rechtsaußen wie Höcke in der Partei duldeten und stützten. Schlagzeilen machten 2017 die rassistischen Tweets eines Leipziger Jura-Professors: »Ein weißes Europa brüderlicher Nationen. Für mich ist das ein wunderbares Ziel!« Für große Empörung sorgten 2018 auch die Äußerungen des damaligen AfD-Chefs in Sachsen-Anhalt, André Poggenburg: Er wetterte beim politischen Aschermittwoch der ostdeutschen AfD gegen »Kümmelhändler« und »Kameltreiber«. Die Veranstaltung fand nicht in einer angemieteten Stadthalle oder einem improvisierten Bierzelt statt, sondern in der Maschinenhalle eines sächsischen Unternehmers. Dieser führt, wie die *Spiegel*-Redakteurin Melanie Amann berichtet, nach eigenen Angaben die größten Solaranlagen Ostdeutschlands und eine Firma für Baustofftransporte.[1] Unter den Teilnehmenden und Unterstützenden der Veranstaltung waren Rechtsaußen aus der AfD, von Pegida und Unternehmer aus der Region. Das Bautzener Unternehmen Hentschke Bau saniert unter anderem im öffentlichen Auftrag die berühmte Augustusbrücke in Dresden, wie die *Leipziger Volkszeitung* schreibt – und hat nach Angaben des Deutschen Bundestags im Jahr 2017 19 500 Euro an die AfD gespendet.[2] Recherchen verschiedener Journalisten über dubiose Finanzhilfen für die AfD führen zum Milliardär August von Finck, zum Hamburger Unternehmer Folkard Edler und anderen Unternehmern sowie in die Schweiz.[3] Etliche Abgeordnete der AfD in den Landes- und Bundesparlamenten sind Anwälte, die wenigsten einfache Angestellte oder Arbeiter. Wirtschaftlich abgehängte Ostdeutsche sind das jedenfalls nicht. Man trifft radikale Rechte also nicht nur am Bratwurststand, sondern auch im Sterne-Restaurant.

Die Wählerschaft der AfD hat sich seit 2014 verändert – einhergehend mit der Rechtsradikalisierung der Partei. Mittlerweile prägen Ausländerfeinde und Pessimisten das Bild. Diverse Nachwahlbefragungen und Studien belegen: Die AfD wird aus allen gesellschaftlichen Schichten unterstützt. Eine Untersuchung der Universität Leipzig zeigt, dass der Anteil der Arbeitslosen mit etwa 10 Prozent unter den Wählern der AfD im Vergleich zu anderen Parteien am höchsten ist und der Anteil von Personen mit Abitur am niedrigsten,[4] auch der Männeranteil und der Anteil der Konfessionslosen ist am größten. Doch der überdurchschnittliche Anteil der sozialstrukturell Benachteiligten in der Wählerschaft der AfD darf nicht darüber hinwegtäuschen, dass die AfD aus allen gesellschaftlichen Schichten Zustimmung erfährt und ihre beachtlichen Wahlerfolge insgesamt keineswegs mehrheitlich als ein falsch adressierter Protest der sozial Abgehängten verstanden werden können. Personen aus niedrigeren Statuslagen bilden nicht die größte Gruppe der AfD-Wählerschaft, dominant ist vielmehr die Mittelschicht – schon aufgrund ihrer Größe –, wie bei der Wählerschaft aller größeren deutschen Parteien.[5] Das heißt: Als reine Vertretung der wirtschaftlich Schwachen wäre die AfD keine relevante Bedrohung für die Demokratie. Erst durch die Unterstützung aus der Mittelschicht erlangt sie eine problematische Stärke.

Eine Studie von Martin Schröder vom Deutschen Institut für Wirtschaftsforschung (DIW) kommt zu dem Ergebnis: Wählerinnen und Wähler der AfD sind weder gesellschaftliche Verlierer, noch fühlen sie sich so. Stattdessen haben sie »Bedenken gegenüber Zuwanderung und insbesondere Flüchtlingen, denen sie vor allem unterstellen, Deutschland kulturell zu unterwandern, während ökonomische Nachteile für Deutschland nur nachrangig zu AfD-Unterstützung führen«[6]. Internationale Studien zeigen zudem: Populistisches Wahlverhalten kann besser durch kulturelle Merkmale der Wählerschaft vorhergesagt werden als durch sozioökonomische Motive. Wichtiger als wirtschaftliche Kenndaten sind demnach die Zukunftsängste, die Ablehnung von Einwanderung, Geflüchteten und von Muslimen, autoritäres Denken und die Frage, wie »normal« rechtsradikale Positionen wahrgenommen werden.

In unseren aufgeklärten Zeiten tendieren viele dazu, die Erfolge von rechts außen mit vermeintlich greifbaren materiellen Ursachen zu erklären – etwa: »Menschen werden zu Rassisten, weil sie unter relativer Armut leiden.« Die Vorstellung scheint etwas beruhigend Rationales zu vermitteln, denn dann könnte beispielsweise eine vernünftige Sozialpolitik das Problem lösen. Gegen die Bekämpfung von Armut und Umverteilung von oben nach unten ist auch nichts einzuwenden – es ist im Gegenteil dringend nötig, für mehr Gleichheit, Chancengerechtigkeit, Solidarität und vor allem für nachhaltige soziale Sicherheit zu sorgen. Aber das allein ist kein geeignetes Mittel für den Kampf gegen rechts.

Wir möchten heute gern glauben, dass unsere Gesellschaft aufgeklärt, rational, sachlich, kompromissbereit und diskursorientiert ist. Doch die Unterschätzung der Kraft ideologischer Weltbilder, des »extremistischen Denkens«, wie es Hannah Arendt nannte, ist eine gesellschaftliche Selbsttäuschung. Und die zeigt sich an unserem Umgang mit den Rechtsaußen besonders deutlich. Wir sollten der Selbstdarstellung der Rechtsradikalen nicht auf den Leim gehen, die anderen »Ideologie« vorwerfen, sich selbst aber als die Stimme der Vernunft des Volkes inszenieren. In Wahrheit stimmt das Gegenteil: Die AfD vertritt die politisch extremsten Teile der Bevölkerung und argumentiert hochideologisch.

Die radikale Rechte vertritt nicht »das Volk«

Der Politologe Timo Lochocki zeichnet ein extrem pessimistisches Bild, sollte es nicht gelingen, die AfD noch in dieser Legislaturperiode bis 2021 einzuhegen und ihr Wählerpotenzial für die demokratischen Parteien zurückzugewinnen.[7] Er warnt sogar, »dass das Wählerpotenzial der AfD so groß ist wie der Anteil der Deutschen, die konservative Werte beziehungsweise konservative Positionen vertreten« – laut einer Bertelsmann-Studie immerhin bis zu 45 Prozent der Bevölkerung! Auch der wegen fehlender Distanz zu Rechtsradikalen und Verschwörungstheoretikern in der Kritik stehende Politologe Werner Patzelt beschreibt Pegida und die AfD-Wählerschaft vor allem als enttäuschte Konservative. Der Dresdner Politikwissenschaftler, der im Sommer 2015 noch die sächsische AfD beriet und im Landtagswahlkampf 2019 die sächsische CDU, setzt auf einen Rechtsschwenk der Union.

Doch weder theoretisch noch empirisch ist plausibel, warum die vielfältig in der Rechtsextremismusforschung thematisierten Grenzen zwischen echten und falschen Konservativen, zwischen Demokraten und Reaktionären einfach so beiseitegewischt werden sollten. Natürlich ist nicht auszuschließen, dass tatsächlich ein Teil der AfD-Wählerschaft einen Rechtsruck der CDU goutieren würde. Aber wie groß ist der Teil? Es dürfte sich vielleicht um ein Drittel handeln, das wären dann bundesweit etwa 4 Prozent der Wahlberechtigten. Für eine solch kleine Gruppe lohnt es nicht, die eigenen Werte über Bord zu werfen.

Die von Lochocki und Patzelt vertretenen Thesen werfen viele Fragen auf. Beide haben unterschiedliche Gründe für ihre Einschätzungen, aber beide ignorieren die großen Unterschiede zwischen der Wählerschaft der AfD und dem Bevölkerungsdurchschnitt. Laut einer Forsa-Befragung aus dem Jahr 2018 ist knapp über die Hälfte (52 Prozent) der AfD-Wähler nicht mit dem im Grundgesetz verankerten demokratischen System an sich zufrieden – bei den übrigen Wahlberechtigten sagen das nur 20 Prozent. AfD-Anhänger sind viel pessimistischer, fremden- und flüchtlingsfeindlicher eingestellt als der Rest der Bevölkerung. So sagen 77 Prozent der AfD-Anhänger, dass Zuwanderung bei ihnen Angst verursache – im Durchschnitt der Bevölkerung sind es nur 22 Prozent. 59 Prozent der Anhänger der Rechtsaußen-Partei sind sogar der Meinung, dass die Deutschen »um ihr Land kämpfen müssen«, weil »Flüchtlinge Unruhe und Gewalt in unser Land« bringen, aber nur 8 Prozent der Wahlberechtigten ohne AfD-Präferenz in ganz Deutschland sehen das so. Für eine knappe Mehrheit der AfD-Anhänger (51 Prozent) sind Befürworter einer »Willkommens- bzw. Multi-Kulti-Kultur« »Vaterlandsverräter«. Auch die Anfälligkeit für Medienfeindschaft und Verschwörungstheorien ist bei Anhängern der AfD massiv stärker ausgeprägt als im Rest der Bevölkerung: 76 Prozent der AfD-Anhänger sind überzeugt, dass die »deutschen Medien« von »ganz oben gesteuert« werden und »meist nur unzutreffende Meinungen« verbreiten. Das glauben ansonsten nur 17 Prozent aller Wahlberechtigten.[8]

Die Befürworter der Wiedereinhegung verkennen die Kontinuität und Eigenständigkeit des Rechtsradikalismus als politisches Phänomen in Deutschland. Lochocki meint: »Die meisten AfD-Wähler haben mit rechtsextremem Gedankengut herzlich wenig zu tun.«[9] Leider hilft Wunschdenken auch hier nicht weiter, denn tatsächlich zeigen einige Untersuchungen, dass zwar nicht alle, aber doch die Mehrzahl der Menschen, die AfD wählen, durchaus rechtsradikal ticken. Deren demokratische Integration kann nur dann erfolgreich gelingen, wenn sie mit der Anerkennung demokratischer Werte einhergeht – allen voran der Unantastbarkeit der Menschenwürde. Auch hier wird wieder deutlich: Zugeständnisse nach rechts außen sind gefährlich, weil sie auf Kosten der liberalen Mehrheit die Erosion demokratischer Standards vorantreiben.

AfD-Anhänger möchten gern glauben, dass die Mehrheit so denkt wie sie. Die Wahrheit ist: Wer sich gern zur Mehrheit zählen möchte, ist bei der AfD gänzlich falsch aufgehoben. Untersuchungen des Wissenschaftszentrums Berlin für Sozialforschung und der Bertelsmann Stiftung bestätigen: AfD-Wähler sind keine beliebigen Konservativen auf Abwegen. Die Forscher Robert Vehrkamp und Wolfang Merkel stellen fest, dass die AfD sowohl als extrem rechte Partei als auch aufgrund ihres Populismus gewählt wird. Mit diesen Alleinstellungsmerkmalen kommt die AfD bei Wählern an, die für die etablierten Parteien kaum erreichbar sind.[10] Das Wählerpotenzial der AfD liegt der Untersuchung zufolge bei etwa 14 Prozent aller Wahlberechtigten. Eine große Mehrheit von 71 Prozent der Deutschen gibt an, dass sie die AfD »auf keinen Fall« wählen würde. Keine andere Partei wird so sehr abgelehnt wie die AfD. In der Wählerablehnung liegt die AfD etwa auf dem Niveau der neonazistischen

NPD.[11] Die Bevölkerung ist schlauer, als die AfD denkt. Zugleich ist zu beobachten, dass in Prognosen die Zustimmung für die Partei durch die Prüfung durch den Verfassungsschutz nicht zurückgegangen ist. Die AfD wird also mehrheitlich nicht trotz, sondern wegen ihres Rechtsradikalismus gewählt.

AfD mobilisiert den latenten Rechtsradikalismus

Seit den frühen Nullerjahren erheben Bielefelder und Leipziger Forschungsgruppen regelmäßig Daten zu rechtsextremen und gruppenbezogen menschenfeindlichen Einstellungen in der deutschen Bevölkerung. Die Befunde zeigen, dass die AfD keineswegs den Durchschnitt der Bevölkerung repräsentiert, sondern einen besonders menschen- und demokratiefeindlichen Teil. Die Studie »Verlorene Mitte – Feindselige Zustände« des Instituts für Interdisziplinäre Gewalt- und Konfliktforschung an der Universität Bielefeld aus dem Jahr 2019 kommt zu dem Ergebnis: Ein Großteil der Elemente von Gruppenbezogener Menschenfeindlichkeit »wird am stärksten von potenziellen Wähler_innen der AfD vertreten«.[12] Beispielsweise werten 72 Prozent der AfD-Sympathisanten langzeitarbeitslose Personen und 85 Prozent Asylsuchende ab. Zwischen 2014 und 2019 hat die Verbreitung gruppenbezogen menschenfeindlicher Einstellungen unter den Sympathisanten der AfD deutlich zugenommen, während er im Rest der Gesellschaft teilweise sogar zurückgegangen ist. Das zeigt: Von einem allgemeinen Rechtsruck in den Einstellungen der Deutschen kann nicht die Rede sein. Und in der

Öffentlichkeit ist zu beobachten, dass die offensichtlich gewordene Menschenverachtung der radikalen Rechten viele Personen und Institutionen anspornt, sich jetzt erst recht für Vielfalt zu öffnen.

Auch die 2018 erschienene Studie »Flucht ins Autoritäre« liefert tiefe Einblicke in die Mentalitäten der AfD-Wählerschaft.[13] Die Wissenschaftler der Universität Leipzig stellen fest, dass sich die Anhängerschaft der AfD »eklatant von denen der übrigen Parteienlandschaft« unterscheidet. Bei allen sechs Kernmerkmalen des Rechtsextremismus sind ihre Werte »mit deutlichem Abstand am höchsten«. Die Forscher resümieren: Die AfD-Wählerschaft »unterscheidet sich nicht in erster Linie durch soziodemografische Merkmale wie Wohnort oder Einkommen von den Wählerinnen und Wählern anderer Parteien, sondern vor allem in den politischen – das heißt sehr häufig ausländerfeindlichen und antidemokratischen – Einstellungen.«

Die Studie zeigt: Rechtsradikale Einstellungen sind auch in der Wählerschaft aller anderen Parteien anzutreffen, allerdings in weitaus geringerem Maße als bei der AfD. So gibt es vergleichsweise viele Anhänger der FDP mit sozialdarwinistischen Ansichten und einen großen Anteil von Linkspartei-Wählenden, der geschichtsrevisionistischen Aussagen zustimmt. Betrachtet man die rechtsradikalen Äußerungen von AfD-Politikern und die Parolen, mit denen sie im Netz, in Talkshows und auf der Straße Stimmung machen, dann überrascht es nicht, dass die Partei mehr rechtsradikale Wähler anzieht als die demokratischen Parteien. Mehr als die Hälfte der Anhänger der AfD sind klare Ausländerfeinde, 40 Prozent sind überzeugte nationalistische

Chauvinisten, also von der Überlegenheit Deutschlands gegenüber anderen Nationen überzeugt. Die AfD behauptet, eine bürgerliche Partei zu sein, die die Interessen »des Volks« vertritt. Doch die Leipziger Studien über die Einstellungen der AfD-Wählerschaft zeigen, wie groß der Unterschied zwischen dem Durchschnitt der allgemeinen Bevölkerung und dem Durchschnitt der AfD-Wählerschaft ist. Im Vergleich zum Rest der Bevölkerung ist der Anteil

- der Befürworter einer rechtsautoritären Diktatur in der AfD-Wählerschaft 4,7-mal höher,
- von nationalen Chauvinisten in der AfD-Wählerschaft 2,5-mal höher,
- von Ausländerfeinden in der AfD-Wählerschaft 2,8-mal höher,
- von Antisemiten in der AfD-Wählerschaft 3,7-mal höher,
- von Sozialdarwinisten in der AfD-Wählerschaft 2,5-mal höher,
- von Verharmlosern des Nationalsozialismus in der AfD-Wählerschaft 4,2-mal höher.

Auch eine von der *Frankfurter Allgemeinen Zeitung* in Auftrag gegebene Studie des Instituts für Demoskopie Allensbach zum Antisemitismus zeigt erhebliche Unterschiede: 22 Prozent der Deutschen stimmen demnach der antisemitischen Ansicht zu, wonach Juden auf der Welt zu viel Einfluss hätten – unter den Wählern der AfD stimmt mehr als die Hälfte (55 Prozent) dieser Aussage zu.[14] Die erschreckenden Werte zeigen, wie eng der reaktionäre Impuls mit dem Antisemitismus zusammenhängt.

Die Aussage, *alle* AfD-Wähler ticken rechtsradikal, ist falsch. Aber als Gesamtphänomen stehen nicht nur das Personal und die Programmatik der AfD, sondern auch ihre Wähler rechts außen. Der latente Rechtsradikalismus wird gesät, geschürt und genutzt. Die AfD-Wählerschaft unterscheidet sich erheblich vom Rest der Bevölkerung, in der der Antisemitismus in den letzten Jahren insgesamt sogar abgenommen hat. Vor allem diejenigen, die schon lange rechtsradikal eingestellt sind, haben in der AfD eine passende politische Vertretung gefunden.

Rechtsradikale Einstellungen nehmen ab

Es hat sich der Eindruck verfestigt, dass rechtsradikale Orientierungen zunehmen. Doch das stimmt nicht. Die Rechtsradikalen in der Gesellschaft werden nicht mehr, sondern weniger. Aber sie sind extrem laut. Wie ein Magnet zieht die AfD die gegenüber Demokratie, Fortschritt und Vielfalt negativ eingestellte Minderheit an. Insgesamt nehmen rechtsradikale Orientierungen ab: Die »Mitte« wird nicht rechter, sondern offener. Die Zeit progressiver kultureller Werte ist nicht vorbei, wie die radikale Rechte gern glauben möchte, sondern sie beginnt für große Teile der Gesellschaft gerade erst.

Die Langzeitstudie der Universität Leipzig zeigt: Der Anteil der rechtsextrem Eingestellten in der deutschen Bevölkerung hat sich seit Beginn der Erhebungen im Jahr 2002 fast halbiert: von 11,3 auf 6 Prozent (vgl. Abbildung 2). 2012, auf dem Höhepunkt der Sarrazin-Debatte, waren die gemessenen Werte besonders hoch. Seit der polarisierten politischen Lage ab 2015 sind rechts-

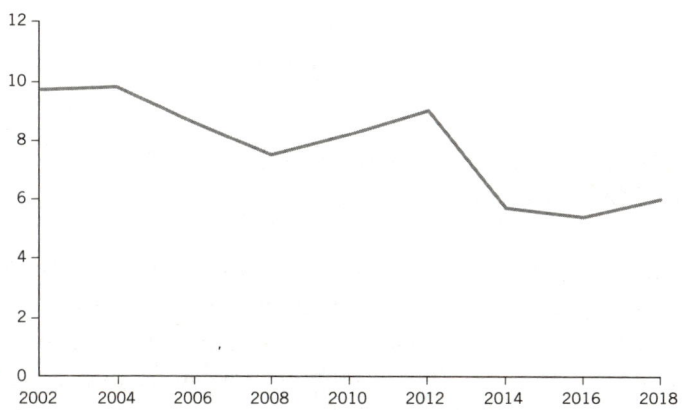

Abbildung 2: **Geschlossen rechtsextremes Weltbild in der deutschen Bevölkerung 2002–2018** (Quelle: Decker, Oliver und Brähler, Elmar: »Flucht ins Autoritäre: Rechtsextreme Dynamiken in der Mitte der Gesellschaft«)

extreme Einstellungen zwar in geringem Maße angestiegen, aber sie liegen immer noch deutlich unter den Werten von 2012 und 2002. Das heißt, der Backlash hat bisher nicht dazu geführt, dass sich zuvor liberal eingestellte Personen massenhaft nach rechts umorientiert haben. Die Sozialpsychologin Beate Küpper und ihre Kollegen von der Universität Bielefeld stellen fest, dass überraschenderweise sogar rechtspopulistische Einstellungen in der Bevölkerung zwischen 2014 und 2019 nicht zugenommen haben, sondern deren Anteil konstant bleibt.[15] Demnach ist rechtspopulistische Agitation sichtbarer geworden und greift ein bereits vorhandenes Einstellungspotenzial ab. Dieses Milieu bestätigt sich selbst – ohne dass vorher demokratische Bevölkerungsteile deutlich nach rechts driften. Allerdings besteht die Gefahr, dass mit der wachsenden Normalisierung rechtsradikaler Positionen in der Öffentlichkeit rechtsradikale Orientierungen künftig zunehmen könnten.

AfD: Sammelbecken für Schwarzmaler und Miesepeter

Stimmungen haben, so der Soziologe Heinz Bude, grundlegende Bedeutung, weil sie uns ein Gefühl der Welt vermitteln.[16] Sie bilden eine eigene Realität. Stimmungen können zu Handlungen motivieren und erzeugen Konformitätsdruck. Wenn die Stimmung der AfD eine Farbe hätte, dann wäre es nicht die Parteifarbe Blau, sondern das dunkle Grau eines aufziehenden Gewitters. Dagegen hätte der Rest der Bevölkerung ein optimistisch-frühlingshaftes Hellblau mit einigen Wolken.

Eine Befragung des Instituts für Demoskopie Allensbach im August 2017 im Auftrag der Bundesregierung fand unter der AfD-Anhängerschaft einen weit überdurchschnittlichen politischen Fatalismus.[17] Dieser zeigt sich etwa im Antwortverhalten auf die Aussage: »Ich bin fest davon überzeugt, dass unsere Gesellschaft unaufhaltsam auf eine ganz große Krise zusteuert. Mit den derzeitigen politischen Möglichkeiten können wir diese Probleme nicht lösen. Das schaffen wir nur, wenn wir unser politisches System grundlegend ändern.« Insgesamt stimmten 34,1 Prozent der Deutschen dieser Aussage zu – ein durchaus beachtlicher Anteil der Bevölkerung glaubt demnach, dass eine kommende Krise eine radikale Systemänderung nötig macht. Diese Annahme gibt zu denken. Tabelle 1 zeigt: Besonders niedrig ist die Zustimmung bei der konservativen Wählerschaft: Nur ein knappes Viertel der CDU/CSU-Wählerschaft stimmt zu. Besonders hoch – doppelt so groß wie in der Gesamtbevölkerung – ist der Anteil politischer Fatalisten in der AfD-Wählerschaft: 70,5 Prozent der AfD-Wähler sind der Meinung, das politische System müsse grundlegend geändert werden, um künftige Krisen zu lösen. Je stärker der wahrgenommene Handlungsdruck steigt, desto mehr Dämme brechen. Der Glaube an den bevorstehenden Untergang gibt dem eigenen Denken und Handeln einen historischen Sinn, der bis zu narzisstischem Größenwahnsinn radikalisiert werden kann. Das apokalyptische Denken unterscheidet die umstürzlerische Reaktion vom bewahrenden Konservativismus. Thomas Petersen vom Allensbach-Institut schreibt in der *FAZ*, dass »apokalyptisches Denken [...], die Vorstellung, dass das Land dem Untergang geweiht sei, wenn es nicht einen radikalen Wechsel in der Politik gebe«, ein Element des »populistischen Weltbildes« ist.[18] Auch der Anteil der Wähler der Linkspartei mit Hang zu politischem Fatalismus ist mit 60,2 Prozent sehr hoch – etwa doppelt so hoch wie in der Wählerschaft der SPD. Überdurchschnittlich hoch ist die Zustimmung zu dieser Aussage außerdem in Ostdeutschland (41,9 gegenüber 32,4 Prozent in Westdeutschland) sowie bei Befragten mit geringem Haushaltsnettoeinkommen. Bemerkenswert ist, dass das apokalyptische Denken in der Bevölkerung insgesamt nicht größer wird. Der Anteil der Pessimisten ist in Deutschland relativ stabil: Seit den Neunzigerjahren schwankt der Zustimmungswert zur systemumstürzlerischen Krisenangst zwischen 31 und 45 Prozent.

»Ich bin fest davon überzeugt, dass unsere Gesellschaft unaufhaltsam auf eine ganz große Krise zusteuert. Mit den derzeitigen politischen Möglichkeiten können wir diese Probleme nicht lösen. Das schaffen wir nur, wenn wir unser politisches System grundlegend ändern.«

	Zustimmung bei den Anhängern der…
Insgesamt / Bevölkerungsdurchschnitt	34,1 %
CDU/CSU	24,2 %
SPD	30,8 %
FDP	40,9 %
Grüne	33,4 %
Die Linke	60,2 %
AfD	70,5 %

Tabelle 1: **Politischer Fatalismus nach Parteipräferenz** (Quelle: Institut für Demoskopie Allensbach (IfD) (Ed.): Das Elitenbild der Bürger. Allensbach, 2017, S. 112)

Gefühle und Stimmungen haben erheblichen Einfluss auf politische Entscheidungen – zum Beispiel auf das Wahlverhalten. Während soziodemografische Merkmale sich bei der Wählerschaft der AfD nicht erheblich von denen der anderen Parteien unterscheiden, ist ihre Stimmung weit überdurchschnittlich mies.

Wieder zeigt sich, dass die AfD keineswegs »das Volk« repräsentiert, sondern vor allem Schwarzmaler und Miesepeter. Denn anders als unter AfD-Sympathisanten ist die große Mehrheit der Bevölkerung positiv gestimmt. Das bestätigt eine Befragung der CDU-nahen Konrad-Adenauer-Stiftung (siehe Tabelle 2).[19] Besonders optimistisch sind demnach Anhänger von CDU/CSU und FDP. Die Wählerschaft der Linken ist pessimistischer als die von CDU/CSU, SPD, Grünen und FPD. Erheblich ist der Unterschied zur Wählerschaft der AfD: Während im Mittelwert die Anhängerschaft aller anderen Parteien (ohne AfD) nur 24 Prozent meinen, »wenn das so weitergeht, sehe ich schwarz für Deutschland«, stimmen 83 Prozent der Wählenden der AfD dieser Aussage zu. Die Antworten auf die anderen erhobenen Aussagen bestätigen das Bild. 63 Prozent der Gesamtbevölkerung vertrauen darauf, »dass Deutschland künftige Herausforderungen bewältigt«, aber nur 17 Prozent der AfD-Wählenden teilen diese Ansicht. 59 Prozent der AfD-Wählenden haben Angst vor der Zukunft – mehr als alle anderen.

		Zustimmung bei den Anhängern der ...					
	Gesamt	CDU/ CSU	SPD	Grüne	Linke	FDP	AfD
Wenn das so weitergeht, sehe ich schwarz für Deutschland.	33 %	14 %	17 %	22 %	53 %	15 %	83 %
Ich vertraue darauf, dass Deutschland künftige Herausforderungen bewältigt.	63 %	85 %	80 %	76 %	44 %	84 %	17 %
Man weiß ja nicht, was die Zukunft bringt, aber ich habe häufig Angst vor dem, was kommen wird.	34 %	19 %	34 %	34 %	43 %	22 %	59 %
Man weiß ja nicht, was die Zukunft bringt, aber ich glaube, dass alles gut wird.	62 %	79 %	64 %	66 %	52 %	77 %	37 %

Tabelle 2: **Pessimismus nach Parteipräferenz** (Quelle: Pokorny, Sabine: Von A wie Angst bis Z wie Zuversicht, Konrad-Adenauer-Stiftung, 2018.)

In der Demoskopie können häufig schon statistische Unterschiede von nur wenigen Prozentpunkten als markant angesehen werden. Die großen Stimmungsunterschiede von zum Teil 50 Prozentpunkten zwischen Wählenden der AfD und der restlichen Bevölkerung markieren eindeutig einen gravierenden Unterschied. Eine europäische Vergleichsstudie der niederländischen Sozialforscher Eefje Steenvoorden und Eelco Harteveld bestätigt, dass sich die Wählerschaft der radikalen Rechten und die Wählerschaft der Mitte der Gesellschaft im Pessimismus antagonistisch gegenübersteht.[20] Der österreichische »Demokratiemonitor« zeigt, dass Menschen mit Zukunftsängsten eher autoritäre Maßnahmen unterstützen.[21] Und Nachwahlbefragungen in den USA haben ergeben, dass Pessimismus der durchgängigste Prädiktor für die Wahl von Donald Trump war.[22] Kulturelle Niedergangsmotive prägen die Propaganda der amerikanischen »Alternativen Rechten« (»Alt-Right«) und anderer rechtsradikaler Strömungen auf der ganzen Welt.

Reaktionäre Politiker und Meinungsmacher arbeiten unermüdlich daran, möglichst viele Menschen mit ins Tal der miesen Stimmung zu ziehen. Immerhin zeigt die Untersuchung der Konrad-Adenauer-Stiftung: Diese Bemühungen wirken sich zumindest kurzfristig hierzulande nicht auf den Pessimismus der Gesamtbevölkerung aus – als sei das pessimistische Potenzial der Gesellschaft vorerst ausgeschöpft. Die AfD mag bei ihrer Wählerschaft positive Gefühle wie Zuversicht, Zufriedenheit und Hoffnung hervorrufen. Aber der Rest der Bevölkerung empfindet beim Gedanken an die AfD Unbehagen, Empörung, Angst und Wut.

Irrationalität und Terrorangst

Die Wählerschaft der AfD unterscheidet sich von der Wählerschaft der etablierten Parteien unter anderem dadurch, dass die Angst vor Terroranschlägen unter ihren Anhängern viel stärker ausgeprägt ist. Das haben verschiedene Befragungen gezeigt. Wie *Die Welt* berichtet, sagen 86,9 Prozent der AfD-Anhänger, dass sie sich »sehr« oder »eher« vor Terroranschlägen in Deutschland fürchten. Ihnen folgen mit deutlichem Abstand die Anhänger der FDP (62,1 Prozent) und der Union (52,2 Prozent).[23] Der ARD-DeutschlandTrend zeigt, dass die Deutschen sich überwiegend (73 Prozent) sicher fühlen.[24] Nur bei der Anhängerschaft der AfD sieht es anders aus: 66 Prozent fühlen sich in Deutschland nicht sicher.

Diese Angst ist sozial gemacht. Von Terroranschlägen hören und lesen wir ständig in den Nachrichten. Allerdings handelt es sich in aller Regel um Berichte aus Kriegs- und Krisenregionen wie Syrien, Afghanistan, Irak oder Nigeria. Das Geschäft mit der Terrorangst – und damit mit der Angst vor dem Tod – brummt und ist auch in Unterhaltungssendungen allgegenwärtig. Jeden Tag sterben im Fernsehen mehr Menschen an Gewalt als in der wirklichen Welt: vom Öffentlich-Rechtlichen bis zu Netflix-Produktionen. Die Angst vor dem Tod garantiert Quoten und reproduziert die Furcht. Aber in der Realität geht die schwere Gewalt weltweit zurück.

Die Wählerschaft der radikalen Rechten fürchtet generell kommendes Unheil, das drückt sich besonders stark in der Angst vor (islamistischem) Terrorismus aus.

Aber diese Furcht ist irrational und instrumentell: Die rechtsradikalen Medien und Stichwortgeber schüren die Paranoia. Dadurch wird das Unbehagen mit kultureller Diversität und Veränderung kanalisiert. Es erhält ein ebenso konkretes wie in der öffentlichen Meinung als nachvollziehbar angesehenes Motiv: Terrorangst rechtfertigt Rassismus und autoritären Nationalismus. Es handelt sich dabei vor allem um den Ausdruck generalisierter Schwarzseherei – nicht um rationale Bedenken. 2018 wurden nach Europol-Daten in der gesamten EU 62 Menschen durch Terrorismus getötet. Jedes einzelne Opfer ist eines zu viel. Um die Verhältnismäßigkeit zu wahren, müssen wir uns dennoch vor Augen führen, dass in Europa jedes Jahr 400 000 Menschen vorzeitig durch den Einfluss von Feinstaubbelastungen sterben, allein in Deutschland rund 66 000.[25] In Deutschland sterben jährlich etwa 15 000 Menschen an Krankenhauskeimen. Im Jahr 2017 kamen nach Angaben des Statistischen Bundesamtes in Deutschland 1077 Menschen im Verkehr durch zu schnelles Fahren ums Leben, 60 079 wurden verletzt. 231 Menschen starben bei Alkoholunfällen.[25]

Politik und Medien übertreiben die Gefahr durch den Terrorismus massiv, um von der Angst zu profitieren. Der islamistische Terrorismus kostete seit 1990 in Deutschland vierzehn Menschen das Leben. Verheerende Anschläge in anderen Ländern, etwa in Sri Lanka zu Ostern 2019 mit mindestens 250 Todesopfern, verbreiten jedoch auch weit entfernt Angst und Hass. Trotz der hierzulande vergleichsweise geringen Opferzahl ist Terrorangst darum eines der wichtigsten Mobilisierungsthemen der radikalen Rechten. Noch gefährlicher als die Panikprofiteure von rechts außen sind politische Überreaktionen, die unter Verweis auf Terrorgefahr und gesunkenes Sicherheitsempfinden Bürgerrechte beschränken und polizeiliche Eingriffsrechte ausweiten, wie es mit den neuen Polizeiaufgabengesetzen in vielen Bundesländern geschieht. Die etablierte Politik instrumentalisiert die Angst vor Terror sowie vor einem Erstarken der radikalen Rechten und demontiert selbst liberale Bürgerrechte. So verhilft sie politisch und religiös radikalisierten Freiheitsfeinden zum Erfolg – ohne dass die radikale Rechte selbst politische Regierungsmacht übernehmen muss.

Allein schon die oben erwähnten Beispiele zeigen, dass wir viele Gefahren als alltäglich hinnehmen. Wir haben uns daran gewöhnt. Wir wägen längst nicht mehr ab, ob die Vorteile die Nachteile überwiegen, und wenn ja, wie stark? Welche Opfer sind für unseren Lebensstil angemessen? Natürlich keines, wenn es uns selbst betrifft. Doch die Wahrheit ist: Der moderne Mensch ist ein Zyniker, der lebensbedrohliche Risiken eingeht und eingehen muss. Unausgesprochen hoffen wir, dass wir die Kosten unserer Freiheit und Kultur nicht selbst zahlen müssen. Eine risikofreie Existenz ist unmöglich. Das gilt auch für die Terrorgefahr, die durch kluge Maßnahmen reduziert, aber nicht eliminiert werden kann. Natürlich weiß die radikale Rechte um dieses »ewige« Einfalltor.

Der ewige Untergang:
Angstmache ohne Ende

All diese apokalyptischen Aussagen – und noch viele
weitere – verbreitet die radikale und populistische Rechte. Es ist ihr Kerngeschäft, Pessimismus und irrationale
Ängste zu mobilisieren und zu schüren. Schon kleinste
Hinweise auf tatsächliche Anlässe zur Besorgnis, etwa
Kriminalität oder Terrorismus, werden politisch instrumentalisiert – so wie beispielsweise bei den Ausschreitungen nach dem Tod eines jungen Mannes in Chemnitz.

Angst stimuliert das Nervensystem, führt zu Hochsensibilität und aktiviert Handlungsbereitschaft. Angst ist ansteckend. Der Philosoph Bertrand Russell sagte: »Angst ist die Hauptquelle des Aberglaubens und einer der Hauptgründe der Grausamkeit.«

»Aber die Ängste der Bürger müssten doch ernst genommen werden« – das hören wir allenthalben. Doch »Angst« ist subjektiv, ein Symptom, kein rationales Argument objektiver Beweisführung. Status- und Wohlstandsängste können leicht in Ressentiments, Rassismus und Rechtsradikalismus gerinnen. Der Anspruch, politische Auseinandersetzungen sachlich zu führen, wird karikiert, wo Ängste *an sich* zu Argumenten objektiver Politik aufgewertet werden. Je mehr Raum der Angst in der Politik eingeräumt wird, desto dünner wird das Eis, auf dem die Aufklärung steht. Vernunft und der Austausch von Argumenten werden entwertet, Affekte stattdessen politisiert: Die Politik begibt sich auf das Spielfeld von Populisten und Radikalisierten. Dort können Demokraten nichts gewinnen.

In der Entsachlichung konkreter politischer Fragen liegt die Hauptursache für die Rechtsaußen-Erfolge. Wer die Angstkarte spielt, unterläuft Kritik und immunisiert sich gegen Fakten. Furcht ist ein Symptom für Verunsicherung. In der Bevölkerung Angst zu schüren und in Gang zu halten ist ein wichtiges Instrument totalitärer Herrschaft: Die Verbreitung und Rechtfertigung von Angst ist der erste Schritt, um Akzeptanz für autoritäre politische Maßnahmen zu schaffen. Wer die Macht besitzt, Menschen in Angst zu versetzen, kann sie damit ausgrenzen und unterdrücken. Es sind zwei Seiten einer Medaille: Die radikale Rechte operiert mit der Angst vor der Zukunft *und* verbreitet Angst unter Demokraten und Minderheiten.

Durch permanente Verunsicherung und daraus resultierende Orientierungsverluste wächst die Gefahr von Irrationalität und Konfrontationsgewalt. Doch wir sollten uns vom reaktionären Kampf der Rückwärtsgewandten nicht einschüchtern lassen: Die Verbitterung der Rechten belegt letztlich den Fortschritt unserer Gesellschaft. Durchatmen, nüchtern analysieren und Kurs halten sind die Gebote der Zeit, gerade weil Schwarzmalerei, Untergangsszenarien und Zukunftsangst so stark polarisieren und Aufmerksamkeit versprechen: Wenn eine Katastrophe droht, müssen radikale Maßnahmen eingeleitet werden! Je radikaler der Umsturz und die Schritte dorthin sein müssen, desto drastischer zeichnen Rechtsradikale das Untergangsszenario, das eintritt, wenn keine extremen Veränderungen vorgenommen werden. Diesem Teufelskreis folgend, kennt AfD-Rechtsaußen Höcke nur pessimistische Superlative. Zum Zweck der Untergangspropaganda ist jeder Anlass recht: AfD-Rechtsaußen Björn Höcke schrieb zum Beispiel im April 2019 zum Brand des Notre-Dame in Paris: »Welches Bild könnte unsere apokalyptische Zeit besser beschreiben?« Im Sommerinterview mit dem Mitteldeutschen Rundfunk 2016 sagte Höcke, ohne die AfD fürchte er »das Abgleiten dieses Landes in den Bürgerkrieg«. Der Soziologe Andreas Kemper dokumentiert: »Auf die Nachfrage, warum er trotz Wirtschaftswachstums und sinkender Arbeitslosenzahlen von ›Untergang‹ spreche, sagte Höcke, die Krisendynamiken drohten sich ›aufzupotenzieren‹.«[1]

Unter dem Pseudonym »Landolf Ladig« hat Höcke,

wie Kemper zeigt, bereits Jahre zuvor neonazistische Texte verfasst, in denen er dafür warb, nationalsozialistische Wirtschaftspolitik auf rassenbiologischer Grundlage wiedereinzuführen. In einer Wahlkampfrede sagte Höcke, wenn es nicht gelinge, die Politik zu korrigieren, »dann werden wir in Deutschland und Europa einen Kultur- und Zivilisationsbruch historischen Ausmaßes, ja liebe Freunde, dann werden wir eine kulturelle Kernschmelze erleben, das wollen wir nicht und das müssen wir gemeinsam verhindern«[2]. Proteste gegen rechtsradikale Verlage auf der Frankfurter Buchmesse bezeichnete Höcke als »Zivilisationsbruch« – ein Begriff, den der Historiker Dan Diner zur Beschreibung der Singularität der Schoah prägte. Höcke verbindet die Relativierung der nationalsozialistischen Verbrechen mit der Behauptung vom Niedergang. Daraus leitet er einen unbedingten Handlungsdruck ab.

Intellektuelle Niedergangsdiskurse und Publikationen flankieren die politische Angst- und Untergangsmaschinerie, sie dienen der Rechtfertigung und der Verbreitung des völkischen Irrationalismus. 2017 veröffentlicht der rechtsradikale Antaios-Verlag von Götz Kubitschek das Buch *Finis Germania* von Rolf Peter Sieferle. Das Werk ist eine düstere und zynische Niedergangsbeschreibung und greift allgemeine Dekadenz, Migration und die politische Kultur im 21. Jahrhundert bis hin zu antisemitischen Verschwörungsgedanken auf: wenig originelle Thesen, wenn man um die Traditionslinie des Denkens bis in den völkischen Kulturpessimismus des frühen 20. Jahrhunderts weiß. Die vulgären Niedergangsbeschreibungen des Schriftstellers Akif Pirinçci, verurteilt wegen Volksverhetzung, blasen ebenfalls ins Horn des völkischen Kulturpessimismus. Der rassistische Pessimismus richtet sich häufig nicht gegen einzelne Menschen aus Einwandererfamilien als Individuen, sondern gegen die ganze Entwicklung der liberalen Demokratie. Einige Einwanderer, wie der türkeistämmige Akif Pirinçci, dienen als Kronzeugen für den prognostizierten Untergang und als Alibi gegen Rassismusvorwürfe. Die Internationale der Ethnopluralisten verbindet die Vorstellung, dass die Mischung von Ethnien und Kulturen Zeichen und Beschleuniger des Niedergangs sind.

Die Paranoia vom drohenden Untergang, die sich vom NSU über Sarrazin, Sieferle und Pegida bis zu Höckes AfD zieht, dient der Markierung von Feinden und der Konstruktion eines heroischen Selbstbildes. Sie erzeugt Handlungsdruck und rechtfertigt Gewalt. Die ideologischen Wurzeln dieses Denkens liegen im völkischen Kulturpessimismus des frühen 20. Jahrhunderts. Rückblickend schreibt der Historiker Fritz Stern über die damaligen » konservativen Revolutionäre «: » Je schwärzer sie die Gegenwart malen, desto heller strahlt die Vergangenheit. «[3] Dieser Mechanismus der Reaktion wirkt auch heute noch.

» Je schwärzer sie die Gegenwart malen, desto heller strahlt die Vergangenheit «

Unbehagen ist der stetige Wegbegleiter des Fortschritts. So lange, wie es menschliche Kultur gibt, gibt es auch Kulturpessimismus: die Angst vor dem Verlust von Identität und Kultur durch den Fortschritt. Kultur-

pessimismus ist nicht das Ergebnis gestiegener Flucht-
und Migrationsbewegungen, sondern Teil der DNA
westlicher Gesellschaften. Als intellektuelle Denkrich-
tung hat er seine Ursprünge im 18. Jahrhundert. Der
Historiker Arthur L. Herman ging in seiner Studie
*Propheten des Niedergangs – Der Endzeitmythos im
westlichen Denken* der Geschichte intellektueller Unter-
gangsbeschreibungen auf den Grund und fand heraus:
Ein Schweizer Gelehrter unterbreitete bereits im Jahr
1818 den Vorschlag, Island doch in ein Museum der
europäischen Kultur zu verwandeln, bevor die Zivilisation verschwindet.[4] Die ideologischen Wurzeln der
aktuellen Rechtsaußen-Offensive hierzulande liegen in
diesem völkischen Fatalismus, der schon die Weimarer
Demokratie besiegt hat. Die Liberalisierung der Zivilisation wurde von den damaligen Rechtsradikalen als
krankhaft betrachtet und sollte deshalb in einem gewal-
tigen Gegenschlag vernichtet werden.

Hitlers Generation wuchs unter den Einflüssen dieses Kulturpessimismus auf. In *Mein Kampf* beschreibt
Hitler den Untergang von Nation und Kultur und den
allgemeinen Zusammenbruch. Die Nationalsozialisten
radikalisierten im Handeln das Denken intellektueller
Vertreter der »konservativen Revolution«, etwa von Oswald Spengler, Ernst Jünger und Arthur Moeller van
den Bruck. Die sind auch die Vorbilder der Neuen Rechten von heute. Hauptquelle der intellektuellen Reaktionäre ist die Philosophie Friedrich Nietzsches, die sie
politisch radikalisiert haben. Die moderne Gesellschaft,
so die Weltsicht der Kulturpessimisten, durchlaufe
einen Prozess des Niedergangs. Ein Zusammenbruch
in der Zukunft lasse sich nicht aufhalten. Wachstum

und Wohlstand, Industrie und Technik, Globalisierung, Mobilität und kulturelle Veränderungen sind für Kulturpessimisten untrügliche Zeichen, dass die Uhr der Zivilisation fünf vor zwölf schlägt. Gegen die Moderne, die Aufklärung und wissenschaftlichen Fortschritt bringen sie den Mythos der reinen, authentischen und konfliktfreien Vergangenheit in Stellung. In dieser Tradition steht im Jahr 2019 der Flügel um Björn Höcke, der die Moderne bekämpfen will und die mythische »Wiederverzauberung der Welt« anstrebt.

Heute zeichnen Publizisten und Politiker von rechts außen den Zustand des Landes so schwarz wie nur irgend möglich. Sie nutzen alle rhetorischen Mittel und schrecken auch vor Lügen nicht zurück. Ihr Streben wird flankiert durch Delegitimationsstrategien des Kremls. AfD-Politiker und einige Linksparteipolitiker suchen die Nähe zu russischen Propagandamedien und Kremlvertretern. Der AfD-Bundestagsabgeordnete Marcus Frohnmaier, der unter anderem als Sprecher für Parteichefin Alice Weidel tätig war, suchte nach Recherchen der BBC Unterstützung durch Moskau. Dort hoffte man mit ihm einen Interessensvertreter im Deutschen Bundestag zu haben, der unter »absoluter Kontrolle des Kremls« steht.[5] Sein Mittelsmann und früherer Mitarbeiter Manuel Ochsenreiter trat schon 2001 als Referent der Neuen Rechten im Institut für Staatspolitik von Götz Kubitschek auf.

Weil in der Kritik an Kultur und Moderne oft auch ein gutes Stück Wahrheit liegt, ist sie so leicht zu instrumentalisieren. In der Tat wirkt die liberale Gesellschaft oft schwach – auch in der Bekämpfung der radikalen Rechten. Reaktionäre beschreiben den Westen in einem

Zustand der Schwäche und als nicht in der Lage, sich gegen die inneren und äußeren »Volksfeinde« zu verteidigen. Dabei handelt es sich nicht um einen Schwächezustand, der das alsbaldige Dahinscheiden der liberalen Demokratie ankündigt, sondern um eine große Kraft der Gelassenheit. Die garantiert einerseits die für eine pluralistische Gesellschaft nötige Integrationsfähigkeit. Andererseits birgt sie auch Leiden, Gefahren und Widersprüche, etwa durch den naiven Umgang mit radikalisierten Rechten. Die große Herausforderung ist es, Wehrhaftigkeit und Offenheit – Freiheit *und* Sicherheit – zu erhalten, und zwar vor allem dann, wenn sich dieser Konflikt durch Ereignisse wie Migrationsbewegungen, Gewalt und anschließende Schwarzmalerei und Hetze zuspitzt.

Kulturrassistischer Pessimismus

Im Jahr 1993 war der rassistische Begriff »Überfremdung« das Unwort des Jahres. Bis 1934 wurde das Wort als rein betriebswirtschaftlicher Terminus (zu viel fremdes Geld in einem Unternehmen) verwendet. Danach musste der Duden die Interpretationen »Eindringen Fremdrassiger« und »Eindringen fremden Volkstums« (1941) aufnehmen. Die Wurzeln der Umdeutung liegen im Nationalsozialismus, wie die Jury zur Begründung ausführte.[6] Durch die »Sprachlenkungsmaßnahme« wurde der ursprüngliche Wortsinn völlig verdrängt und »Überfremdung« zu einer Parole der radikalen Rechten, die weit in die Gesellschaft hineinwirkt. Und kulturrassistischer Pessimismus hat Tradition.

Schon im frühen 20. Jahrhundert sahen amerikanische und deutsche Kulturpessimisten die Vermischung von nichtweißen und weißen Menschen als Degeneration, als Verderben des Bluts der Weißen – von einem »Rassenselbstmord« war die Rede. Der Ku-Klux-Klan radikalisierte den rassistischen Pessimismus und ging mit mörderischer Brutalität gegen Schwarze vor, um den angeblichen Niedergang aufzuhalten und die Privilegien der Weißen zu schützen. In Deutschland brachte unter anderem Oswald Spengler die Furcht vor dem nationalen Identitätsverlust der »Herrenrasse« mit einem »völkischen Rassepessimismus« zusammen.[7]

Heute schüren Gruppen wie die Identitären und die AfD den rassistischen Pessimismus. So beklagt die Thüringer AfD-Landtagsfraktion in einem Positionspapier die Auflösung von Identitäten und Nation und die »Durchmischung der Bevölkerung mit Personengruppen anderer Hautfarbe«[8]. Dahinter steht die Vorstellung, dass die Moderne die angeblich natürliche Trennung von Ethnien und Kulturen zerstört und dem Untergang geweiht ist. In letzter Folgerichtigkeit kann die Segregation der Ethnien nur durch massive Gewalt (wieder-) hergestellt werden. Der Holocaust, schlussfolgert der Historiker Herman, ist implizit »in jeder Theorie des rassistischen Pessimismus enthalten«[9].

Hinter dem apokalyptischen Denken und der Kultur des Pessimismus steht, wie der Historiker Fritz Stern feststellt, »echtes menschliches Leiden«[10]. Dieses Leiden resultiert aus einer Unzufriedenheit, die, wie schon in den Zwanzigerjahren des 19. Jahrhunderts, nicht vorrangig im »wirtschaftlichen Mangel« begründet ist, sondern im »Missbehagen« über die Kultur des

21. Jahrhunderts. Das Unwohlsein wird von rechts außen »ebenso empfunden wie genährt« – und das Leiden geht Hand in Hand mit der Unfähigkeit, sich mit dem unerlässlichen Wandel zu arrangieren. Und so ist vor falschem Verständnis für die »besorgten Bürger« aus historischen Gründen und aufgrund des notwendigen Anspruchs an die aufgeklärte Mündigkeit zu warnen. Das Streben nach echter Freiheit in der Zukunft ist besser als das Betrauern einer Vergangenheit, die in Wirklichkeit elender war als die Gegenwart.

Das hält Politiker von AfD und FPÖ nicht davon ab, auch heute wieder schamlos von »Überfremdung« zu sprechen. Ein Vierteljahrhundert nach der Ernennung zum Unwort des Jahres stimmen 36 Prozent der Deutschen der Aussage zu, Deutschland sei durch die vielen Ausländer in einem gefährlichen Maße »überfremdet«. In Ostdeutschland vertreten sogar 45 Prozent diese Meinung. Schon 2006 stimmten 39 Prozent der Deutschen dieser Aussage zu. Der Überfremdungsbegriff zeigt, wie stark Naziideologie, vermittelt über die Sprache, noch immer Teil unserer Gesellschaft ist.

Der Hass auf die Moderne und die Erfindung des »Kulturmarxismus«

Fritz Stern beschreibt Kulturpessimisten als »kulturelle Maschinen-Stürmer«, »die in ihrem Hass auf die Modernität die ganze Maschinerie der Kultur zerstören wollten«[11]. Die intellektuellen Kulturpessimisten und Vertreter der »konservativen Revolution« des frühen 20. Jahrhunderts bekämpften Modernität und Verweltlichung, ihr Hauptfeind war der Liberalismus. Die Nationalsozialisten radikalisierten diesen Geist und brachten den Abwehrkampf gegen die fortschreitende Aufklärung von den Bücherstuben auf die Straßen und in die Parlamente. Im Februar 1925 rief Hitler im Münchner Bürgerbräukeller sein Gefolge auf:»Kampf dem Marxismus sowie dem geistigen Träger dieser Weltpest und Seuche, dem Juden!«

Den neuen Marxismus, den die radikale Rechte diesund jenseits des Atlantiks als Ursache allen Übels erfunden hat und gegen den sie sich im Abwehrkampf wähnt, nennt sie »Kulturmarxismus«. Mit der Verschwörungslegende vom »Kulturmarxismus« täuschen sie darüber hinweg, dass die ihnen verhassten Fortschritte in Wirklichkeit die öffentliche Durchsetzung und Fortentwicklung der demokratischen Werte sowie der Globalisierung in der politischen Kultur westlicher Gesellschaften sind. Seit Jahren taucht der Begriff »Kulturmarxismus« in rechtsradikalen Schriften auf. Das amerikanische Southern Poverty Law Center – ein antirassistischer Thinktank für Bürgerrechte – identifizierte im Jahr 2003 die Erzählung vom »Kulturmarxismus« in der amerikanischen extremen Rechten als antisemitische Verschwörungstheorie, nach der Juden als ruchlose Zerstörer identifiziert werden.[12] Auch in der radikalen Rechten Europas und hierzulande werden solche Töne immer lauter.

Der norwegische Rechtsterrorist Anders Behring Breivik tötete am 22. Juli 2011 in Oslo und auf Utøya 77 Menschen. In seinem 1516 Seiten umfassenden »Manifest« verklärt der Massenmörder die Fünfzigerjahre in Westeuropa zu einer Zeit der Geborgenheit und Sicherheit. Fünfzig Jahre später, so Breivik, sei das Land »degeneriert« zu einem »Dritte-Welt-Land«, überrollt von Kriminalität, Homosexualität, Lärm, Drogen und Dreck. Schuld daran sei der »Kulturmarxismus«. Dessen Wurzeln sieht Breivik, übereinstimmend mit der Neuen Rechten, bei dem bereits erwähnten Italiener Antonio Gramsci und den intellektuellen Gründern des Frankfurter Instituts für Sozialforschung, das später die Frankfurter Schule bildete: darunter Georg Lukács, Wilhelm Reich, Theodor Adorno, Erich Fromm und Herbert Marcuse. Diese Intellektuellen hätten die »totalitäre Ideologie« des »Kulturmarxismus« begründet, in dem Menschen über »gleiche Bedingungen« verfügten. Dies widerspreche aber, so Breivik, der menschlichen Natur, denn Menschen seien nun mal verschiedenartig. Diese Annahme der Ungleichwertigkeit ist der Kern des rechtsradikalen Denkens. Breivik hetzte antisemitisch gegen den »multikulturalistischen Juden, der die Nation zerstört«.

In eiskalter Folgerichtigkeit seines ideologischen Denkens richtete sich seine mörderische Gewalt gegen Jugendliche und junge Erwachsene eines sozialdemokratischen Jugendcamps: Er behauptete, Europa vor der »Islamisierung« durch den »Kulturmarxismus« retten zu wollen, indem er so viele junge Menschen wie möglich tötete, denen er die Schuld für den von ihm prognostizierten Verfall gibt. Vor Gericht rechtfertigte Breivik seine Taten und bezeichnete sich als »Kommandeur einer antikommunistischen Widerstandsbewegung«. Er lobte den deutschen NSU und prophezeite einen Kulturkampf in Europa. Breivik sagte, er habe die Tat zwar begangen, sei aber keines Verbrechens schuldig, da für ihn das »Notrecht« gelte, schließlich habe er Europa schützen wollen. Breivik wurde als zurechnungsfähiger Terrorist zur Höchststrafe verurteilt – 21 Jahre Haft mit anschließender Sicherheitsverwahrung.

Kontrovers wurde in Norwegen über die Schuldfähigkeit des Rechtsterroristen diskutiert, weil man seine Gedanken und seine Grausamkeit eher für die Ideen eines Wahnsinnigen hielt als für ein politisches Programm. Doch dieser Wahnsinn hat in der radikalen Rechten Methode. Breivik war der erste Neurechte, der diese Ideologie bis zum Massenmord radikalisierte, doch der Hass auf den Islam und Multikulturalismus ist weit verbreitet. Seine Inszenierung als Widerstandskämpfer gegen die angebliche Gefahr des »Kulturmarxismus« findet daher in der radikalen Rechten international Nachahmer. Dazu zählt zum Beispiel der Christchurch-Attentäter, der aus dem gleichen ideologischen Hass im März 2019 einundfünfzig Muslime tötete.

Zahlreiche Videos, Artikel, Beiträge und sogar Bücher aus dem rechten Spektrum beschäftigen sich mit dem »Kulturmarxismus«. Wirklich neu ist die Idee hinter dem rechtsradikalen Kampfbegriff freilich nicht. Die Nationalsozialisten werteten kulturelle, künstlerische und wissenschaftliche Leistungen, die ihrer Ideologie widersprachen und die sie als Indizien für die zunehmende dekadente Verkommenheit ansahen, als »entartet« und als »(jüdischen) Kulturbolschewismus« ab. Die neurechte Rhetorik ist davon nicht weit entfernt. Schon 1943 schrieb der nationalsozialistische Autor Klaus Schickert in seiner Dissertation »Die Judenfrage in Ungarn« über die »Kulturmarxisten« im Umfeld von Georg Lukács.

Wie bei so vielem, was die Neue Rechte als modern und originell verkaufen will, stecken hinter ihren Begriffen meist kläglich restaurierte und verbrämte Elemente des völkischen Antisemitismus und Antiliberalismus des vergangenen Jahrhunderts. Ihre Ideologie ist längst in angeblich moderate Teile des rechten Lagers eingedrungen: Alice Weidel, Vorsitzende der AfD-Bundestagsfraktion, bediente 2018 in einem Gastbeitrag in der *Jungen Freiheit* die strukturell antisemitische Verschwörungserzählung und schrieb: »In Gramscis Gefolge machten sich die Adepten der ›Frankfurter Schule‹ daran [...] die von ihnen als Feind ausgemachte westlich-bürgerliche Kultur zu brechen, um die Grundlage für eine marxistische ›Kulturrevolution‹ zu legen. Diskreditierung der ›bürgerlichen‹ Familie, Früh- und Hypersexualisierung, Genderismus und Multikulturalismus sind die Früchte dieses Kulturmarxismus.«[13]

Auf den Buchmessen tobt der inszenierte Kulturkampf

»Political Correctness und Kultur-Marxismus abschalten« – hinter einem Banner mit dieser Aufschrift versammelten sich bei der Leipziger Buchmesse 2018 führende Vertreter der neuen radikalen Rechten. Schon bei der Frankfurter Buchmesse 2017 marschierten unter anderem Björn Höcke, Götz Kubitschek und Martin Sellner (Identitäre Bewegung) gemeinsam mit Neonazis auf, etwa dem neonazistischen Konzertveranstalter Patrick Schröder. Es kam zu Handgreiflichkeiten, Kubitschek drückte Buchmesse-Direktor Juergen Boos das Megafon weg und ertrotzte sich und seinen Anhängern eine Bühne.

Kein anderer Ort ist für den rechten Kulturkampf so symbolträchtig wie die Buchmessen. Für den zahlenmäßig lächerlich kleinen Kreis neurechter Autoren und Verleger um Kubitschek sind die Messeauftritte Höhepunkte der Selbstdarstellung – stets inmitten einer gigantischen Überzahl der liberalen Geisteswelt. Immer wieder suchen die Neurechten diese Inszenierungen, in denen sie sich als Widerstandskämpfer präsentieren, die wie deutsche Eichen im Unwetter dem Sturm trotzen.

Verstärkt versuchen die Rechten den Kulturkampf auch in die Universitäten zu tragen – aufgrund des Widerstands der Studierenden gegen Rechtsaußen-Veranstaltungen meist mit äußerst geringem Erfolg. Doch immer wieder tragen die Unsicherheit vieler Liberaler, sensationsbegierige Medien und einkalkulierte Gegenaktionen zu Provokationsgewinnen der radikalen Rechten bei. Leitmedien berichten zum Teil unreflektiert über die neurechten Provokationen. Bei der Frankfurter Buchmesse im Jahr 2018 gingen sowohl die *Frankfurter Allgemeine Zeitung* als auch *Die Welt* der Inszenierung von Kubitschek auf den Leim und gaben der rechtsradikalen Selbstdarstellung viel Raum. Wie wichtig Kubitschek diese Erfolge sind, zeigen selbstbeweihräuchernde und die Leitmedien höhnisch verspottende Blog- und Twitterbeiträge. Anstatt Rechtsradikale als diskursfähig zu adeln und sich dafür von ihnen verhöhnen zu lassen, sollten sich wehrhafte Demokraten auf die Worte Erich Kästners besinnen: »Was immer geschieht: Nie dürft ihr so tief sinken, von dem Kakao, durch den man euch zieht, auch noch zu trinken.«

Progressiver Kulturpessimismus

Radikale Kulturkritik, Angst und Pessimismus sind keine reinen Rechtsaußen-Phänomene. Viele Intellektuelle und Künstler, Schriftsteller und Musiker, Nichtregierungsorganisationen und soziale Bewegungen zeichnen ebenfalls düstere Zukunftsszenarien. Linke und Intellektuelle attestieren Entfremdung, Vereinzelung, Beschleunigung. Kritische Theoretikerinnen kritisieren die Gläubigkeit der Aufklärung in die Naturwissenschaften und warnen vor der Entmenschlichung der Gesellschaft durch deren ständig wachsende Technisierung. Die nationalsozialistische Vernichtungspolitik war, so betrachtet, auch eine Folge der technischen Überrationalität. Empathie, Schönheit, künstlerische und philosophische Tiefe drohen demnach seit Jahrzehnten verloren zu gehen.

Die Rap-Band K. I. Z beschreibt in ihrem Lied »Hurra die Welt geht unter« das Leben im herrschaftsfreien und postapokalyptischen Berlin. Das gleichnamige Album der Band stieg 2015 auf Platz eins der deutschen Albumcharts ein und gewann 2017 eine Goldene Schallplatte. Beim Konzert #wirsindmehr gegen die rassistischen Ausschreitungen in Chemnitz sangen zehntausende Nazigegner den Song lautstark mit. Künstler lassen sich vom »Unbehagen in der Kultur« (Freud) inspirieren, sie setzen sich damit kritisch auseinander, indem sie es beschreiben, überzeichnen und ironisieren – und indem sie Wege aus der Vereinzelung eröffnen. Aufgeklärte Kulturkritik treibt sozialen und politischen Wandel an. Der reaktionäre Kulturpessimismus dagegen trauert verloren gegangenen Privilegien und einer alten Harmonie nach, die es nie gab.

Auch die progressive Kulturkritik tendiert zu verbalem Radikalismus, aber immerhin stellt sie diesen in den Dienst der Aufklärung. Und es gibt sie ja, die großen Probleme: Klimawandel, Armut, Gewalt, Krankheiten, Prekarität, Ungleichheit und Ungerechtigkeit sind mess- und beschreibbar und ausgehend von den Werten der Demokratie zu kritisieren. Anders verhält es sich mit der rassistischen »Überfremdungs-« und »Volkstod«-Paranoia, die auf einer antidemokratischen Ideologie beruht. Der rassistische Kulturpessimismus ist reaktionärer und destruktiver Natur, weil seine Ideologie der Ungleichwertigkeit nicht mit demokratischen Prinzipien vereinbar ist. Die in der Vergangenheit imaginierte Harmonie, die in der Wirklichkeit niemals existiert hat, bleibt eine ideologische Sehnsucht.

Schon »immer« hat auch der Markt diese Stimmungen aufgegriffen. Untergangsszenarien sind aus Kino, TV, Netflix & Co. nicht wegzudenken. Niedergangsbeschreibungen und bedrohliche Zukunftsszenarien (Klimakatastrophen, Überbevölkerung, Zombieapokalypse, Ende der Demokratie …) verkaufen sich hervorragend. Die Grünen sind entstanden und erstarkt im Zuge der Angst vor Atomtod und Waldsterben. Die Sorge um den Klimawandel, der den Planeten unwiderruflich verändert, treibt eine große Mehrheit der Bevölkerung um: Eine Emnid-Befragung im Auftrag des *Handelsblattes* vor den Bundestagswahlen 2017 zeigte, dass 71 Prozent die Veränderung des Weltklimas persönlich besonders große Sorgen macht, gefolgt von Kriegen (65 Prozent) und Terroranschlägen (63 Prozent). Erst an sechster

Stelle wurde die »Zuwanderung von Flüchtlingen« (45 Prozent) genannt.

Der Kulturpessimismus und die Zukunftsängste der radikalen Rechten sind weder intellektuell originell noch besonders kreativ. Beunruhigung vor den künftigen Herausforderungen ist nachvollziehbar. Die vierte industrielle Revolution – das Zeitalter der Digitalisierung – ist ein weiterer Faktor der Verunsicherung, der sich zum Beispiel in sozialen Netzwerke zeigt, die die nationalen Grenzen eingerissen und sich der nationalstaatlichen Kontrolle weitgehend entzogen haben. Die militärische Bedrohungslage zwischen der NATO und Russland wächst. Die Folgen der geopolitischen Neuausrichtung und der wachsenden Bedeutung Chinas bergen große Konfliktpotenziale, ebenso wie die neue Rolle der USA unter Trump. Der weitgehend unkontrollierte Finanzmarktkapitalismus und die Zerstörung der Umwelt erfordern massive Veränderungen, um die weltweiten Folgen von Ungleichheit und Klimawandel abzumildern.

Die junge schwedische Klimaaktivistin Greta Thunberg sagte in einer emotionalen Rede auf dem Weltwirtschaftsforum in Davos im Januar 2019: »Ich will eure Hilfe nicht, ich will nicht, dass ihr voller Hoffnung seid. Ich will, dass ihr in Panik geratet, dass ihr die Angst spürt, die ich jeden Tag spüre.« Ohne Zweifel ist ihr Anliegen, die Welt für die Folgen des Klimawandels zu sensibilisieren, wichtig. Weltweit folgen ihr Hunderttausende junge Menschen zu Protesten und Schulstreiks. Empörung und Angst können dazu beitragen, endlich mit der nötigen Entschlossenheit zu handeln – für eine lebenswerte Zukunft für uns und unsere Nachfahren. Aber Angst darf niemals Argumente ersetzen. Ansonsten besteht die Gefahr, dass der Pessimismus zum treibenden Prinzip wird und uns in den Nihilismus führt.

»Bad news are good news«

Schlechte Nachrichten sind gute Nachrichten, weil sie Aufmerksamkeit, Einschaltquote, Klicks und Reaktionen garantieren. Aus der Psychologie ist bekannt: Wir nehmen Negatives oft stärker wahr und setzen uns intensiver damit auseinander als mit Positivem. Die Konzentration auf Negatives kann sich deshalb selbst verstärken und zum Eindruck führen, dass alles schlechter sei, als es tatsächlich der Fall ist. Fachleute sprechen von einem Wahrnehmungsfehler beziehungsweise Negativitätsbias. Aktivisten, Medien und Forschende nutzen diesen Negativitätsbias, um Aufmerksamkeit für ihre Interessen zu wecken. Durch die globale Vernetzung sind negative Schlagzeilen selbst dann in Echtzeit präsent, wenn die auslösenden Ereignisse viele tausend Kilometer entfernt geschehen. Eilmeldungen zur gesunkenen Kindersterblichkeit oder zu Fortschritten bei der Gleichberechtigung erhalten wir dagegen nicht. Wir erliegen diesem Wahrnehmungsfehler, weil sich Aufmerksamkeit mit drastischen Diagnosen besser erzeugen lässt als mit Zuversicht.

Von dieser Irreführung lebt die radikale und populistische Rechte: Hinter dem angeblichen »Mut zur Wahrheit«, den beispielsweise die AfD und das *Compact*-Magazin vor sich hertragen, steht in Wirklichkeit die einseitige Übertreibung von Problemlagen und Dystopien. Fakten, die diese pessimistische Weltsicht stören, werden ausgeblendet und zurückgewiesen. Weil die kommunizierten Botschaften und Verschwörungslegenden so extrem und einseitig sind, aktivieren sie intensive psychologische Reaktionen, die Menschen in ihren Bann ziehen und von der Realität entfremden können. Überdramatisierende Bedrohungsvorstellungen sind der Hauptgrund für das Erstarken von reaktionären politischen Kräften. Psychologen berichten einen stärkeren Negativitätsbias bei politisch rechts eingestellten Personen als bei linksorientierten.[14]

Eine pessimistische Berichterstattung, insbesondere in Verbindung mit bedrohlich wirkenden Sprachbildern wie »Flüchtlingsflut«, ist Wasser auf die Mühlen reaktionärer Kulturpessimisten, die Verunsicherungen anheizen und instrumentalisieren, um das Vertrauen in die Demokratie zu zerstören. Positive Nachrichten, besonders über Minderheiten und polarisierende Themen wie Integration, sind dagegen rar. So ist unsere Fokussierung auf mögliche und unmögliche Bedrohungen selbst zu einer Bedrohung geworden.

Von der Nostalgie zum Pessimismus

Wird die Vergangenheit zum Hort der Harmonie und die Zukunft zu einer Bedrohung verklärt, erscheint die Gegenwart dem Niedergang geweiht. Kein Wunder also, dass die populistische und radikale Rechte davon lebt, immer wieder auf die Idee der Erneuerung früherer Stärke zu rekurrieren – die in Wirklichkeit vor allem die frühere Stärke von Rassismus, Sexismus und Nationalismus meint.

Donald Trumps Wahlkampagne basierte auf nostalgischen Vorstellungen: Make America great *again*. Die Kampagne für den Brexit warb mit Take *back* control und Make Britain great *again*. Die AfD will Deutschland *wieder* stark machen. Populistische und radikale Rechte in der ganzen Welt zeichnen eine angeblich konfliktfreie Vergangenheit, in der die Menschen gleiche Überzeugungen, Normen und Traditionen geteilt hätten. Erst die liberale Demokratie und die Globalisierung hätten den Zusammenhalt zerstört. Soziale Kämpfe und Kriege in allen Epochen zeigen jedoch eindeutig, dass eine solche Einheit nie existiert hat. Zudem ist die Geschichte der westlichen Gesellschaften von rassistischer und sexistischer Ausbeutung und Gewalt geprägt. Reaktionäre, die das Heil in der Vergangenheit suchen, machen sich eine psychologische Tendenz des Erinnerns zunutze: Unser Gedächtnis erinnert sich eher an das Positive als das Negative. Verletzungen und Schmerz werden ausgeblendet, um das Leiden zu mindern. Wer die Vergangenheit politisch verklärt, blendet meist die negativen Seiten des Vergangenen aus.

Die ängstliche Ablehnung des Neuen und die Angst vor dem Untergang gehen Hand in Hand mit dem Festhalten an Vergangenem. Beide Reflexe können für politische Zwecke instrumentalisiert werden. Die posthum veröffentliche Studie *Retrotopia* von Zygmunt Bauman widmet sich der Hinwendung und Idealisierung der Vergangenheit, die rechte Politiker weltweit betreiben.[15] Bauman ist einer der bedeutendsten Soziologen und Erforscher der Moderne in den vergangenen Jahrzehnten. Mit seinem Begriff »Retrotopia« setzt er einen Kontrapunkt zum »Utopie«-Begriff. Retrotopien beziehen

Bauman zufolge ihre Anziehungskraft aus der Hoffnung auf die Versöhnung von Freiheit und Sicherheit und gewinnen häufig nach Revolutionen Zulauf. Mit der Literaturwissenschaftlerin Svetlana Boym weist Bauman auf die Gefahr hin, die tatsächliche Heimat mit einer idealen Heimat zu verwechseln.

»Restaurative« Spielarten der Nostalgie, die sich in den nationalistischen Aufwallungen auf der ganzen Welt zeigen, greifen auf nationale Symbole und Mythen zurück, verbreiten Verschwörungstheorien und betreiben eine »antimoderne Mythologisierung der Geschichte«, so Baumann. Wie diese antimoderne Mythologisierung in Stellung gebracht wird, zeigt der Rechtsaußen-Flügel der AfD um Björn Höcke. Er hat das thüringische Kyffhäuserdenkmal (wieder) zum nationalistischen Kultort erklärt und die Sage des schlafenden Barbarossa als »inspirierenden Mythos« aktiviert. Der Legende nach wartet der durch einen Zauber in Schlaf versetzte Kaiser Friedrich I. (Barbarossa) in einem unterirdischen Schloss im Kyffhäuser auf seine Rückkehr, um wieder Einheit und Ordnung zu schaffen. Entsprechend sehen Reaktionäre ihre Rolle: Lange durch dämonisches Wirken ruhiggestellt, kehren sie mit starker Hand zurück, um endlich wieder mit kaisergleicher Autorität Harmonie zu schaffen und das Chaos der liberalen Demokratie zu beseitigen.

Je unsicherer die Zukunft scheint, desto verlässlicher mutet die Vergangenheit an – auch deshalb, weil man sie, anders als das, was noch kommt, bereits kennt. Die Vergangenheit erscheint entsprechend weniger bedrohlich. Vintage-Möbel und -Mode, historische Dokumentationen, Filme, Serien und Musik aus der eigenen Jugend, das erste Auto: Erinnerung und Wiederentdeckung der Vergangenheit liegen im Trend. Die Werbebranche hat den Wohlfühleffekt der verklärenden Erinnerung ebenso entdeckt wie Designer und Revivalbands. Psychologen an der englischen Universität Southampton erforschen die Ursachen und Folgen von allgemeiner Nostalgie. Psychologieprofessor Tim Wildschut bezeichnet Nostalgie als eine grundlegende menschliche Emotion, die dafür sorgt, dass Menschen sich besser fühlen.[16] Nostalgie kann Untersuchungen zufolge Gefühle von Sinn, Dauerhaftigkeit, Gemeinschaft und Bedeutung stiften und motivierend sein; sie kann aber auch Trauer hervorrufen, weil das Vergangene unwiederbringlich verloren ist.[17]

Der Rückbezug auf vergangene Zeiten ist en vogue, nicht nur bei rückwärtsgewandten Populisten. Eine Studie im Auftrag der Bertelsmann Stiftung berichtete 2018, dass 61 Prozent der Deutschen nostalgisch eingestellt sind und der Aussage zustimmen: »Die Welt war früher ein besserer Ort.«[18] Isabell Hoffmann und Catherine E. de Vries verstehen Nostalgie als einen Mechanismus, der dabei hilft, mit Angst und Unsicherheit umzugehen. Ihre Untersuchung zeigt: Nostalgiker sind im Vergleich zu Nicht-Nostalgikern älter, männlich, wirtschaftlich verunsichert, gehören häufiger zur Arbeiter- oder unteren Mittelklasse und haben keinen oder einen einfachen Schulabschluss. Daten der Nostalgie-Studie der Bertelsmann Stiftung zeigen außerdem, dass Nostalgiker eher zum rechten Rand des politischen Spektrums neigen und sich mehr Sorgen über Einwanderung und Terrorismus machen als Nicht-Nostalgiker.

Die Reaktionären, so der Politikwissenschaftler Mark Lilla, haben entdeckt, dass Nostalgie ein mächtigerer politischer Motivator als die Hoffnung sein kann, weil die Nostalgie nicht zu widerlegen ist.[19] Rechte Autoren wie Uwe Tellkamp arbeiten intensiv mit der nostalgischen Verklärung der Vergangenheit.[20] Mit der Verklärung der alten Zeit geht eine selbstherrliche Verantwortungslosigkeit gegenüber der Zukunft einher – vielleicht ist der aktuelle Kulturpessimismus insbesondere deshalb eine vor allem von älteren Männern getragene Strömung. Was als privater Starrsinn mitunter kauzig oder skurril wirkt, ist als politische Ideologie gefährlich.

Es liegt in der Psychologie der Menschen, Veränderungen oft zunächst als potenzielle Bedrohung wahrzunehmen. Das trifft auch für neue kulturelle Normen und abweichende Vorstellungen von Gesellschaft zu. Als »Juvenioa« (die Paranoia vor und um die Jugend) bezeichnet der US-amerikanische Soziologe David Finkelhor den in allen Zeitaltern feststellbaren Effekt der übertriebenen Angst der älteren Generationen vor den Dingen, die Kinder und Jugendliche beeinflussen. *Die Welt* berichtete von 4000 Jahre alten Steintafeln, auf denen in der ersten Schrift der Menschheit angeblich eine heruntergekommene Jugend und das nahe Ende der Welt beklagt werden.[21] Die jahrtausendalte Geschichte von Weltuntergangserzählungen und Panik angesichts des Neuen hat etwas Beruhigendes: Sie ist der deutlichste empirische Beweis dafür, dass die Welt nicht untergeht und Veränderungen nicht per se negativ sind.

Unser evolutionäres Erbe hindert uns jedoch oft daran, diese Fakten anzuerkennen. Die Sorge und Kritik an der Jugend sind Konstanten menschlicher Gesellschaften, die mit der Schwierigkeit einhergehen, sich ein anderes Leben (und eine andere Gesellschaft) vorstellen zu können als das selbst erfahrene. Normen, Lebensentwürfe und Verhaltensweisen, die junge Menschen gestalten und sich von den Normen, Lebensentwürfen und Verhaltensweisen der Älteren unterscheiden, werden als Bedrohung für die Zukunft und das eigene Wertsystem wahrgenommen. Auch dass reaktionäre Demagogen diese normalen Spannungen zwischen Jung und Alt zu radikalisieren versuchen, ist wahrscheinlich so alt wie die Nostalgie selbst.

Völkische ohne Jugend

Die heutige Jugend ist nicht »schlechter« oder weniger demokratisch als frühere Generationen. Vielmehr erleben wir eine zunehmende Politisierung vieler junger Menschen, die sich ihre Zukunft nicht nehmen lassen wollen. Verglichen mit den Umwelt- und Antifa-Bewegungen ist die radikale Rechte eine Seniorenkaffeefahrt. Eine rechtsradikale Jugendbewegung, die diesen Namen verdient, ist nicht in Sicht. Auf Rechtsrockkonzerten und Demos tummeln sich Ü40-Nazis aus der Generation der NSU-Terroristen der Neunzigerjahre.

Die rechtsradikale Identitäre Bewegung inszeniert sich als Jugendbewegung, in Wirklichkeit ist sie aber ein mitgliederarmer, hierarchisch organisierter Verein mit moderner Medienarbeit. Wenn die Identitäre Bewegung irgendwo in Deutschland Aktionen verwirklicht, reisen ihre Kader dazu aus Rostock, Halle oder sogar aus Österreich an – vor Ort fehlt ihnen schlicht die Basis. Ihre wenigen Aktivitäten finden Aufmerksamkeit, weil die Ablehnung, Empörung und Sensibilität gegen ihren Rassismus so groß ist. Dieses Outsider-Image nutzt die Identitäre Bewegung zur Eigenvermarktung. Für den demokratischen Fortschritt sind sie, wie die AfD, als Negativbeispiel sogar in gewissem Maße funktional. Denn an ihrem Beispiel können reaktionäre und menschenfeindliche Tendenzen problematisiert werden, die auch in der bürgerlichen Mitte verbreitet sind. Zu den Demonstrationen der Identitären kommen nur wenige Hundert Teilnehmende, darunter viele Neonazis und Pegida-Gänger. Überschneidungen der Identitären Bewegung zu anderen rechtsradikalen Zusammenschlüssen wie Ein Prozent und dem Institut für Staatspolitik oder zum Umfeld der AfD sind so groß, dass man sie kaum auseinanderhalten kann. Die Anhänger der Identitären Bewegung führen einen Kulturkampf um die Jugend: Schleichend sollen ihre rassistischen Vorstellungen in die Mitte einsickern, zum Beispiel mit der Musik des rechtsradikalen Rappers Komplott. Aber die Scheinriesen ohne Massenbasis verlieren den Kulturkampf jeden Tag. Denn von München über Dessau bis nach Greifswald feiern Zehntausende die Antifaschisten von Feine Sahne Fischfilet, während Komplott kaum einen Auftrittsort findet. Jede Provokation der Rechten löst eine Welle der Gegenwehr aus, die den jahrzehntelangen Mantel des Schweigens über die pathologische Normalität des Rassismus in Deutschland zerreißt.

Die jungen Rechtsradikalen der Identitären und der Neonazibanden sind allein nicht in der Lage, die parlamentarische Demokratie infrage zu stellen. Trotzdem gehen von ihnen ein bedrohliches Gewaltpotenzial und die Gefahr der schleichenden Verankerung in rechtsoffenen Jugendmilieus aus. Außerdem dienen sie im Gesamtmosaik der radikalen Rechten als Vollstrecker – bis zum gewaltsamen Umsturz. In einigen Regionen, wie Cottbus oder Dortmund, bedrohen rechtsradikale Banden das friedliche Zusammenleben im Alltag. Eltern verlieren ihre Kinder in die Fänge dieser menschenfeindlichen Gruppen – wo sich die jungen Rechtsradikalen dann ihre Zukunft verbauen.

Ihr modernisiertes Auftreten und die ethnopluralistische Onlinepropaganda irritiert Journalistinnen, Pädagogen und Polizistinnen. Dagegen hilft nur mühselige Aufklärungsarbeit. Vor allem Menschen, die rassistisch diskriminiert oder von Rechtsradikalen als politische Feinde bekämpft werden, brauchen den Schutz und die Solidarität von Staat und Gesellschaft. Gerade im Jugendbereich sind die Sensibilität und die Vielfalt von Projekten gegen Rassismus und Rechtsradikalismus mittlerweile groß. Doch noch vor zwanzig Jahren wurde in der Politik und in Teilen der Sozialen Arbeit darauf gesetzt, rechtsradikale Jugendliche zu akzeptieren und zu integrieren. Tödliche Gewalt bis zum rechtsterroristischen NSU waren das Ergebnis der falsch verstandenen Toleranz. Seitdem werden die Themen der radikalen Rechten vielfach präventiv bearbeitet und radikalisierte Rechte ausgeschlossen. Auch deswegen ist die Jugend heute weltoffener und widerstandsfähiger gegen reaktionäres Denken.

Es gilt, den Kurs der klaren Kante beizubehalten und die Instrumente für die neuen Formen des Rechtsradikalismus zu schärfen. Insbesondere außerhalb der großen Städte: Die meist ländlichen Regionen, in denen Rechtsradikale den Ton angeben, brauchen deutlich mehr Unterstützung aus Gesellschaft und Politik, um dem Druck standzuhalten. Indes können Westdeutsche von den intensiveren ostdeutschen Erfahrungen im Umgang mit Demokratiefeinden lernen. Insgesamt kommt die Gefahr von rechts außen weniger aus randständigen Jugendszenen – sie kommt vor allem aus der sogenannten bürgerlichen Mitte.

Die neuen Propheten des Untergangs

Auch zentrale Impulsgeber der neuen Welle des Kulturpessimismus stammen aus der politischen Mitte: Thilo Sarrazin ist – trotz Parteiausschlussverfahren – immer noch SPD-Mitglied. Rainer Wendt, Verfasser diverser sicherheitspolitischer Niedergangsbeschreibungen in Buchform (*Deutschland in Gefahr* und *Deutschland wird abgehängt*) und in den Medien (»Der Rechtsstaat in Deutschland versagt«), ist Bundesvorsitzender der Deutschen Polizeigewerkschaft (DPolG). Stichworte von solch einflussreichen Personen nehmen radikale Rechte gern auf.

In Zeitschriftenläden findet sich eine Monatszeitschrift, die sich vor allem aus empörten Verschwörungs- und Untergangstheorien, Umsturzfantasien und Rassismus speist: das *Compact*-Magazin des früher radikal linken und heute radikal rechten Chefredakteurs Jürgen Elsässer. Anders als die intellektuellen Periodika der Neuen Rechten zielt *Compact* nicht auf die intellektuelle Avantgarde, sondern auf die »einfachen Bürger« – mit polemisierenden, kurzen Texten und mit Videos und Konferenzen, häufig mit Politikern der AfD. Das Magazin hat es sich zur Aufgabe gemacht, die zivilen Grundlagen der liberalen Demokratie durch extreme Thesen und Verschwörungserzählungen zu delegitimieren. Es verwischt die Grenzen zwischen rechts und links und arbeitet daran, größtmögliches Misstrauen zu säen. Beabsichtigt wird, die ideelle Krise zu verstärken, die eines Tages den Umsturz ermöglichen soll.

Der nordrhein-westfälische AfD-Politiker und Autor Ralf Nienaber schreibt über den »geplante[n] Untergang: Wie Merkel und ihre Macher Deutschland zerstören«. Verschwörungstheoretiker wie Oliver Janich kennen »die dunklen Pläne der Elite« und wissen, wie Peter Orzechowski, durch Hellseher und »alternative Fakten«, dass die Welt am »Vorabend des Dritten Weltkriegs« steht. Viele der Verschwörungs- und Untergangsbücher erscheinen im rechten Kopp-Verlag, der populistische Angstmache, Kulturpessimismus und Verschwörungsideologien schon vor Jahren als Gelddruckmaschine für sich entdeckt hat. Die Angstindustrie brummt, etwa 10 Millionen Euro Umsatz soll der Verlag aus Baden-Württemberg jährlich generieren.[22]

Vorbereitungen für die Apokalypse

Der Kopp-Verlag verdient sein Geld auch mit Handbüchern zur legalen Bewaffnung, zur Gründung von Bürgerwehren und zum »Preppen« (engl. *prepare* – vorbereiten): »Warum Sie sich dringend auf einen Blackout vorbereiten sollten«, heißt es im Werbetext für das Buch *Bedrohung Blackout*. Prepper gehen von einer künftigen Katastrophe oder Krise aus, auf die sie sich mit unterschiedlichen Maßnahmen vorbereiten: Wasseraufbereitung, Anlegen von Vorräten und Depots, aber auch Selbstverteidigung und Bewaffnung bis zur Planung des paramilitärischen politischen Umsturzes.

In den USA und in Europa verbreitet sich das Prepping seit der Wirtschafts- und Finanzmarktkrise 2007. Wie groß der Anteil der rechtsradikalen Kulturpessimisten unter den Preppern ist, ist unklar – im Untergangsdenken, im Misstrauen gegenüber dem Staat und in der Neigung zu Verschwörungserzählungen bestehen jedenfalls zahlreiche Schnittpunkte. Der Kopp-Verlag verdient an der Angstmache doppelt, weil er neben Niedergangsbeschreibungen und Handbüchern auch Langzeitlebensmittel und anderes Prepper-Zubehör vertreibt. Die Methode hat System: Erst werden Probleme beschworen, für die dann Lösungen zum Kauf angeboten werden.

Politisch profitiert von dem ideellen Vakuum, das nach den Krisen seit 2007 eingetreten ist, die AfD am stärksten. Doch auch andere Fanatiker und Querköpfe sind aus ihren Nischen gekrochen. Sie tummeln sich im Internet, vertiefen sich in Konspirations- und Untergangsfantasien und entwickeln virtuelle ideologische Subkulturen, die in die reale Welt zurückwirken. Dazu gehören die sogenannten Reichsbürger, die die Legitimität der Bundesrepublik leugnen, die Fortexistenz des Deutschen Reiches erklären und ihre eigene Souveränität behaupten. Diese Reichsbürger gibt es im rechtsradikalen Spektrum schon länger, aber erst im Zuge verbreiteter Orientierungsunsicherheit haben sie in den vergangenen Jahren an Zulauf gewonnen. In den USA gilt das dortige Äquivalent, die *Sovereign Citizens*, als größte terroristische Gefahr.

Reichsbürger und Souveränisten gründen pseudostaatliche Fantasiegebilde und entwickeln Ansätze autarker Selbstorganisation – mit eigenen Krankenkassen, Währungen, Personalausweisen oder Nummernschildern. In den Augen dieser Menschen handelt es sich dabei um nachhaltige Alternativen zur angeblich illegitimen Bundesrepublik, die dem Untergang geweiht sei. Erst seit den tödlichen Schüssen eines Souveränisten auf Polizeibeamte im mittelfränkischen Georgensgmünd im Jahr 2016 wird das Spektrum auch in Deutschland ernster genommen und nicht mehr als Spinnerei verharmlost. Das Gewaltpotenzial ist erheblich, denn Hunderte behördlich erfasste Reichsbürger dürfen legal scharfe Waffen besitzen. In den Augen dieser Menschen ist es legitim, ihre Souveränität militant gegen den deutschen Staat zu »verteidigen« – und die Bundesrepublik somit zum Aggressor zu erklären. Die Gründung von Bürgerwehren (zum Beispiel das Deutsche Polizei Hilfswerk) und die bewaffnete »Verteidigung« des eigenen Lands vor staatlichen Zugriffen wird als angemessenes Mittel des »Widerstands« gegen die als illegitim begriffene Staatsmacht betrachtet.

Auch einige Prepper, die sich auf eine aus ihrer Sicht unvermeidliche Katastrophe am »Tag X« vorbereiten, legen Waffendepots an. Die Prepper-Szene ist nicht im Kern rechtsradikal, weist aber verschiedene ideologische und strukturelle Überschneidungspunkte mit der radikalen Rechten auf. Es besteht die Gefahr, dass einzelne Reichsbürger, Prepper oder rechtsradikale Untergangsparanoiker eines Tages eskalieren und Aktionen lancieren, um den prognostizierten Ernstfall durch Gewalttaten selbst herbeizuführen.

Untergangswahn und rechter Terror

Der Anschlag im neuseeländischen Christchurch am 15. März 2019 schockierte die ganze Welt. Es ist ein besonders schwerer Fall von Rechtsterrorismus, bei dem rassistischer Pessimismus und Hass auf Muslime beziehungsweise auf die westliche Demokratie das ideologische Motiv bilden. Der Massenmörder von Christchurch, Brenton Tarrant, war maßgeblich inspiriert von der neurechten Propaganda aus Europa und von Terroristen wie Anders Breivik. Das von Tarrant verfasste »Manifest« trägt den Titel »Der große Austausch« (»The great Replacement«). Die Behauptung des Austauschs europäischer Völker durch angeblich minderwertige Muslime ist die zentrale Diagnose der Neuen Rechten in Europa und wird auch von AfD-Politikern vertreten. Häufig werden Juden als Drahtzieher hinter der angeblichen Konspiration vermutet. »Es sind die Geburtsraten«, schreibt der erklärte Rassist und Faschist Tarrant mehrfach, um den Feldzug zu begründen, auf dem er sich gemeinsam mit rechten populistischen und nationalistischen Bewegungen sieht.

Die politische Ideologie, die den Täter in Christchurch motiviert hat, ist die gemeinsame Agenda der internationalen radikalen Rechten – und zwar schon seit über hundert Jahren. Diese Ideologie verbreitet sich heute vor allem über diverse Plattformen im Internet. Der Kern des rassistischen Kulturpessimismus bleibt indes immer der gleiche. Anzeichen für den Zerfall der Gesellschaft sieht Tarrant besonders in der ethnischen, kulturellen und »rassischen« Vermischung, die für ihn identisch sind. Tarrants Vorbilder sind rassistische Pessimisten, die aus ähnlichen Überzeugungen schlimme Gewalttaten verübt haben, vor allem in Europa und in den USA. Wie schon für Spengler, Hitler und Breivik ist für Tarrant der Liberalismus ein Hort des Niedergangs. Neben antimuslimischer Untergangsparanoia, Täter-Opfer-Umkehr und Buzzwörtern aus der rechtsradikalen Onlinesubkultur findet sich im Manifest des Täters auch eine Kampfansage an Demokraten, Konservative und die liberale westliche Kultur: Der Täter will mit seinen Taten dazu beitragen, »den gegenwärtigen nihilistischen, hedonistischen, individualistischen Wahnsinn zu zerstören, der die Kontrolle des westlichen Denkens ergriffen hat«. Der Rechtsterrorist Tarrant dreht an der Eskalationsspirale, indem er sich als Rächer inszeniert, der Vergeltung für islamistische Anschläge in Europa verübt. Doch mit seinen angeblichen islamistischen Feinden hat diese Form des Rechtsterrorismus mehr gemeinsam, als sie trennt. Abu Bakr Al-Bagdadi, der Chef des sogenannten »Islamischen Staats« (IS), bezeichnete die islamistischen Oster-Anschläge in Sri Lanka mit mindestens 250 Todesopfern als Akt der Vergeltung für die Zerschlagung des von den Islamisten ausgerufenen »Kalifats« in Syrien. Die Demokratiefeinde putschen sich gegenseitig auf. Sowohl rechten als auch islamistischen Gewalttätern geht es darum, Angst und Schrecken zu verbreiten, Nachahmer zu mobilisieren und die Spannungen in der liberalen Demokratie bis zu ihrer Selbstzerstörung zu steigern. Es geht um Radikalisierung und Eskalation, um den ausbleibenden Zerfall der Demokratie mit Hass und Gewalt selbst herbeizuführen.

Immer wieder zeigt sich, wie Gewalttäter Fortschrittsfeindlichkeit und kulturelle Untergangsfantasien radikalisieren und damit Anschläge rechtfertigen. Die Behauptung einer jüdischen Weltverschwörung gegen deutsche Interessen führte die Nationalsozialisten zu Massenvernichtung und Weltkrieg. Der Antisemitismusforscher Samuel Salzborn zeigt: Der Hass auf den »dekadenten«, freiheitlichen Westen, auf die Moderne und den Liberalismus vereint Islamisten, Rechtsradikale und linke Antiimperialisten.[1] Diese angeblichen »Grundübel« werden in allen politischen Lagern als jüdisch codiert. Darum ist der Antisemitismus eine zentrale »Integrationsideologie« und ein Wesenswerkmal der radikalen Rechten – allen taktischen Distanzierungen zum Trotz.

Immer wieder rechtfertigen Personen und Gruppen Gewalt mit kultureller und rassistischer Zukunftsparanoia. Der Historiker Arthur L. Herman weist auf den »Unabomber« hin, der zwischen 1978 und 1995 in den USA drei Menschen tötete und 23 verletzte. In seinem »Manifest« »Die Industriegesellschaft und ihre Zukunft« führte er »buchstäblich jeden pessimistischen Gedanken über die Zukunft der modernen Gesellschaft an, der in den letzten Jahrzehnten geäußert worden ist«. Der amerikanische Sektenführer Charles Manson war der Überzeugung, ein »Rassenkrieg« stünde bevor, den die Afroamerikaner gewinnen und in dessen Folge die Weißen vernichtet würden. Weil der Krieg aber nicht kam, wollte er ihn durch die Ermordung von Mitgliedern der weißen Oberschicht selbst auslösen. Die Mitglieder seiner rassistischen Sekte töteten 1969 auf seinen Befehl hin sieben Menschen. Er hoffte, die weiße Öffentlichkeit würde Afroamerikanern die Schuld geben und dann den rassistischen Bürgerkrieg beginnen.

Der norwegische Rechtsterrorist Anders Behring Breivik sah 2011 die Ermordung von 77 Menschen als notwendigen Akt gegen die angeblich drohende »Islamisierung«. Der NSU tötete in Deutschland zehn Menschen und verletzte viele weitere für das rassistisch begründete Ziel des »Erhalts der deutschen Nation«, wie es im Bekennervideo der Terroristen heißt. Die 2013 gegründete amerikanische Terrorgruppe »Atomwaffen Division« wollte Krieg und Apokalypse auslösen – fünf Menschen starben. Die Gruppe warb auch in Deutschland um Nachahmer. Frank S., der im Oktober 2015 in Köln die Politikerin Henriette Reker und vier weitere Personen bei einem Messerangriff zum Teil schwer verletzte, bezeichnete sich selbst als »wertkonservativen Rebell«, der ein Zeichen gegen die Flüchtlingspolitik setzen wollte.[2] Ein 39-jähriger Finanzbeamter zündete 2015 in Escheburg in Schleswig-Holstein eine geplante Asylunterkunft an, um, wie er sagte, Frauen und Kinder vor den sechs Männern zu schützen, die in die Unterkunft einziehen sollten.[3] Die rechtsterroristische Bürgerwehr Freital stellte sich 2015 als Kraft dar, die Ordnung und Sicherheit gegen die angebliche Bedrohung durch Geflüchtete schafft – und verübte zum Teil lebensbedrohliche Anschläge. David Sonboly tötete neun Menschen aus Einwanderer- oder Sintifamilien in München am fünften Jahrestag der Anschläge von Breivik. Der Täter, ein junger Mann aus einer iranischen Einwandererfamilie, war rassistisch eingestellt und Anhänger der AfD. Geflüchtete und Menschen aus Einwandererfamilien waren für ihn eine Bedrohung für die Zukunft des Landes.[4] In Dresden legte ein Pegida-Aktivist 2016 Bomben an einer Moschee und einem Kongresszentrum ab, in dem die zentralen Einheitsfeierlichkeiten veranstaltet wurden. Oberleutnant Franco Albrecht steht unter Terrorverdacht, weil er »unter falscher Flagge« staatsgefährdende Anschläge auf Politiker und Menschenrechtsaktivistinnen geplant haben soll. Für die Taten wollte er radikale Islamisten verantwortlich machen, um ethnische Konflikte anzustacheln.[5] Über ihn ist 2018 das rechtsradikale Netzwerk Hannibal ans Tageslicht gekommen, das sich nach Recherchen der *taz* auf den »Tag X« vorbereitet und unter anderem die Tötung linker Aktivisten und Politiker geplant haben soll.[6] Hannibal soll bestens in der Bundeswehr und anderen staatlichen Behörden vernetzt sein. In der Nacht des Jahreswechsels 2018/19 fuhr ein Fünfzigjähriger in Bottrop und Essen in Menschenmengen, eine Syrerin wurde schwer verletzt. In der polizeilichen Vernehmung sagte der Beschuldigte, die vielen Ausländer in Deutschland seien ein Problem und er habe mit seiner Tat Anschlägen durch Geflüchtete zuvorkommen wollen – seine Tat und die Opferauswahl waren klar rassistisch motiviert.

Es ließen sich zahlreiche weitere Beispiele anführen, die zeigen, wie rechtsradikale Terroristen und Gewalttäter sich in einer Mission gegen drohendes Unheil dazu berechtigt sehen, Gewalt anzuwenden. Der Druck, gegen die angebliche Bedrohung endlich zur Tat zu schreiten, wird durch politische Stichwortgeber geschürt. Seit 2014 ist die Zahl solcher Gewalttaten in Deutschland massiv gestiegen, was den Schluss zulässt, dass das Erstarken der parlamentarischen radikalen Rechten mit einem Anstieg rechter Gewalt einhergeht. Wer mit rechtsradikalem Gedankengut sympathisiert, billigt eher die Anwendung von Gewalt, wie Analysen der Universität Bielefeld zeigen.[7] Und der Politologe Claus Leggewie stellt fest, dass neurechte Kreise sich mit der Frage beschäftigen, ob der Schritt in den »gewalttätigen Volksaufstand zu wagen wäre«[8]. Die Ermordung des CDU-Politikers Walter Lübcke im Juni 2019 durch einen rechtsradikalen Attentäter ist auch ein Resultat dieser Radikalisierungsprozesse.

Zu der Verrohung tragen politische Debatten bei: Menschenfeindliche und apokalyptische Darstellungen aus der Politik und in den Medien unterstützen die Annahme, dass Menschen aus Einwandererfamilien und Befürworter einer offenen Gesellschaft eine Bedrohung und somit erlaubte Ziele für rassistische »Notwehr« seien. Die populistische und radikale Rechte schafft ein Klima, in dem Gewalttäter ihre Taten als erlaubt wahrnehmen. Um ihren gemeinsamen Zielen näher zu kommen, gehen gewalttätige und nicht-gewalttätige Rechtsradikale arbeitsteilig vor: In Medien und Parlamenten werden Ideologien verbreitet und Stimmungen erzeugt, die Gewalt als Ultima Ratio wahrscheinlicher machen und Gewalt zugleich als völkische Selbstverteidigung umdeuten. Wieder ist das Muster der Täter-Opfer-Umkehr gut zu erkennen: Die Opfer werden als Bedrohung dargestellt, gegen die Gewalt nötig sei, um eine künftige Katastrophe zu verhindern. Ob nun offen gewalttätig oder betont gewaltlose Rechtsradikale: Die gemeinsamen Ziele lauten rassistische Segregation und Umsturz der liberalen Demokratie. Diese Ziele laufen zwangsläufig auf Gewalt hinaus: vor oder nach einer Machtergreifung.

Hasskriminalität: mit Gewalt eingetriebene Spaltkeile

Mit den Ausschreitungen in Chemnitz ist die rechte Gewalt mal wieder zu einem öffentlichen Thema geworden. Doch jenseits von Großereignissen sind tätliche Angriffe auf Minderheiten oder angebliche politische Gegner in Deutschland alltäglich. Diese Normalität ist der eigentliche Skandal. Solche Taten, die sich aufgrund einer spezifischen Gruppenzugehörigkeit gegen Personen richten, werden als Hasskriminalität (engl. *hate crime*) bezeichnet. Der Begriff Hass ist eigentlich irreführend, weil in diesem Kontext nicht die Emotion des Hasses im Vordergrund steht, sondern die verallgemeinerte Abneigung gegen ganze soziale Gruppen – zum Beispiel Juden, Muslime, homosexuelle oder behinderte Menschen.[9] In der Sozialforschung wird daher auch der Begriff »Vorurteilskriminalität« verwendet.

Das Bundesinnenministerium hat im Jahr 2017 7913 und im Jahr 2018 8113 Fälle von Hasskriminalität registriert.[10] Das Dunkelfeld der nicht angezeigten Fälle oder der fälschlich nicht als Hasskriminalität eingestuften Taten ist viel größer: Im Jahr 2017 befragte das Bundeskriminalamt mehr als 31 000 Deutsche in einer repräsentativen Erhebung zu ihren Kriminalitätserfahrungen. Die Ergebnisse sind erschreckend. Insgesamt berichtet die BKA-Studie 2017 bundesweit 22,9 Fälle vorurteilsgeleiteter Körperverletzungen pro 1000 Einwohner. Fast bei der Hälfte aller Körperverletzungen (insgesamt 48,6 Fälle pro 1000 Einwohner) spielten aus Sicht der Opfer also Vorurteile eine Rolle.

Ein einfaches Rechenbeispiel mit den BKA-Zahlen veranschaulicht das wahrscheinliche Ausmaß der Verbreitung rassistischer Hasskriminalität und das Erfassungsdefizit in Deutschland: Überschlägt man die entsprechenden Häufigkeiten der repräsentativen BKA-Studie für das Diskriminierungsmerkmal Hautfarbe für die Bevölkerung ab sechzehn Jahren (3,5 Körperverletzungen pro 1000 Einwohner), dann ergeben sich für 2017 etwa 248 000 rassistisch motivierte Körperverletzungen. Zum Vergleich: Das Bundesinnenministerium meldete 2017 bundesweit nur 158 rassistische Gewalttaten. Das Ausmaß der in der BKA-Studie von Betroffenen angegebenen rassistischen Gewalt ist demnach 1557-mal so groß wie die Gewaltzahlen in der polizeilichen Statistik. Und das selbst dann, wenn Rassismus eng definiert wird und darunter nur die Fälle zählen, die sich gegen die Hautfarbe von Menschen richten und nicht noch zusätzlich Zuschreibungen zu Herkunft oder Religion berücksichtigt werden, die in der Realität häufig rassistisch aufgeladen sind. Doch belastbare Zahlen von unabhängigen Stellen für die gesamte Bundesrepublik gibt es nicht, da in Westdeutschland entsprechende Beratungsangebote fehlen.[11]

Klar ist: Weder die polizeiliche Statistik noch die Erfassung der unabhängigen Beratungsstellen bildet das tatsächliche (hier rassistische) Gewaltproblem auch nur annähernd korrekt ab. Längst nicht alle Gewalttäter verfolgen eine offensichtliche politische Motivation oder gar Strategie. Es ist vielfach bewiesen, dass rechtsradikale Gewalttäter meist keine gefestigte Ideologie im Sinne des Nationalsozialismus vertreten – ähnlich wie bei islamistischen Attentätern, die nur selten stark religiös gebildet sind. Häufig finden latente Menschenfeindlichkeit, Gewaltaffinität und Ohnmachtsgefühle gegenüber bedrohlich erscheinenden Situationen oder Entwicklungen im Rechtsradikalismus (oder im Islamismus) eine ideologische Aufladung. Menschen können sich und ihre Aggressionen aufwerten, wenn ihre Gewalttaten nicht als sinnlos und destruktiv erscheinen, sondern als bedeutsamer Beitrag für die Abwehr von Katastrophen und die Verteidigung von Privilegien. Rassistisches Denken geht einher mit Überlegenheitsgefühlen und liefert zugleich Sündenböcke, also Zielscheiben, deren Verletzung oder gar Tötung als gerechtfertigt angesehen wird.

Oft werden Straf- und Gewalttaten gegen Minderheiten in Deutschland von den Behörden nicht als Hasskriminalität erfasst. Viel zu wenig Betroffene erstatten Anzeige, zugleich mangelt es in Behörden immer noch am notwendigen Verständnis und der nötigen Sensibilität. Die Perspektive von Opfern und ihren Gemeinschaften gerät oft ebenso aus dem Blick wie die Botschaft, die beispielsweise rassistische Taten in die Gesellschaft senden. Das Besondere an Hasskriminalität ist neben der Tatmotivation nämlich vor allem der Botschaftscharakter. Menschen werden nicht als Individuen, sondern als Vertreter einer diskriminierten Minderheit angegriffen. Die Opfer sind als Personen – innerhalb ihrer zugeschriebenen Gruppenzugehörigkeit – austauschbar. Diese Deindividualisierung widerspricht dem Prinzip der Menschenwürde. Internationale Studien zeigen, dass Betroffene von Vorurteilskriminalität stärker leiden als Kriminalitätsopfer, bei deren Kriminalitätserfahrung Vorurteile keine Rolle gespielt haben. Eine umfangreiche Untersuchung von Kriminalitätsopfern durch das Kriminologische Forschungsinstitut Niedersachsen und die Landeskriminalämter Schleswig-Holstein und Niedersachsen aus dem Jahr 2017 zeigt: Opfer von Vorurteilskriminalität berichten ein deutlich geringeres raumbezogenes Sicherheitsgefühl, höhere Kriminalitätsfurcht, höhere Risikoeinschätzung und ein stärkeres Vermeidungs- und Schutzverhalten als Opfer »normaler« Kriminalität und Menschen ohne Kriminalitätserfahrung.[12] Sie vertrauen außerdem der Polizei weniger. Vorurteilskriminalität wirkt wie ein lang anhaltendes Gift, weit über das direkt betroffene Opfer hinaus.

Studien meiner Kollegin Janine Dieckmann und meines Kollegen Daniel Geschke belegen die negativen Folgen von Diskriminierung und Hasskriminalität für die Gesundheit.[13] Die durch die Tat ausgesendete Botschaft führt dazu, dass sich die Angst vor vorurteilsgeleiteten Angriffen in der gesamten Gruppe ausbreitet. Die Sozialforschung beschreibt diese Wirkung von Hasskriminalität als *in terrorem effect* – wie bei terroristischen Anschlägen geht es darum, Angst zu verbreiten.[14] Hasskriminalität markiert und verstärkt öffentlich die (unterstellte) Verschiedenheit. Dadurch wird ein Keil zwischen die markierte Gruppe und den Rest der Gesellschaft getrieben. Den gewaltsamen Kulturkampf, den

die Rechten vorhersagen, treiben sie durch Hassgewa
selbst voran und radikalisieren ihn Schritt für Schritt.

In Deutschland entscheiden die Polizeibeamten, die
einen Fall aufnehmen, ob er als Hasskriminalität eingeordnet wird oder nicht. Diese Deutungshoheit ist problematisch, zumal in Aus- und Weiterbildung keine an-
gemessene Sensibilisierung für die Bedeutung und den
Hintergrund von Hassdelikten erfolgt. In anderen Ein-
wanderungsländern, zum Beispiel in Großbritannien,
hat dagegen die Perspektive der Opfer einen großen
Einfluss auf die Einordnung von vorurteilsgeleiteten
Straftaten: Wenn die Betroffenen den Eindruck haben,
dass eine Tat aufgrund gruppenbezogener Vorurteile begangen wurde, wird dies berücksichtigt.[15] Dadurch gibt
es eine größere Sensibilität für Diskriminierung – und
betroffene Menschen können stärkeres Vertrauen in Behörden entwickeln und sich vom Staat ernst genommen
fühlen. Die besondere Verfolgung von Hassverbrechen
ist ein wichtiger Grundpfeiler des Zusammenlebens in
vielfältigen Gesellschaften. Sensibilität gegenüber Diskriminierung, Abschreckung gegenüber potenziellen Tätern und solidarische Zeichen der Gesellschaft an dis-
kriminierte Gruppen sind wichtig. Deutschland beginnt
erst langsam zu verstehen, wie wichtig der staatliche
Schutz von Minderheiten für das Vertrauen in das Ge-
meinwesen und den gesellschaftlichen Zusammenhalt
ist. Im Vergleich zu traditionellen Einwanderungslän-
dern wie Kanada oder Großbritannien ist Deutschland
in Antidiskriminierungsmaßnahmen noch ein Entwick-
lungsland.

Vorurteile untergraben die Demokratie

Ob eine Tat ein Hassdelikt ist oder nicht, lässt sich gewöhnlich mit einer einfachen Gegenprobe prüfen: Wäre das Opfer einer Tat auch dann zum Opfer geworden, wenn es nicht bestimmte Merkmale hätte – etwa eine Behinderung, die Hautfarbe, ethnische Herkunft, Religion oder eine bestimmte geschlechtliche Identität? Ist das nicht der Fall, dann war die Tat mit großer Wahrscheinlichkeit Hasskriminalität. Der Mehrfachmörder David Sonboly erschoss 2016 in München nur People of color – weiße Menschen ließ er leben. Auch der Auto-Attentäter in Bottrop steuerte in der Silvesternacht 2018/19 mit seinem Wagen nur auf nicht-weiße Menschen zu. Beide Täter haben psychologische Krankheitsgeschichten, aber es gibt keine Krankheit, die dazu führt, ausgerechnet Menschen mit dunklerer Haut verletzen oder töten zu wollen. Bildhaft könnte man allenfalls von einer kollektiven Pathologie des Rassismus sprechen. Dieser Rassismus entsteht in der Gesellschaft, nicht durch Krankheiten. Die Taten sind gesellschaftspolitisch bedeutsam, weil sie entlang ethnischer Kategorien verlaufen und Botschaften des Ausschlusses und der Drohung senden.

Wirkung und Ziel von Hasskriminalität ist es, die Unterdrückung von Minderheiten aufrechtzuerhalten. Die Demonstration der Verletzbarkeit und der oftmals fehlenden Unterstützung sind gleichbedeutend mit Erniedrigungen und praktizierter Ausgrenzung. Schwache Gruppen sollen gefälligst schwach bleiben oder am besten ganz verschwinden – so der dahinterstehende

Herrschaftsmechanismus. Darum ist Hasskriminalit
immer ein Angriff auf die Demokratie. Wer diskrim.
niert wird und von der Angst begleitet ist, (erneut) zum
Opfer von Gewalt zu werden, hat eine schlechtere Aus-
gangsposition und geringere soziale Möglichkeiten, um
als Gleicher unter Gleichen angesehen zu werden und
im Wettbewerb um Anerkennungspositionen gerechte
Chancen zu haben. Viele Menschen starten aufgrund
der Vorurteile anderer mit einigen Metern Abstand hinter der Konkurrenz. Sie werden systematisch mit un-
fairen Mitteln zurückgestoßen – Staat und Zivilgesellschaft schauen noch immer zu oft weg.

Immerhin: Die Intensität der Hassgewalt geht zurück

Obwohl die Zahl der registrierten vorurteilsgeleiteten
Gewalttaten mit der Polarisierung der Asyldebatte massiv zugenommen hat, kann die Gesellschaft in den letzten zwei Jahrzehnten bemerkenswerte Fortschritte bei
der Eindämmung der Rechtsaußen-Gewalt verzeichnen.
Etwa seit dem Jahr 2000 nimmt die Stärkung der Zivilgesellschaft und die Problematisierung des Rechtsradikalismus in der Bundesrepublik eine sichtbar höhere
Bedeutung ein. In dieser Zeit ist die Zahl der Todesopfer rechter Gewalt erheblich zurückgegangen. Die
Entwicklung im Zeitverlauf, auf Grundlage von Daten
der Amadeu Antonio Stiftung, zeigt deutlich: Die Bemühungen im Kampf gegen Rechtsradikalismus haben sich ausgezahlt. Zwischen 1990 und 2000 kamen
109 Menschen durch rechte Gewalt ums Leben. In den

Nullerjahren waren 75 Todesopfer zu beklagen. Seit 2010 wurden zwanzig Menschen durch rechtsradikale Gewalttäter ermordet, davon allein neun bei dem rassistischen Anschlag von David Sonboly 2016 in München. Jeder Fall ist mit schrecklichem Leid verbunden, gleichwohl kann konstatiert werden, dass die Zahl der tödlichen Gewalt in nur zwanzig Jahren um 80 Prozent gesunken ist.

Zu den großen zivilgesellschaftlichen Fortschritten in diesem Zeitraum gehören unabhängige Beratungsstellen für Opfer rechter Gewalt. Sie unterstützen Gewaltopfer psychologisch und juristisch. Außerdem setzen sie sich dafür ein, dass die Betroffenen von Hasskriminalität Gehör finden und von den Behörden und der Politik ernst genommen werden. Das ist nicht nur für die Verarbeitung von Gewalterfahrungen, sondern auch für den Schutz der Menschenrechte eine wichtige Aufgabe. Der Rückgang der Todesfälle durch rechte Gewalt ist nicht zuletzt auf das gestiegene öffentliche Problembewusstsein zurückzuführen – auch in den Behörden.

Bei der Erfassung rechter Gewalt bestehen trotzdem immer noch große Missstände: Rassismus und Rechtsradikalismus werden oft bagatellisiert. Doch nach verschiedenen Reformen der polizeilichen Kriminalstatistik ist das Instrumentarium so gut wie nie zuvor. Noch vor zwanzig Jahren, als meine Freunde und ich als Jugendliche in einer thüringischen Kleinstadt ständig mit rechtsradikaler Gewalt konfrontiert waren, gab es für uns weder professionelle Anlaufstellen noch öffentliches Interesse. Erst die politischen Kämpfe vieler engagierter Menschen haben die Situation verbessert. Insgesamt ist in Deutschland – trotz vieler systematischer Missstände

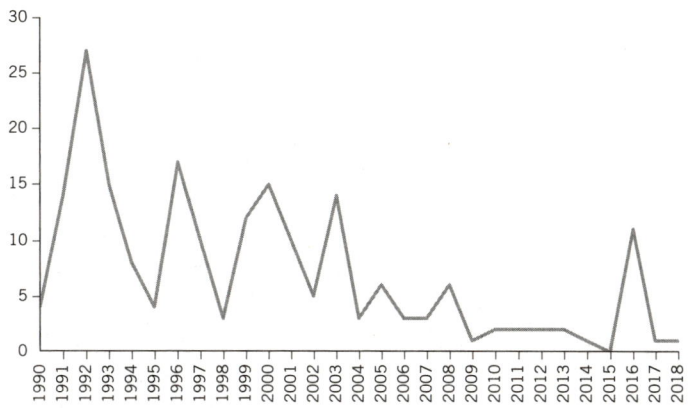

Abbildung 3: **Todesopfer rechter Gewalt in Deutschland**: Datenquelle: Amadeu Antonio Stiftung

die Sensibilität gegenüber diskriminierenden Vorurteilen in den letzten Jahren erheblich gestiegen. Dadurch bekommen wir ein immer klareres Bild davon, wie groß das Problem wirklich ist. Unfreiwillige Hilfe leisten dabei die Verursacher selbst: Weil die rechtsradikale Minderheit glaubt, auf eine Katastrophe zuzurasen, ist sie besonders laut, vor allem im Netz: Der Hass hat sich mit der Liberalisierung in den vergangenen Jahren zunehmend ins Internet verlagert. Doch wie genau wirken der Hass und die Rückschläge dort?

Digital beschleunigter Backlash

Als in der Epoche der ersten industriellen Revolution im 19. Jahrhundert der Siegeszug der dampfbetriebenen Eisenbahn nicht mehr aufzuhalten war, sorgte das für erhebliche Unruhe. Für Ferdinand Maximilian, Erzherzog und Kaiser von Mexiko, waren die Eisenbahnen »Gleichheitszeichen« und »nicht zu besiegende Hebel des immer wachsenden Sozialismus«, für den österreichischen Nationaldichter Franz Grillparzer waren sie »unbestritten« die »wahren« Wege, »die zum Teufel führten«. Die damals moderne Technologie hat sich als Fortbewegungsmittel durchgesetzt. Heute dient die Eisenbahn dem Reisen ebenso wie der Flucht vor Armut, vor Krieg und Verfolgung sowie dem Transport von Waffen. Und sie diente – und zwar in erheblichem Maße – der Deportation von Juden und anderen Minderheiten in die Konzentrations- und Vernichtungslager der Nazis. Das Beispiel der Eisenbahn verweist auf ein grundlegendes Spannungsverhältnis: Epochale technische Innovationen sind sowohl humanistischen und demokratischen Zwecken zugänglich wie auch zutiefst menschenfeindlichen und antidemokratischen Zwecken. Das gilt ebenso für die Entwicklungen im Kontext der Digitalisierung.

Technik ist nicht neutral, weil sie von Menschen gemacht ist und den Zwecken der Menschen dient. Die Menschen sind niemals nur gut, wie also könnte es die Technik sein? Angesichts der neuerlichen, dieses Mal digitalen Revolution wurde in den Neunzigerjahren vielstimmig das utopische Potenzial des Internets hervorgehoben, eine »farbenblinde Gesellschaft« ohne rassistische Kommunikation etablieren zu können. Dies könne, hieß es, zu einem »egalitäreren elektronischen globalen Dorf« führen – ohne Diskriminierung aus rassistischen oder sexistischen Gründen.[16] Dass ein solcher Prozess nicht ohne den Widerstand der rassistischen und sexistischen Nutzer verlaufen würde, war abzusehen. Die radikale Rechte in Deutschland und autoritäre Regime wie Russland und der Iran nutzen mit ihrem digitalen Informationskrieg gegen den Westen ganz selbstverständlich die sozialen Netzwerke, um die öffentliche Meinungsbildung zu beeinflussen.

Ähnlich wie vor 200 Jahren die Eisenbahn verbinden soziale Netzwerke Menschen heute über noch viel größere Distanzen, mit allen Vor- und Nachteilen. Dort, wo sich unterschiedliche Interessen, Kulturen und Menschen aus aller Welt besonders nahe zu kommen scheinen, bricht das Ressentiment offen aus: Aggressive Äußerungen, Beleidigungen, Bedrohungen, Veröffentlichung von privaten Informationen, Vergewaltigungsdrohungen, Falschnachrichten, gezielte Rufmord-Kampagnen, Manipulationen, gefälschte Rankings und Bewertungen beschädigen die Netzkultur. Erstmals in der Menschheitsgeschichte ist mit den sozialen Medien das Ideal einer kosmopolitischen Weltgesellschaft zur virtuellen Realität geworden. Kulturelle Grenzen sind durchlässig. Große Teile der Menschheit haben die Möglichkeit, daran relativ bedingungs- und kostenlos – unter Preisgabe von persönlichen Daten – teilzuhaben, sich zu vernetzen und auszutauschen. Zwangsläufig prallen dabei divergente Alltagswelten aufeinander: In Kommentarspalten und Gruppen treffen Feministinnen auf Maskulinisten und liberale Großstädterinnen auf Dorfnazis.[17]

Wie schon bei der Erfindung der Eisenbahn nimmt die fortschrittspessimistische Debatte zum sozialen Internet bisweilen dystopische Züge an. Hassrede, Radikalisierung und Falschnachrichten im Netz sind nicht zuvorderst die Schattenseite des Internets, wie es manchmal heißt, sondern die dunkle Seite unserer Gesellschaft, die sich im Netz unter den dort gültigen Bedingungen abbildet und reproduziert. Soziale Netzwerke sind ein Spiegel der Gesellschaft, und der Backlash findet auch online statt. Social Media haben Rassismus und andere Formen gruppenbezogener Menschenfeindlichkeit nicht erfunden, machen diese aber für alle sichtbar. Außerdem beschleunigen sie die Verbreitung von Lügen und Aufrufen, wie bei den Ausschreitungen in Chemnitz zu beobachten war: Innerhalb weniger Stunden wurden über verschiedene soziale Netzwerke Hunderte Demonstrierende zu einem Aufmarsch der radikalen Rechten mobilisiert.

Algorithmen im sozialen Internet begünstigen Beiträge, die besonders starke emotionale Reaktionen auslösen, indem sie Nutzern öfter und an hervorgehobener Stelle angezeigt werden. Sachliche Postings oder Videos gehen eher unter, für eine gründliche Recherche nimmt sich längst nicht jeder Zeit. In Googles Videoportal YouTube finden sich – maßgeblich produziert von rechtsradikalen und kremlnahen Kanälen – viele Verschwörungstheorien und Niedergangsbeschreibungen. Nicht die isolierten Filterblasen, sondern das Aufblasen und Verbreiten der Propaganda führen zu Machtgewinnen der Rechten.

Am Überbietungswettbewerb durch »Klickköder« (»Clickbaiting«) um möglichst polarisierende Beiträge beteiligen sich auch traditionelle Medien: Die *Bild*-Zeitung ist beispielsweise aufgrund ihrer großen Reichweite immer noch ein zentrales Medium, das verfälscht, übertreibt und Katastrophenstimmung verbreitet. Mit selektiven und aufgebauschten Negativberichten macht das

Blatt vor allem gegen geflüchtete Menschen Stimmung, um seine sinkende Auflage zu retten. Aber auch liberalere Medien spitzen Titelbilder und Schlagzeilen alarmistisch zu. Auch sie scheinen gegen das Gift der Vorurteile nicht gefeit zu sein, erst recht nicht, seit die Digitalisierung die Kommunikation noch einmal beschleunigt hat.

Vom Netz auf die Straße: Hass wirkt

In sozialen Netzwerken finden Ideologen, Verschwörungstheoretikerinnen, Amok-Fans, Radikalisierte und Beifallklatschende zusammen, die zuvor vereinzelt waren. Die Terroristen Breivik, Sonboly und Tarrant radikalisierten sich in der rechtsradikalen Onlinesubkultur und verbreiteten ihre Ideologie in menschenverachtenden Foren und Chatgruppen. Über das Internet sind Rechtsradikale aus Deutschland, Frankreich, Schweden, den Vereinigten Staaten, Russland, der Ukraine und allen anderen möglichen Ländern miteinander vernetzt. Deutschland rechts außen ist virtuell grenzenlos.

Terrorgruppen bereiten ihre Taten in Chatgruppen vor, fanatisierte Demagogen nutzen Videoplattformen und Spieleanwendungen, um junge Menschen anzusprechen und zu radikalisieren. Rechtsradikale bestätigen und aktivieren sich gegenseitig und immunisieren sich dadurch gegen abweichende Einflüsse. Sie nutzen soziale Netzwerke, um die öffentliche Meinungsbildung zu beeinflussen und zu manipulieren. Mit gezielten Kampagnen befördern sie rechtsradikale Inhalte nach oben und inszenieren eine rechte Meinungsführerschaft – während weniger extreme Stimmen ungehört bleiben.

Abwertende, aggressive und pauschalisierende Äußerungen haben Folgen. Studien des Instituts für Demokratie und Zivilgesellschaft haben die Wirkung von Belästigungen und von Hasskommentaren in sozialen Netzwerken erforscht – mit alarmierenden Ergebnissen.[18] Vor allem jüngere Menschen und Menschen aus Einwandererfamilien berichten besonders häufig, betroffen zu sein. Viele Frauen werden im Internet sexuell belästigt und bedroht. Der virtuelle Hass führt zu körperlichen Beschwerden, zu Depressionen und dazu, dass sich Menschen aus Diskussionsräumen zurückziehen, ihre politische Meinung verbergen und den Hatern das Feld überlassen. Unter allen Parteien hat die Anhängerschaft der AfD mit dem Hass im Netz die wenigsten Probleme. So werden rechtsradikale Positionen im Internet viel stärker verbreitet, als sie in der realen Welt anzutreffen sind. Das führt zu Täuschung und zur Verfälschung der politischen Wirklichkeit. Die Ziele der radikalen Rechten sind im Netz dieselben wie auf der Straße und in den Parlamenten: Angst und Misstrauen säen, unliebsame Positionen und Menschen einschüchtern, die Rechtsaußen-Minderheit als Mehrheit in Szene setzen. Damit wollen sie Onlinedebatten dominieren und den Griff nach politischer Macht vorbereiten. Einige Landesregierungen, zum Beispiel Hessen, haben bereits angekündigt, stärker gegen den Hass im Netz vorzugehen und Betroffene besser zu schützen. Aber keine Regierung kann Menschen aus ihrer eigenen Verantwortung entlassen, manipulativen, antisemitischen, rassistischen, sexistischen und anderen abwertenden Botschaften zu widersprechen. Die sind längst Alltag im Netz – in West- und in Ostdeutschland.

Ostdeutschland: eine Projektionsfläche

Nicht nur auf der Landkarte liegt der Osten rechts außen. Auch die politische Kultur ist in den neuen Bundesländern deutlich rechter. Das zeigen Wahlergebnisse und Einstellungsstudien regelmäßig. Rechtsradikale Demonstrationen und Neonazikonzerte finden häufiger und mit mehr Teilnehmenden in den neuen Bundesländern statt. Die Zahl rechter Gewalttaten ist in Ostdeutschland in Relation zur Zahl der Einwohner dreimal höher als in Westdeutschland. Eine Studie des Leibniz-Zentrums für Europäische Wirtschaftsforschung (ZEW) hat sogar festgestellt, dass das Risiko für Asylsuchende, zum Opfer eines Hassverbrechens zu werden, in Ostdeutschland zehnmal so hoch ist wie in Westdeutschland.[1] Diese Fakten laden zu falschen Pauschalisierungen ein.

Dass der Rechtsradikalismus im Osten besonders gewalttätig und darum besonders stark im Licht der Öffentlichkeit steht, darf nicht darüber hinwegtäuschen, dass er in der Gesamtheit kein ostdeutsches Phänomen ist. Der Rechtsradikalismus ist ein weltweites Phänomen, das auch den Westen der Republik betrifft. Immer wieder wird der besonders sichtbare Rechtsradikalismus in Ostdeutschland dazu missbraucht, um die Gefahr in den alten Bundesländern zu relativieren. Doch auch in den alten Bundesländern sind rechtsradikale Einstellungen und Handlungen bis zur Gewalt weit verbreitet. Die Studie »Flucht ins Autoritäre« aus dem Jahr 2018 zeigt, dass die Zustimmung zu Chauvinismus sowie zur Verharmlosung des Nationalsozialismus in beiden Landesteilen etwa gleich hoch ist. Zwischen 2002 und 2016 wurde im Westen sogar mehr Antisemitismus gemessen als im Osten.[2] Zudem stammen viele Kader der radikalen Rechten, wie Elsässer, Höcke oder Kubitschek, aus dem Westen. Auch der rechtsradikale Anschlag auf Walter Lübcke zeigt, dass wir uns intensiver mit dem Rechtsradikalismus im Westen beschäftigen sollten.

Was oft übersehen wird: In allen ostdeutschen Bundesländern zusammen leben weniger Wahlberechtigte als in Nordrhein-Westfalen. Wäre die AfD nur eine ostdeutsche Regionalpartei, wären die Herausforderungen der Demokratie in Deutschland natürlich deutlich kleiner, doch in absoluten Zahlen gemessen leben die meisten Wähler der Partei in Westdeutschland. Hätten Medien, Politik und Zivilgesellschaft sich intensiver mit Antisemitismus, Rassismus und Nationalismus in den alten Bundesländern auseinandergesetzt, dann wäre heute nicht nur das rechtsradikale Wählerpotenzial insgesamt deutlich kleiner, sondern die Interventionen westdeutscher Meinungsführer im Osten der Republik auch glaubwürdiger.

Das Erstarken radikaler und populistischer rechter Parteien in vielen westlichen Staaten zeigt: Jeder Erklärungsansatz, der die Komplexität der Gemengelage zugunsten einer einfachen Antwort ignoriert, greift zu kurz. Neonazistische Umtriebe, rassistische Übergriffe und die Verdrängung der Verantwortung für Nationalsozialismus und Schoah haben ihre Spuren in der politischen Kultur hinterlassen – in beiden Teilen der Bundesrepublik. Eine Stunde Null der politischen Einstellungen hat es nach 1945 nirgends gegeben. Die Aufklärung über Ursachen des Rechtsradikalismus, die in Ostdeutschland besonders sichtbar werden, ist auch für die Entwicklung andernorts wichtig – nicht, weil es in den alten Bundesländern keine Rechtsradikalen gibt, sondern weil sich in den neuen Ländern im Brennglas zeigt, was die Machterfolge der Rechten begünstigt. Davon kann auch der Westen lernen. Was prägt und erklärt also die besondere Situation im Osten?

Die DDR war autoritär strukturiert sowie ethnisch und kulturell relativ homogen. Der Transformationsprozess nach der Vereinigung stellte die materiellen und immateriellen Grundlagen der Ostdeutschen infrage. Obwohl sich in Ostdeutschland heute die wirtschaftliche Situation massiv verbessert hat, die allgemeine Lebenszufriedenheit stark angestiegen ist und die Zufriedenheit mit dem Funktionieren der Demokratie insgesamt in den vergangenen dreißig Jahren gestiegen ist, liegen Werte zur Unterstützung der demokratischen Kultur deutlich unter den Vergleichswerten in Westdeutschland. Nach der Vereinigung mussten viele Ostdeutsche um ihre materielle Existenz kämpfen. Erst später, mit weitgehender ökonomischer Absicherung, wurden die politisch-kulturellen Spannungen sichtbar.

Allen Fortschritten zum Trotz fühlen sich viele Menschen kulturell benachteiligt und abgehängt. Mehr Ostals Westdeutsche empfinden die westliche Demokratie, die liberale Kultur und Einwanderung als Fremdkörper. Hinzu kommt: Nach wie vor ist die wirtschaftliche Lage angespannter als im Westen. Neonazis, die die Rolle der Fußtruppen übernehmen, sind seit Jahrzehnten etabliert und normalisiert. Anders als in Westdeutschland ist die ostdeutsche Bevölkerung mehrheitlich konfessionsfrei – Ostdeutschland gilt als »die ungläubigste Region der Welt«[3]. Der Einfluss der christlichen Kirchen und anderer Glaubensgemeinschaften ist dementsprechend geringer als im Westen der Republik. Gut ausgebildete, mobile, junge und kulturell offene Menschen sind aus dem Osten weggezogen, darunter viele Frauen. Es herrscht ein latenter Männerüberschuss: In Chemnitz kommen bei den 18- bis 29-Jährigen 121 Männer auf 100 Frauen.[4] Wirtschaftliche Gründe und die kulturelle Attraktivität der Großstädte haben die Jungen aus dem Osten gelockt; auch wenn allmählich eine Trendumkehr einsetzt, denn ostdeutsche Regionen verzeichnen wieder größere Rück- und Zuwanderung. Gerade weltoffene Menschen verlassen Ostdeutschland aber auch wegen der rechteren politischen Kultur und aus Angst vor Gewalt von rechts außen. Eine Befragung von Betroffenen rechter Gewalt in Thüringen zeigt: Jeder Fünfte gab an, Thüringen aus Angst vor rechter Gewalt gern verlassen zu wollen.[5] Wie es im Westen der Republik aussieht, ist unklar – denn während der Osten mittlerweile gut erforscht ist, fehlen im Westen Daten und Studien über das Ausmaß der Bedrohung von rechts außen.

Trotz positiver Entwicklungen hat die Zivilgesellschaft in den neuen Ländern mit großen Herausforderungen zu kämpfen. Ziviler Bürgersinn gegen Rassismus und Rechtsradikalismus über politische Lagergrenzen hinweg ist im Vergleich zu den alten Bundesländern im Osten eher gering ausgeprägt. Dafür ist das Misstrauen in staatliche Autoritäten größer. Das hat historische und aktuelle Gründe: Eine breite Zivilgesellschaft, die im heutigen Sinne die liberalen Werte unterstützt und darauf drängt, diese umzusetzen, war in der DDR-Diktatur nicht vorhanden. Regimekritiker, die sich beispielsweise in Kirchenkreisen organisierten, standen meist in Opposition zum Staat. Aber auch heute noch werden Menschen vom Engagement gegen rechts abgehalten: Vielen fällt es schwer, sich gegen rechts zu engagieren, weil Gegenproteste schnell als »linksextrem« markiert werden. Durch die jahrelange Passivität der bürgerlichen Gesellschaft sind es vor allem linke und staatskritische Aktivisten, die sich den Rechtsradikalen in den Weg stellen. Ohne die antifaschistischen Bündnisse wie »Chemnitz Nazifrei« hätten die Rechtsradikalen im Osten kaum Gegenwind. Aber der sächsische Verfassungsschutz erklärt jedwede Nazigegner schnell als linksextrem.

Die Abwanderungsbewegungen aus dem Osten haben dazu geführt, dass tendenziell eher die zurückbleiben, die besonders anfällig für rechtsradikales Denken sind. Ein Teil der Menschen wertet sich über ihre nationale oder regionale Identität auf, um Benachteiligungserfahrungen zu verarbeiten. Rechtsradikale Kader und Medien – oftmals aus Westdeutschland – glorifizieren ostdeutsche Problembürger als die neue Avantgarde der Reaktion. Beispielweise schreibt *Compact*: »Der Osten leuchtet. Was der Westen vom Osten lernen kann.« Für die radikale Rechte ist der Osten Deutschlands ein

»Bollwerk [...] gegen Volksaustausch, Islamisierung und die Drangsal politisch korrekter Umerziehung – als Fanal einer deutschen Zukunft«[6]. Es sind häufig Demagogen aus den alten Bundesländern, die den Ostdeutschen eine solch avantgardistische Rolle beim Umsturz des Systems zuschreiben. Dass dabei rechtsradikale Eliten Ostdeutschen (abermals) ein Deutungs- und Wertesystem auferlegen, scheint die Rechtsradikalen in den neuen Ländern nicht zu irritieren – es scheint ihnen zu schmeicheln. Und so ist das bewegte Ostdeutschland in der öffentlichen Diskussion um Deutschland rechts außen längst zu einer Projektionsfläche für verschiedene Schwächen, Widersprüche und Hoffnungen geworden, die das ganze Land betreffen. Mit der vielseitigen Realität im Osten haben diese Zuschreibungen oft nicht viel zu tun.

Symbole der Hoffnung

Ostdeutschland hat den Kampf gegen den Rechtsradikalismus längst aufgenommen und dabei erhebliche Fortschritte erzielt, auch wenn die Herausforderungen groß bleiben. Brandenburg hat sich 2013 zum Beispiel eine Antirassismusklausel in die Landesverfassung geschrieben: »Das Land schützt das friedliche Zusammenleben der Menschen und tritt der Verbreitung rassistischen und fremdenfeindlichen Gedankenguts entgegen.« Das ist nicht nur ein Lippenbekenntnis: Seit Jahren unterstützt das Bundesland zivilgesellschaftliches Engagement und den Austausch zwischen Forschung, Behörden und Zivilgesellschaft mit besonders beachtlichen

Erfolgen. Andere Bundesländer sollten sich daran ein Beispiel nehmen, denn die Verfassungsklausel stärkt vor allem die zivilgesellschaftlichen Akteure, die besonders unter Beschuss von rechts außen stehen. Überall in Ostdeutschland fördern die Länder demokratisches Engagement und Aktivitäten gegen Antisemitismus, Rassismus und Rechtsradikalismus. Einrichtungen wie die Beratungsstelle für Opfer rechter Gewalt der RAA Sachsen e. V. leisten – meist im Stillen – hervorragende Arbeit für unsere Demokratie.

Fakten und Beispiele aus meiner Heimat Thüringen widerlegen ebenfalls das Klischee des braunen Ostens. Noch vor etwa zwanzig Jahren war Jena, die Stadt, in der ich lebe und arbeite, eine Hochburg des Rechtsradikalismus. Überfälle und Aufmärsche von Neonazis waren an der Tagesordnung. Umsorgt von Sozialarbeitern eines städtischen Jugendklubs radikalisierten sich hier die Terroristen des Nationalsozialistischen Untergrunds. Der mittlerweile verurteilte NSU-Terrorhelfer Ralf Wohlleben saß für die NPD als gewähltes Mitglied im Ortsteilrat. Neonazis verfügten über zwei eigene Immobilien und einen rechtsradikalen Szeneshop in der Hauptstraße des studentischen Lebens. Aufgrund von Protesten ist davon heute nichts mehr übrig. Wohlleben und seine Kameraden aus NPD und Kameradschaften veranstalteten 2007 – gemeinsam mit Chemnitzer Neonazis – in Jena ein internationales Rechtsrockfestival mit großer Beteiligung aus dem verbotenen »Blood and Honour«-Netzwerk. 3000 Neonazis aus verschiedenen Ländern kamen zu diesem sogenannten »Fest der Völker« in die Saalestadt und feierten zu antisemitischen und rassistischen Gesängen. Schon damals propagierten die Neonazis einen kulturrassistischen Ethnopluralismus, der aus der Neuen Rechten längst in die Neonaziszene eingesickert war. Doch es sollte die letzte rechtsradikale Veranstaltung dieser Größe in Jena sein: Mehr als 10 000 Menschen beteiligten sich an Gegenprotesten. Zuwege zur Versammlung der Neonazis wurden stundenlang blockiert, wodurch die Veranstaltung fast verhindert worden wäre. Viele Menschen mit ganz unterschiedlichen politischen Hintergründen schlossen sich gegen die Rechtsradikalen zusammen. Stadtverwaltung, Zivilgesellschaft und Polizei zogen im Kampf gegen rechts an einem Strang. Obwohl die Neonazis ihre Hassveranstaltungen selbstbewusst bis ins Jahr 2015 vorangemeldet hatten, kamen sie wegen der Gegenproteste nie wieder nach Jena. Einige der damals Aktiven sind heute im Umfeld von Kubitschek, Höcke und Pegida aktiv.

Der Widerstand gegen Rechtsradikale hat in Jena Tradition: Schon zu DDR-Zeiten engagierte sich die Junge Gemeinde Stadtmitte gegen rechts außen.[7] Kurz nach der Vereinigung demonstrierten in Jena 3000 Menschen gegen rechts. Im Jahr 2000 reagierte die Stadt auf ihr rechtsradikales Problem mit einem Stadtprogramm gegen Fremdenfeindlichkeit, Rechtsextremismus, Antisemitismus und Intoleranz – zehn Jahre bevor sich solche Präventionsansätze überall in Ostdeutschland durchsetzten. Mit Straßenprotesten, Kreativität und Druck von offiziellen Stellen gelang es, die Rechtsradikalen zu vertreiben, sie verloren ihre Immobilien und Treffpunkte. Viele zogen sich daraufhin ins ländliche Umland zurück. Und das ist der größte Wermutstropfen der Erfolgsgeschichte: Denn in den kleinen Rückzugsorten im Umland, etwa in der für ihre Porzellanfabrik bekannten Kleinstadt Kahla, haben es die wenigen zivilgesellschaftlich Engagierten schwer, Widerstand gegen rechts zu mobilisieren. Zivilgesellschaftliche Projekte werden massiv angegriffen. Gegen einen Demokratieladen in Kahla, der vom Land Thüringen gefördert wird, gab es 2016 einen schweren Brandanschlag. Über dem Laden liegt eine Wohnung, nur durch Glück wurde niemand verletzt. Projekte wie der Demokratieladen sind Bastionen gegen rechts außen und Symbole der Hoffnung: Das Wirken der vielen Engagierten zeigt, dass diese Regionen keineswegs verloren sind.

Natürlich muss sich auch die Jenaer Stadtgesellschaft fragen, wie sie mit der neuen (Laut-)Stärke der Rechten aus ihrer Mitte umgeht. Immer wieder kommt es zu Hassgewalt – wie auch in Berlin und München. Doch die Wahlergebnisse der AfD in Jena liegen deutlich unter dem Landesdurchschnitt. Vereinzelte Identitäre aus dem Umfeld von Kubitscheks Institut für Staatspolitik, die in Jena studieren, sind politisch bedeutungslos und stehen unter Beobachtung der Antifa. Leipzig, Jena und Potsdam sind bundesweit Leuchttürme der Demokratisierung. Durch das Engagement unzähliger Menschen in zivilgesellschaftlichen Initiativen, Kirchen, Gewerkschaften, Vereinen, Verbänden, Parteien, Schulen und immer stärker auch in Unternehmen wächst der Widerstand gegen die jahrzehntelange rechtsradikale Alltagspräsenz. Selbst in kleinen Ortschaften wie Themar in Südthüringen, wo im Sommer 2017 über 6000 Neonazis zu einem Hasskonzert zusammenkamen, wehren sich Menschen mit großem Engagement gegen die Rechtsradikalen.

Unbestreitbar groß sind die Gefahren für die Demokratie in Thüringen durch die Höcke-AfD. Seit 2010 haben die demokratischen Parteien in Thüringen die Bemühungen mit einem Landesprogramm für Demokratie, Toleranz und Weltoffenheit intensiviert, um die demokratische Kultur und die Zivilgesellschaft zu stärken. Landesregierung, Polizei und Zivilgesellschaft öffnen sich für einen Dialog, um gemeinsam nach Strategien gegen Rechtsradikalismus zu suchen. Die zivilgesellschaftlichen Demokratisierungsbemühungen zeigen Wirkung und wurden durch die rot-rot-grüne Landesregierung unter Bodo Ramelow (Die Linke) seit 2014 weiter verstärkt. Insgesamt 1,5 Millionen Euro wurden bereitgestellt, um Opfer und Hinterbliebene des NSU-Terrorismus zu entschädigen. Georg Maier (SPD) ist der erste Thüringer Innenminister, der lernbereit neue Wege geht, um die Handlungsspielräume von Neonazis einzuschränken. Professionelle und unabhängige Beratungsangebote für Betroffene rechter Gewalt und für Akteure, die sich gegen Rechtsradikalismus einsetzen, festigen demokratische Kompetenzen. In vielen Landkreisen waren die nach 2011 entstandenen Projekte und Netzwerke der »Partnerschaften für Demokratie« vor Ort wichtige Säulen des zivilgesellschaftlichen Engagements für Geflüchtete und gegen rassistische Diskriminierungen und Mobilisierungen. Eine in Thüringen im Jahr 2017 durchgeführte Studie zeigt: Im Freistaat gab es mehr Proteste gegen rechts als Proteste von der radikalen Rechten – die Zivilgesellschaft hat sich also keineswegs aufgegeben, sie kämpft engagiert gegen den Hass und die Gewalt von rechts außen.[8]

Offener und ehrlicher

Schon seit 2001 untersucht die Studie »Thüringen-Monitor« der Universität Jena die politischen Orientierungen im Freistaat.[9] Die Ergebnisse zeigen: Von einem allgemeinen Rechtsruck in der Bevölkerung in Thüringen kann keine Rede sein. Seit Beginn der Messung ist die demokratische Partizipationsbereitschaft und die Zufriedenheit mit dem Funktionieren der Demokratie insgesamt sogar leicht gestiegen: 2001 waren nur 48 Prozent zufrieden, 2018 immerhin 55 Prozent. Im Jahr der Bundestagswahl 2017 waren sogar 65 Prozent damit zufrieden, wie die Demokratie in der Praxis funktioniert. Der Anteil der Menschen in Thüringen, die meinen, dass es in Deutschland gerecht zugeht, ist zwischen 2003 und 2017 von 18 Prozent auf 29 Prozent gestiegen. Selbst das Vertrauen in Landes- und Bundesregierung ist in den vergangenen zwanzig Jahren moderat gewachsen.

Die Bevölkerung driftet nicht nach rechts. 2001 haben sich im »Thüringen-Monitor« 4 Prozent der Befragten als »rechts« eingeordnet, zugleich lag der Anteil rechtsextrem eingestellter Menschen in Thüringen bei 25 Prozent. 2018 lag der Anteil der rechtsextrem Eingestellten bei 20 Prozent – genauso hoch wie der Anteil derer, die sich selbst als »rechts« einordnen. Das bedeutet: Das rechtsradikale Potenzial war immer da. Nur die Menschen betrachteten sich damals nicht als rechts. Das ist nun anders, wie Abbildung 4 zeigt. Offensichtlich ordnen sich diese Menschen nun verstärkt dem rechten Spektrum zu und wählen mehrheitlich ihrer Ein-

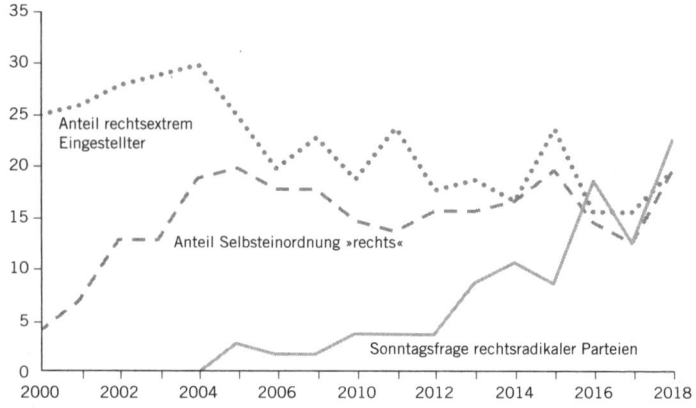

Abbildung 4: **Rechte Einstellungen, Selbsteinstufung und Parteiaffinität in Thüringen** (Quellen: Thüringen Monitor & www.wahlrecht.de)

stellung entsprechend rechtsradikal. So hat sich die Unterstützung von Rechtsaußen-Parteien immer stärker an die Verbreitung von Rechtsaußen-Orientierungen angepasst – aber nicht, weil die Zahl derjenigen, die rechtsradikal denken, größer geworden ist, sondern weil die soziale Ächtung des Rechtsradikalismus für den rechten Teil der Gesellschaft nicht mehr wirkt. Das belegt die Entwicklung der Selbsteinordnung als »rechts«. Umso wichtiger ist es, rechtsradikale Akteure und Positionen in der Öffentlichkeit wieder zu isolieren und klarzustellen, dass Humanismus und Menschenrechte nicht verhandelbar sind.

Von einem gänzlich braunen Osten jedenfalls kann keine Rede sein: 48 Prozent der Thüringer Bevölkerung ordnet sich 2018 selbst als »links« ein, 31 Prozent in der Mitte. Das Potenzial von etwa 20 Prozent Rechtsradikalen plus einigen Prozent der Bevölkerung, die die AfD

aus Unzufriedenheit wählen (also ohne politische Iden-
tifikation mit der radikalen Rechten), wird so schnell
nicht verschwinden. Aber es wird auch nicht wachsen,
wenn wir den erfolgreichen Kurs der Demokratisierung
beibehalten. Doch warum kommen Rechtsradikale aus
ganz Europa immer wieder zu Aufmärschen nach Ostdeutschland?

Homogenität als Ideal

Zu meiner Arbeit gehört es, Neonaziaufmärsche und
-konzerte zu beobachten und die dort geschwungenen
Reden zu analysieren. Darin machen die Rechtsradikalen klar, warum sie Hunderte Kilometer in abgeschie-
dene ländliche Ortschaften reisen. Natürlich geht es um
Musik, Vernetzung, um rechtsradikalen Merchandise
und Alkohol. Doch zentral ist für die Neonazis die »Regeneration« für den »alltäglichen Kampf«. Für sie ist
Westdeutschland aufgrund der multikulturellen Vielfalt schon verloren. Dort fühlen sie sich permanent von
Feinden umgeben. Anders im homogeneren Osten mit
seinen zahlreichen rechtsradikalen Bastionen und vor
allem ländlichen Rückzugsorten: Hier tanken Neonazis
aus allen Bundesländern Kraft, und von hier aus wollen
sie eines Tages die Metropolen erobern.

Und auch die populistische und radikale Rechte in der
AfD um Höcke träumt von »gallischen Dörfern« im Osten. Die sollen eines Tages von einer »Auffangstellung«
zur »Ausfallstellung« für die »Rückeroberung« werden,
um »das inhumane Projekt einer Migrationsgesellschaft
zu stoppen«.[10] Was wie eine mittelalterliche Fantasie

klingt, ist in Wirklichkeit längst politische Praxis: Völkische Siedler haben im ländlichen Raum die Umweltpolitik als Projektionsfläche für antimoderne und rassistisch-naturalisierende Esoterik entdeckt. Sie erwerben Immobilien und Land in peripheren Regionen, um ihre Kinder fernab von modernen Einflüssen aufzuziehen. Sie inszenieren die schon im Nationalsozialismus mystifizierte »Scholle« als Alternative zum angeblich dekadenten urbanen Leben. Derartige Projekte dienen vor allem als ideelle Orientierung, um das Phantasma einer angeblich harmonischen Lebensweise aufrechtzuhalten (d. h. einer nicht durch den Liberalismus zerstörten Lebensweise). Die Meldungen über völkische Siedlungen haben in verschiedenen Bundesländern in den letzten Jahren zugenommen. Der rechtsradikale Verein Ein Prozent behauptet, ein »Netzwerk Landraum« mit mehreren Familien aufzubauen.[11] Antisemitische und esoterische Sekten verfolgen ähnliche Ziele, wie zum Beispiel Anastasia im brandenburgischen Grabow. Eigene Schulen und Subsistenzwirtschaft sollen den Ausstieg aus der modernen Welt ermöglichen. Diese Ausstiegsoption ist für kulturell Unzufriedene aus allen sozialen Schichten attraktiv. Aufgrund preiswerter Immobilien und einer schwächeren Zivilgesellschaft sind ostdeutsche Regionen für derartige Bestrebungen besonders interessant. An dieser Attraktivität des ländlichen Ostens für radikale Rechte wird sich so schnell nichts ändern – umso wichtiger ist es, sie im Auge zu behalten und die Zivilgesellschaft vor Ort zu stärken.

Grenzen des Diskurses

Ich habe mehrfach versucht, mit Teilnehmenden von AfD- und Pegida-Demonstrationen sowie mit Rechtsradikalen, die mir E-Mails schreiben oder in meinem Institut anrufen, auf der Grundlage von Fakten zu diskutieren. Welche andere Möglichkeit als messbare Fakten haben wir sonst, um Wahrheit, Antworten und Lösungen zu finden? Ein Beispiel: Sachsen ist mit einem Ausländeranteil von 4,4 Prozent weit von allem entfernt, was ich mir unter dem rechten Kampfbegriff der »Überfremdung« vorstellen kann. Dennoch halten 56 Prozent der Menschen in Sachsen die Bundesrepublik für »gefährlich überfremdet«. Konfrontiert mit den Fakten – der Ausländeranteil ist in Sachsen gering und bei zunehmender gesellschaftlicher Vielfalt nimmt die »Überfremdungsangst« ab – zeigen sich immer wieder ähnliche Reaktionen. Häufig referieren die Gegenüber auf ein in der Zukunft drohendes Horrorszenario, das eintreten werde, wenn man nicht jetzt etwas unternehme. Es drohten demnach ein islamistischer Bürgerkrieg, die Vernichtung der Deutschen oder zumindest »Zustände wie in Westdeutschland«. Zwar war kaum einer meiner rechten Gesprächspartner je in Neukölln oder im Ruhrgebiet, aber für sie sind diese Gebiete der Inbegriff der Hölle auf Erden. So dürfe es in Dresden, Cottbus, Chemnitz oder Halle auf keinen Fall werden!

Natürlich gibt es in den genannten Regionen Schwierigkeiten, die man durch vernünftige Integrationspolitik verhindern oder zumindest abmildern könnte. Und natürlich gibt es überall soziale Probleme: In Sachsen ist beispielsweise das gerade bei Neonazis beliebte Crystal Meth besonders weit verbreitet – es gilt als »Volksdroge«. Aber das treibt keine Menschenmassen zu Demonstrationen auf die Straße. Interessant an den Antworten ist vor allem die zeitliche Dimension: Die Reaktionären wollen einer angeblich katastrophalen Entwicklung zuvorkommen. Hinweise auf die überwiegend positiven Beispiele für Integration und gelingendes Zusammenleben werden im Kontrast zum schlimmstmöglichen Fall beiseitegewischt.

Eine weitere Reaktion auf Fakten ist die offen rassistische Ablehnung jeglicher Migration – nach dem Motto: »Kann sein, aber ich will gar keine Ausländer.« Manchmal werden die Befunde auch als Lügen und Propaganda zurückgewiesen. Jede dieser Antworten ist letztlich ein Totschlagargument, weil sie entweder auf einer pessimistischen Untergangsangst oder aber auf harten antidemokratischen Orientierungen beruhen und sich der Kraft des Arguments entziehen. Noch nie erlebt habe ich eine der folgenden Reaktionen: »Ich teile Ihre Meinung zwar nicht, aber erkenne Ihren Punkt an«, »Vielleicht könnte ich mich irren« oder sogar: »Das wusste ich noch nicht, darüber denke ich mal nach«. Ohne Forschungsinteresse sind solche »Gespräche« sinnlos.

Mit einem Pegida-Demonstranten sprach ich 2016 in Dresden über seine ökonomische Lage. Ihm ging es, wie vielen bei Pegida, objektiv gut, und das sagte er auch. Aber er fürchtete um die Zukunft seiner Kinder und Enkel. Daran ist zunächst nichts rassistisch oder rechtsradikal. Im Gegenteil ist die Verunsicherung über den künftigen Wohlstand nachvollziehbar. Erschwerend kommt die anhaltende soziale Ungleichheit zwischen Ost- und Westdeutschland hinzu. Aber warum geht der Mann zu Pegida? – Weil er sonst nicht wisse, sagte er, wohin mit seiner Unzufriedenheit. Im Kontext einer Veranstaltung, die sich »gegen die Islamisierung des Abendlandes« wendet und nicht etwa »gegen die Spekulation mit der Zukunft unserer Kinder« zeigt sich, wie rechtsradikale Bewegungen umherwabernde Unzufriedenheit und Pessimismus wie ein Kompressor ansaugen und als komprimierten Rassismus in die Öffentlichkeit herausblasen.

Politische Verantwortung übernehmen

Fraglich bleibt damit: Führt Unzufriedenheit zwangsläufig in die radikale Rechte? Gibt es eine bessere Alternative als die »Alternative für Deutschland«? – Ja, die gibt es. Bei den Protesten in Chemnitz im Sommer 2018 waren viele Menschen auf dem Weg zu der rechtsradikalen Kundgebung, sind dann aber umgedreht und haben sich nicht der Demonstration angeschlossen – offenkundig wegen des eindeutigen Charakters. Nicht nur die Gegendemonstranten bewiesen Haltung, sondern auch diese Bürgerinnen und Bürger. Sie zeigen: Selbstverantwortung und moralisches Handeln sind auch in extrem polarisierten Situationen möglich. Verunsicherung und Trauer entledigen keineswegs vom demokratischen Anstand, sich nicht mit Neonazis, Hooligans, Populisten und anderen Rechtsaußen gemein zu machen. Ein demokratischer Liberalismus im Sinne der Aufklärung basiert auf Verantwortung, die allen Menschen zukommt – trotz äußerer Prägungen.

Diejenigen, die die radikalen Rechten unterstützen, sind für ihr politisches Handeln verantwortlich, denn sie haben die freie Möglichkeit, sich anders zu entscheiden. In politischen Debatten herrscht aber bisweilen wohlwollendes Verständnis anstelle von klarer Kante. Das führt dazu, dass Abgrenzungen erodieren und Rechtsradikalismus weiter in die Gesellschaft einsickert. Rechtsradikale werden dadurch aus der Verantwortung für ihr Handeln entlassen und können sich in eine bequeme Opferrolle zurückziehen, aus der heraus sie ihre Aggressionen verbreiten.

Diskriminierung, Umbruchserfahrungen, Bevormundung durch »die Eliten«, »Sachsen-Bashing«, die Treuhand, fehlende Repräsentation der Ostdeutschen und Ähnliches: Die populären Erklärungs- und Rechtfertigungsversuche für die Stärke des Rechtsradikalismus auf dem Gebiet der ehemaligen DDR sind vielfältig. Doch vergleichbare Ausgangsbedingungen können zu unterschiedlichen Entscheidungen führen, für die jeder Einzelne verantwortlich ist. Die große Mehrheit der Menschen mit Umbruchserfahrungen unterstützt *nicht* die radikale Rechte. Erfolge der in die Demokratie Integrierten werden jedoch unsichtbar gemacht. Der Blogger Stefan Krabbes verfolgt mit dem Hashtag #DerAndereOsten einen wichtigen Ansatz: jene sichtbar zu machen und zu unterstützen, die trotz schwieriger Bedingungen den völkisch-autoritären Tendenzen entgegentreten und eben nicht nach rechts außen driften. Damit belegt er nebenbei: Niemand wird aufgrund der Ost-Geschichte zwangsläufig zum AfD-Wähler – in Wirklichkeit werden das nur die wenigsten.

Ostdeutsche, die sich als Menschen zweiter Klasse

behandelt fühlen, tendieren eher zu fremdenfeindlichen und rechtsradikalen Einstellungen. Tatsächlich werden Ost- und Westdeutsche immer noch ungleich behandelt. Es gibt zum Beispiel große Einkommens-, Renten- und Repräsentationsunterschiede. Doch rechtfertigt das Rassismus? Nein. Rassismus wird nicht dadurch legitim, dass die Rassisten selbst Benachteiligungserfahrungen machen mussten. Im Gegenteil: Man erwartet Solidarität mit anderen Gruppen, die ungerecht behandelt werden. Die größte Gruppe in Deutschland, die im Vergleich zu anderen ungerecht behandelt wird, ist die Gruppe der Frauen. Frauen werden schlechter bezahlt und bekommen weniger Rente als Männer. Macht- und Anerkennungspositionen sind nach wie vor noch nicht paritätisch besetzt. Trotzdem wählen Frauen nicht mehr, sondern weniger häufig die AfD als Männer. Sie sind bei Pegida deutlich in der Unterzahl und stimmen seltener rechtsradikalen und abwertenden Aussagen über andere Gruppen zu als Männer. Es gibt schlicht keine Rechtfertigung dafür, eigene Benachteiligungserfahrungen durch gruppenbezogene Menschenfeindlichkeit zu verarbeiten. Für die politische Richtung, die man durch sein Handeln unterstützt, ist und bleibt man selbst verantwortlich.

Für das Weltbürgertum

Einige Journalisten und Politiker haben sich auf die Suche nach *einer* ostdeutschen Identität begeben und eine gesetzliche »Ossiquote« in Führungspositionen gefordert. Der Anspruch auf materielle und immaterielle

Gleichberechtigung aller Bevölkerungsgruppen ist ein noch nicht eingelöstes Versprechen der vereinten Bundesrepublik. Chancengleichheit und Solidarität, unabhängig von Abstammung, Herkunft oder sozialem Hintergrund, sollten die Ziele jeder demokratischen Politik sein. Aber chauvinistischer Regionalismus ist nicht fortschrittlich, sondern regressiv. Denn jedes übersteigerte nationale oder subnationale Wir-Bewusstsein übertüncht Unterschiede und Interessenskonflikte und ist eher für rechtsradikale Politik als für die Emanzipation mobilisierbar.

Verschlimmernd kommt hinzu, dass die ostdeutsche Vergemeinschaftung bisweilen mit traditionell antiwestlichen, antiliberalen und antisemitischen Stereotypen verbunden wird. Diese liefern seit jeher die Grundlagen des Rückschlags gegen die Werte der Aufklärung, des Universalismus und der Modernisierung. Eine ostdeutsch-nationale Identitätspolitik ist nicht geeignet, um die Freiheit vor Nationalisten zu verteidigen. Im Gegenteil stimmt sie teilweise in den Chor der radikalen Rechten ein, die die ethnische und kulturelle Differenz der Ostdeutschen zum Hort völkischer Erneuerung erklären.

Diese regionalistische Identitätspolitik ist falsch, weil sie versucht, Harmonie zu schaffen, wo Abgrenzung und offener Konflikt nötig sind. Sie tappt in die Falle der radikalen Rechten und lässt sich für rückwärtsgewandte Kollektivierungen vereinnahmen. Ein Teil der Linken versucht, einen antihegemonialen Block von Menschen mit Benachteiligungserfahrungen zu konstruieren – zum Beispiel zwischen Ostdeutschen und Muslimen. Diese neue Frontenbildung birgt die Gefahr, kaum zu vereinbarende Wert- und Interessenskonflikte, soziale Unterschiede, kulturelle Vorbehalte und extrem problematische Vorstellungen zu verschleiern, die sich nicht nur in der (westdeutschen) Dominanzgesellschaft, sondern auch in angeblich oder tatsächlich diskriminierten Bevölkerungsgruppen finden.

Aus der neuen Suche nach nationaler oder subnationaler Identität spricht eine Reaktion auf die empfundene Kränkung, für die globalisierte Welt austauschbar zu sein. Diese Suche kann dafür mobilisiert werden, die Ursachen der Kränkung pauschal anderen Menschengruppen zuzuschreiben, etwa »den Muslimen«, »den Wessis« oder »den Juden«. Sie steht dem Ziel entgegen, dass sich Menschen als Menschen begegnen und anerkennen können, als Gleiche unter Gleichen. Exklusive Identitäten, die durch Geburt, Abstammung oder Herkunft definiert werden, bergen die Gefahren einseitiger Überhöhung und Ausgrenzung. Außerdem können damit verbundene Ewigkeits- und Unveränderlichkeitsansprüche an projektive Kategorien wie »Heimat« nur enttäuscht werden. Diese schon heute absehbaren Enttäuschungen werden jedoch immer wieder für Reaktionäre mobilisierbar sein.

Was aus all diesen Beobachtungen und Erkenntnissen deutlich wird: Eine Politik, die nicht auf die Beseitigung aktueller Diskriminierung abzielt, sondern zu politischen Zwecken historische Besonderheiten über andere erhebt oder ein Korsett erzwungener Vergemeinschaftung bildet, ist nicht fortschrittlich, sondern partikularistisch. Ein neuer Zusammenhalt in der Gesellschaft der Vielfalt kann nicht auf dem Wettbewerb um gruppale Eigenheiten gründen, sondern muss auf der Anerkennung von Gleichberechtigung, Diversität, humanistischem Universalismus und der Legitimität von Interessenskonflikten beruhen.

Eine vielfältige Gesellschaft braucht inklusive, gleichwertige und flexible Identitätsangebote, die prinzipiell allen offenstehen: als Mensch, Weltbürgerin oder Demokrat. Es wäre unvernünftig, ja, verantwortungslos, diese alten Versprechen gerade jetzt aufzugeben, wo wir ihnen näher sind als je zuvor.

Die Rechtsradikalen stoppen: No pasarán!*

»Wir müssen etwas tun, aber wie können wir die Rechten stoppen?« Keine Frage habe ich in den letzten Monaten so oft gehört wie diese. Das Erstarken der AfD war für viele ein Schock und hat die demokratischen Widerstandskräfte aktiviert. Dabei ist Engagement für Demokratie keine Wissenschaft, und noch nie waren unsere Möglichkeiten so groß wie heute. Aber es braucht Ausdauer und klare Kante – keine Beliebigkeit. Zwar ist es eine Phrase, wenn der Bundespräsident sagt, die Demokratie müsse sich immer und überall behaupten, und sie ist langweiliger als das orchestrierte Wutgeheul der Reaktionären, aber sie stimmt trotzdem, und viele haben das verinnerlicht: Und so suchen unzählige Menschen in allen Landesteilen nach Wegen, sich mit ihren Möglichkeiten für eine humane Gesellschaft einzusetzen.

---

* »No pasarán – Sie kommen nicht durch!« ist eine Losung, mit der Dolores Ibárruri nach dem rechten Putsch gegen die spanische Republik im Juli 1936 zur Verteidigung der Demokratie aufrief. Heute eint der Slogan weltweit Bewegungen gegen radikale Rechte.

Doch viele fürchten, dass die Politik nicht genug gegen einen Rechtsruck unternimmt. Gerade in Ostdeutschland, wo die Bedrohung durch rechte Gewalt besonders groß und die Erwartungen in den Staat besonders hoch sind, fühlen sich engagierte Menschen alleingelassen. Wir müssen diejenigen stärken, die sich gegen den Druck von rechts außen stellen – besonders dort, wo es schwierig und gefährlich ist. Darum sollten mehr Bundesländer dem Beispiel von Brandenburg folgen und die Unterstützung des Engagements gegen Antisemitismus und Rassismus durch entsprechende Zusatzklauseln in den Landesverfassungen zum Staatsauftrag erklären. Um Maßnahmen zur Demokratieförderung solide und nachhaltig abzusichern, muss der Bundestag endlich ein Demokratiefördergesetz beschließen. Gegen die einseitige Diskussion des Rechtsradikalismus in Ostdeutschland brauchen wir spezifische Analysen und die stärkere öffentliche Thematisierung von Antisemitismus, Rassismus und Nationalismus in Westdeutschland. Das würde nicht nur die Abwehrkräfte im Westen stärken, sondern auch die Glaubwürdigkeit westdeutscher Medien und Politikerinnen erhöhen. Es sollte schlicht Einigkeit darin bestehen, dass diese Ungleichwertigkeitsideologien *überall* problematisch sind – so ließe sich zugleich auch dem Eindruck entgegenwirken, es handle sich bei der einseitigen Problematisierung des Rechtsradikalismus in Ostdeutschland nur um eine Gängelung der Ostdeutschen.

Bisweilen ist die Auseinandersetzung mit den Protagonisten, Strategien, Themen und Strukturen der radikalen Rechten anstrengend und beklemmend. *It's a dirty job, but someone has to do it*, wie die Briten sagen. Gerade in diesen Tagen ist Engagement gegen rechts viel zu wichtig, um es nur dem Staat oder Politikern zu überlassen. Rechtsradikale Umtriebe in Polizei, Bundeswehr und Verfassungsschutz haben das Vertrauen in die Behörden beschädigt – vor allem unter denen, die im Fadenkreuz der Rechten stehen. Dagegen müssen die Institutionen dringend entschiedener vorgehen und Rechtsradikale aus dem Staatsdienst entfernen. Das passiert leider nicht von allein, sondern meist erst durch öffentlichen Druck. Um gegenzuhalten, braucht es in der Zivilgesellschaft Wissen über rechtsradikale Strukturen und Strategien. In vielen Regionen gibt es spezialisierte und ehrenamtliche Initiativen wie »Allgäu rechts außen« oder »Berlin rechts außen«, die darüber informieren, wie die Rechten vor Ort agieren. Viele Journalistinnen leisten hervorragende Arbeit, um die rechten Netzwerke und Strategien offenzulegen. Solche Tätigkeiten sind enorm wichtig und können leicht unterstützt werden, zum Beispiel finanziell oder indem Analysen verbreitet werden.

Eine permanente Gefahr für die Demokratie

Durch gesellschaftliche Anstrengungen in den vergangenen zwanzig Jahren ist es gelungen, das Potenzial der rechtsradikal Eingestellten zu verkleinern. Aus der Abwehrhaltung sind die Reaktionären nun zum Angriff übergegangen. Doch zu oft wird der Rechtsradikalismus noch immer nicht als eigenständige Gefahr verstanden. Ideologisch ist so gut wie nichts wirklich neu an der Neuen Rechten. Wie schon vor hundert

Jahren sind Antisemitismus und Antiliberalismus das Gravitationszentrum der radikalen und populistischen Rechten. Doch die Erfolge durch die Ausgrenzung von Rechtsradikalen werden nicht anerkannt, sondern infrage gestellt. Und immer noch werden demokratie- und menschenfeindliche Ideologien als »Sorgen« verharmlost, auch im Umgang mit der AfD. Aber die Fakten zeigen: Sowohl die Protagonisten der radikalen Rechten als auch ein großer Teil der AfD-Wählerschaft unterstützen die Partei gerade wegen ihrer rechtsradikalen Forderungen – und eben nicht bloß aus diffusem Protest.

Die rechtsradikale Minderheit war schon immer da und unterscheidet sich hinsichtlich ihrer Stimmungen und Einstellungen erheblich vom Rest der Bevölkerung. Natürlich können sich auch rechte Menschen ändern. Dafür müssen sie zur Kenntnis nehmen, dass ihre Ideologie unerwünscht ist und Angriffe auf die Unantastbarkeit der Menschenwürde nicht toleriert werden. Was viele noch nicht verstanden haben: Nicht Verharmlosung und Integration, sondern klare Abgrenzung und Verurteilung des Rechtsradikalismus können dazu führen, einen Teil der Rechtsaußen-Sympathisanten für die Demokratie zurückzugewinnen. Problembewusstsein und Verantwortungsübernahme sind dafür Voraussetzungen. Doch wenn Rechtsaußen-Demos oder das Kreuz bei der AfD als verständlicher Protest oder gerechtfertigte Verarbeitung von Ungerechtigkeitserfahrungen gedeutet oder gar beschönigt werden, dann werden Menschen aus der Verantwortung für ihr Handeln entlassen.

Rechte Töne und Normalisierungsversuche aus den etablierten Parteien sind ein Spiel mit dem Feuer, weil diejenigen, denen rechte Themen besonders wichtig sind, das rechtsradikale Original unterstützen werden. Wenn Demokraten reaktionäre Positionen bestätigen, dann verfestigen sie Vorstellungen, die in der Zukunft oder schon jetzt von der Realität enttäuscht werden und zu Konflikten führen – zum Beispiel, wenn Menschen suggeriert wird, ihre »Heimat« werde sich nicht ändern. Es sollten daher stärkere Bemühungen darauf verwendet werden, Angst und Vorbehalte vor Veränderungen zu reduzieren und Menschen auf das Leben mit Veränderungen und Uneindeutigkeiten vorzubereiten. Es ist wichtig, dass Entwicklungen nicht pauschal als Bedrohung wahrgenommen werden. Das bedeutet, die im Alltag selbstverständlichen Vorzüge unserer offenen Lebensweise zu betonen und zu verteidigen. Gegen Zukunftsangst hilft der Faktencheck: Was soll früher eigentlich wirklich besser gewesen sein? Erlaubte Vergewaltigungen in der Ehe? Rauchen im Zug oder Autofahren ohne Gurt? Stundenlange Staus an Grenzkontrollen? Diskriminierung von Frauen und Minderheiten?

Rechte Positionen verhärten sich und dringen weiter in die Gesellschaft ein, wenn sie keine Gegenrede erfahren. Um die Rechten zu stoppen, muss das demokratische Spektrum miteinander hart über kontroverse Themen streiten, aber zugleich einig sein in der Abgrenzung von Menschenfeindlichkeit. Rechte Mitläufer wollen zu einer starken Mehrheit gehören – ihnen sollte vermittelt werden, dass sie sich mit der radikalen Rechten für die Seite einer schrumpfenden politischen Minderheit entscheiden. Denn Umdenken ist, wenn überhaupt, nur dann zu erwarten, wenn rechte Positionen durch begründeten und entschiedenen Widerspruch auf die Probe gestellt werden.

Notwendig sind unmissverständliche und explizite Positionierungen. Denn mehrdeutige Allgemeinplätze wie »gegen Extremismus«, »gegen Hass« oder »für Demokratie« können beliebig übernommen und uminterpretiert werden: Selbst die allermeisten Rechtsradikalen stimmen solchen Floskeln zu – nur dass für sie eben die Willkommenskultur extremistisch ist, Vielfalt gleichbedeutend mit »Hass gegen alles Deutsche« und Demokratie die Herrschaft des ethnisch definierten, angeblich »wahren Volks« ist. Auf solche Worthülsen sollte man verzichten und stattdessen offen Stellung beziehen und Antisemitismus, Rassismus, Nationalismus sowie die Organisationen, die diese Ideologien verbreiten, beim Namen nennen. Mindestens genauso wichtig ist es, positive Werte wie Offenheit, Solidarität, Menschenwürde und Vielfalt offensiv zu vertreten.

Einfallstore schließen

Wohin Offenheit nach rechts außen führen kann, zeigt die Entwicklung der einst nur populistischen AfD, die Stück für Stück von rechts außen übernommen wurde. Es gilt, rechtsradikalen Positionen und Protagonisten öffentliche Bühnen zu verweigern und Zeichen deutlicher Abgrenzung zu setzen. Wer sich nicht glaubhaft von besonders extremen Positionen und Politikern wie Björn Höcke, Jens Maier oder Andreas Kalbitz und ihrem Flügel distanziert, ist ein Feind der Demokratie und kein politischer Verhandlungspartner. Je weniger Anerkennung und Unterstützung rechtsradikale Willensbekundungen öffentlich erfahren, desto geringer sind ihre Machtchancen. Zum Wohl der Demokratie sollte man die Rechtsradikalen rechts liegen lassen, statt durch Nacheifern zu versuchen, sie anzusprechen. Das bedeutet, problematischen Positionen zu widersprechen, Gegenpositionen zu stärken und über die Mechanismen, Strategien und Folgen des Rechtsradikalismus aufzuklären, ohne sich durch ihre Nebelkerzen in die Irre führen zu lassen. Demokraten sollten sich von Rechtsradikalen nicht in deren Argumentationsstrukturen, Begriffe und Themen drängen lassen – sondern eigene Anliegen stark machen: zum Beispiel Europa, Freiheit, Umweltschutz, soziale Gerechtigkeit, Frieden. Denn dann müssen die Rechten die ideologischen Schützengräben verlassen.

Gerade politische Vorbilder in den Parlamenten sollten sich im Umgang mit Rechtsradikalen daran halten: keine Spaltung des demokratischen Konsenses. Keine inhaltlichen Zugeständnisse. Keine Koalitionen. Keine politischen Absprachen. Stattdessen: Solidarität mit denen, die Angriffen von rechts außen ausgesetzt sind. Natürlich kritisieren Rechtsradikale wehrhafte Demokraten als unfair und stilisieren sich als Opfer. Aber Fakt ist: Die radikale Rechte ist nicht das Opfer, sondern der Aggressor, der Menschenrechte verachtet, Minderheiten diskriminiert, antisemitische Verschwörungstheorien verbreitet und mit Neonazis gemeinsame Sache macht. Es gibt eine Verpflichtung, die wehrhafte Demokratie vor ihren Feinden zu schützen – und nicht dafür, ihren Gegnern Rosen auf den Weg zu streuen.

Als Opfer sehen sich Reaktionäre ohnehin ständig. Diese Opferrolle ist Teil der reaktionären politischen Identität als Verlierer der Geschichte. Der mächtigste Mann der Welt, Donald Trump, beklagt immer wieder, er sei ein Opfer der Medien. Als Alexander Gauland zur besten Sendezeit im ZDF-Sommerinterview 2018 ein denkbar schlechtes Bild ablieferte und die inhaltliche Leere seiner Partei in vielen relevanten Fragen offenbarte, schadete das der Partei nicht. Für seine Anhängerschaft war er das Opfer einer angeblich manipulativen Sendung – obwohl Moderator Walde nur seinen journalistischen Job gemacht hat. In Ermangelung echter Argumente provoziert die radikale Rechte Konflikte durch Propaganda. Warum spielen Medien da noch mit? Ob Rechtsradikale im Fernsehen zu sehen sind oder nicht, ob sie auf öffentlichen Podien oder im Präsidium des Bundestags sitzen oder nicht – es ist völlig unerheblich für ihren selbst gewählten Opferstatus. Aber erst vor einer relevanten Öffentlichkeit gelingt es den Protagonisten der radikalen Rechten, ihre selbst gewählte historische Verliererposition zum Märtyrertum zu verklären.

Natürlich gibt es unter den Unterstützern der Rechten nicht nur die Ideologen, sondern auch jene, die auf der Suche nach Orientierung und »Alternativen« nach rechts abdriften und trotzdem noch offen sind für andere Impulse und Erfahrungen. Ihr Weltbild gilt es im alltäglichen Dialog zu irritieren, indem die Widersprüche im recht(sradikal)en Denken benannt werden. Wer etwa im politischen Islam eine Herausforderung für die offene Gesellschaft sieht, kann vor der strukturgleichen autoritären und antiliberalen Gefahr der radikalen Rechten nicht die Augen verschließen.

Bei ideologisierten Rechten sind die Chancen jedoch gering, sie bei Themen wie Einwanderung oder dem Islam überhaupt zu erreichen. Denn die jahrhundertelange Existenz und Wiederholung von Vorurteilen sowie das permanente Dauerfeuer der Rechtsaußen-Propaganda ist nicht durch ein paar kluge Sätze zu brechen. Dagegen bietet eine Verlagerung auf andere Zukunftsfragen, etwa die Sozial- und Umweltpolitik, die Aussicht, Widersprüche und Grenzen nationalistischer und rassistischer »Alternativen« aufzuzeigen. Und zwar vor allem für die ambivalente Mehrheit, weil jene Rechtsaußen, die Fachleuten oder Medien ohnehin generell nicht über den Weg trauen, kaum zu erreichen sind. Alles in allem empfehle ich, die Propaganda und Begriffe der Rechten rechts liegen zu lassen; das bedeutet: nicht darauf einzugehen und sie nicht unbedarft zu verbreiten. Demokratinnen sollten stattdessen eigene, optimistische Positionen stark machen.

Für Anstand, Freiheit und Verantwortung

Der Nationalsozialismus und die historischen Parallelen mahnen nicht nur, wozu Kulturpessimismus, Antisemitismus, Rassismus und Nationalismus führen können und wie lebendig Facetten des faschistischen Denkens noch heute sind. Er hat auch bewiesen, dass Menschen frei darin sind, in extremsten Situationen anständig zu bleiben und sich für menschliches Handeln zu entscheiden. Bei einer Tagung in Jerusalem sprach ich mit einem konservativen Juden, der sich mit seinem Vater, der einst vor den Nazis aus Deutschland floh, für den interreligiösen Dialog einsetzt. Er erzählte, dass er überhaupt nur auf der Welt ist, weil ein deutscher Nazioffizier seinen Vater im Kindesalter flüchten ließ, anstatt ihn zu erschießen. Er sagte, er empfinde diesem Mann gegenüber Dankbarkeit. Widerstandskämpfer und Deserteure, die sich dem nationalsozialistischen Wahnsinn verweigerten, beweisen: Menschen sind selbst unter den Umständen der Barbarei zu Anstand und Zivilität fähig. Hier und heute ist es viel leichter, Demokratie und Menschenrechte zu verteidigen – also tun wir es!

Der Psychologe Viktor E. Frankl hat seine eigenen Erfahrungen in den Konzentrationslagern der Nazis, darunter Auschwitz, in einem Buch zusammengefasst.[1] Er berichtet von Häftlingen, die immer wieder gute Worte und den letzten Bissen Brot spendeten: »Sie haben Beweiskraft dafür, dass man dem Menschen im Konzentrationslager alles nehmen kann, nur nicht: die letzte menschliche Freiheit, sich zu den gegebenen Verhältnissen so oder so einzustellen.« Frankl schildert die Episode, wie ein halb verhungerter KZ-Häftling Kartoffeln stahl und von anderen Häftlingen erwischt wurde. Die Lagerführung forderte die Auslieferung des Mannes und drohte dem ganzen Lager mit Essensentzug. Selbstverständlich, so Frankl, »fasteten lieber 2500 Kameraden, als dass sie den einen dem Galgen überantwortet hätten«.

Heute lassen wir es trotz unseres gesellschaftlichen Wohlstands zu, dass Menschen verhungern, gefoltert und versklavt werden. Wir erlauben es, dass Kinder im Mittelmeer ertrinken und das reiche Europa die Stacheldrähte noch höher zieht. Dem Druck von rechts außen wird besonders in der Asylpolitik nachgegeben. Denn, so mahnen viele, man dürfe Menschen nicht aufgrund ihrer Sorgen in die rechte Ecke stellen. Doch die Floskel täuscht darüber hinweg, wie dünn die Grenze zwischen Verunsicherung und Propaganda ist. Wer mit Neonazis demonstriert oder Rechtsradikale wählt, sucht sich die rechte Ecke selbst aus. Dafür ist er selbst verantwortlich. Dabei ist die Bevölkerung insgesamt so offen und hilfsbereit wie nie zuvor. Wenn es todgeweihten Lagerhäftlingen in Konzentrationslagern gelang, mutig oder tapfer oder selbstlos oder menschlich zu bleiben und ihr »Menschentum« (Frankl) nicht zu vergessen, dann sollte es auch unter den Bedingungen des in der Geschichte größten Maßes an Aufklärung, Demokratie, Freiheit, Sicherheit und Wohlstand erwartbar sein, nicht in Egoismus, Schwarzseherei und Rassismus zu verfallen. Der Psychologe Frankl konstatiert: Auch schwierige äußere Situationen bieten dem Mensch Gelegenheit, innerlich über sich selbst hinauszuwachsen. Menschen haben immer die Freiheit, sich zu entscheiden, und sind darum für ihr Handeln verantwortlich. Und so gibt es keine Entschuldigung dafür, anderen Menschen die Existenzberechtigung abzusprechen, sie zu dämonisieren oder zu jagen. Sich als Opfer zu fühlen gibt niemandem das Recht, ein Rassist zu sein. Und die Gesellschaft sollte davon absehen, den Rechtsradikalismus öffentlich zu entschuldigen und zu verharmlosen. Stattdessen sollten wir konstruktive Diskussionen über seine Ursachen führen und gemeinsam überlegen, wie wir alle in Zukunft zusammenleben wollen.

Nach Frankl ist das höchste menschliche Gut die innere Freiheit, zu entscheiden, wie man sich verhält und was man ist – ein anständiger Mensch oder ein unanständiger. Wichtigste Voraussetzung, um nicht in Hoffnungslosigkeit, Pessimismus und Unanständigkeit zu verfallen, ist das Finden eines Sinnes auch unter schwierigen Umständen. Reaktionäre wenden sich vor allem gegen Veränderungen, in denen sie für sich keinen Sinn erkennen können. Es mangelt ihnen an Empathie für andere.

Politische Sinn- und Orientierungssuche ist weit über das rechte Lager hinaus verbreitet: 72 Prozent der Deutschen beklagen, dass eine langfristige politische Vision fehlt.[2] Gerade die Progressiven versäumen es, große Bevölkerungsteile mit ambitionierten Zielen für eine bessere Zukunft zu begeistern. Dabei war genau das jahrzehntelang das Erfolgsrezept der heute oft müden und verwaltungsmäßig auftretenden Sozialdemokratie. Unterdessen mangelt es nicht an progressiven Ideen, wie Visionen für ein bedingungsloses Grundeinkommen, die 15-Arbeitsstunden-Woche und offene Grenzen zeigen.[3]

Die Zukunft ist ungeschrieben

Progressive dürfen sich von den Rechten nicht in die Defensive drängen lassen, sondern müssen im Geist von Freiheit und Solidarität neue Visionen suchen oder alte und unvollendete Gerechtigkeitsversprechen neu entdecken, mit denen sich Menschen identifizieren. Mit eigenen Zukunftsthemen können zudem die medialen Provokationsdynamiken ausgehebelt werden. Die Erfolgschancen sind gut, und sie werden noch besser, wenn die Demokraten endlich mutiger und selbstbewusster werden. Allen Rückschlägen und deren Radikalisierung von rechts außen zum Trotz wird dieser historische Trend auch künftig anhalten, wenn wir uns nicht von Angst und Pessimismus lähmen lassen. Ja, die Gesellschaft wird vielfältiger, und das bringt neue Konflikte mit sich, die produktiv und zukunftsgewandt auf der Grundlage der Menschenrechte zu besetzen sind. Das wird nicht immer auf Anhieb gelingen, aber nicht die Demokraten sind deshalb in einer Abwehrposition, sondern weiterhin die Rechten, auch wenn sie so tun, als wäre es andersherum. Die qualitative Radikalisierung der quantitativ schrumpfenden Rechten ist ein deutlicher Indikator dafür, dass die Demokratisierung der Gesellschaft voranschreitet. Das Mittel, um die liberale Demokratie auch durch stürmischen Zeiten zu führen, ist ihre ständige Weiterentwicklung.

Der kritische Theoretiker Adorno sah das Denken vor die Aufgabe gestellt, »alle reaktionären Argumente gegen die abendländische Kultur in den Dienst der fortschreitenden Aufklärung zu stellen«[4]. Das heißt heute: die Zwänge überholter Erwartungen und Ansprüche – zum Beispiel aufgrund von Abstammung, Geschlecht, Identität oder Nation – aufzugeben und diese Ansprüche selbst in den Fokus der Kritik zu rücken. Wir alle können mehr Freiheit und Zufriedenheit finden, wenn wir den identitären Druck und die damit verbundenen Rollenerwartungen aufgeben und uns als gleichwertige Menschen verstehen und begegnen. Dieses Ziel lässt sich nicht als akademisches Projekt im Elfenbeinturm erreichen, sondern nur in der Praxis einer vielfältigen Gesellschaft und in Bewegungen, die Fortschritte anstoßen. Darum müssen wir einerseits den Kontakt zu anderen suchen und andererseits klare Grenzen gegen jede Verletzung der Menschenwürde ziehen. Je vielfältiger die Gesellschaft wird, desto wichtiger ist es, einen neuen Zusammenhalt zu finden, der Gerechtigkeit und Solidarität mit Freiheit und Verantwortung verknüpft – und Gleichberechtigung sowie kulturelle Wertschätzung mit der Offenheit gegenüber Veränderungen verbindet. Verschiedenheit braucht die universalistischen Leitplanken der Menschenrechte.

Es ist deutlich spürbar: Je lauter die Rechten werden, desto mehr Menschen besinnen sich darauf, dass Demokratie und Freiheit keine Selbstverständlichkeiten sind. Und so sollten wir die neue Lautstärke der Rechten als Ansporn nutzen, um die Widerstandskraft gegen autoritäre Tendenzen zu steigern und zu neuer Freiheit zu finden. Dazu gehört es, unsere jahrhundertealten Prägungen durch Antisemitismus, Rassismus und Sexismus kritisch zu hinterfragen. Im besten Fall gelingt es, die Kritik an gesellschaftlichen Entwicklungen in den Dienst aller Menschen und zukünftiger Generationen zu stellen. Soziale Eruptionen, wie das Erstarken der radikalen Rechten, mischen die Karten neu und eröffnen der Gesellschaft Chancen, um die Potenziale der Vielfalt für eine bessere Zukunft zu nutzen.

Pegida hat gezeigt, wie schon wenige Tausend Menschen das politische Klima nachhaltig verändern können. Solche Protestdynamiken lassen sich auch (und meistens) für progressive Ziele in Stellung bringen. Wie das geht, zeigen Beispiele der Gegenwart, die Hoffnung machen: Etwa eine viertel Million Menschen demonstrierte im Oktober 2018 in Berlin unter dem Motto »Solidarität statt Ausgrenzung« für eine freie, offene und solidarische Gesellschaft, in der Menschenrechte unteilbar sind.[5] Hunderttausende demonstrierten gegen Einschränkungen des Internets. Zehntausende gingen in vielen Städten bei Demonstrationen für die Seenotrettung von Geflüchteten, für ein demokratisches und solidarisches Europa und bei Kundgebungen für bezahlbare Wohnungen auf die Straße. 30 000 demonstrierten in München gegen ein repressiveres Polizeiaufgabengesetz, 25 000 protestierten in Berlin gegen eine Versammlung der AfD, und selbst in kleineren Orten versammeln sich immer wieder viele Menschen, um Zeichen gegen Rassismus und Nationalismus zu setzen. Nach den rechten Ausschreitungen in Chemnitz zeigten 65 000 Menschen, dass die Rechten nur eine bedrohliche und laute Minderheit sind. Längst nicht nur bei Demonstrationen, sondern auch in der Kultur, in der Wissenschaft, in den Kirchen, im Sport, in der Wirtschaft und in Arbeitnehmerorganisationen formiert sich Widerstand gegen rechts – und für die öffentliche Aushandlung der Zukunft. Krisen, Fortschritte und Veränderungen werden immer reaktionäre Gegenbewegungen hervorrufen. Und weil Vorbeugen besser ist als nur zu reagieren, gilt es Rückschläge zu verhindern, bevor sie entstehen.

Es liegt an uns allen, die Politik zu bewegen, durch aufgeklärtes und vorausschauendes Handeln jene Krisen und Verunsicherungen zu reduzieren, die die Gefahr weiterer Geländegewinne für die radikale Rechte mit sich bringen. Falsche und kurzsichtige Politik ist eine entscheidende Bedingung für das Erstarken der radikalen Rechten. Das beweist zum Beispiel die jahrelange Ignoranz der europäischen Asylpolitik, die 2015 zur Krise führte. Rechtsaußen-Strukturen haben seit 2013 ihren Einfluss auf die Politik und die Öffentlichkeit massiv verstärkt. Sie haben ihre Möglichkeiten für einen konzentrierten Angriff auf die liberale Demokratie im Falle neuer materieller oder ideeller Krisen erheblich gesteigert. Dies ist nur möglich durch die fahrlässige Unterstützung naiver Demokraten, die sich in der Politik und in den Medien an der Normalisierung des Rechtsradikalismus beteiligen.

Wir können die Rechten stoppen, indem Widersprüche und Veränderungen offensiver auf der Grundlage von Menschenrechten und optimistischer Sinnsuche für die Zukunft zum Thema gemacht werden. Es gibt keinen Stillstand und keinen Untergang der Gesellschaft. Vieles, woran wir heute gewöhnt sind, wird in der Zukunft anders sein. Das ist keine Bedrohung, sondern der Lauf der Dinge. Betrachten wir die Entwicklung der letzten Jahrzehnte und Jahrhunderte, dann lässt sich prognostizieren: Das Morgen wird besser, nicht schlechter. Wie wir in der Zukunft leben werden, liegt jedoch an uns. Gestalten wir die Streitpunkte, die jede Veränderung mit sich bringt, menschlich, solidarisch und pragmatisch. Je mehr positive Visionen wir unter der Beteiligung möglichst vieler für die Zukunft entwickeln, desto weniger Platz bleibt für rückwärtsgewandte Mystifizierungen.

Im Kielwasser von Fortschritten fährt immer auch die Reaktion mit: Vor allem auf zwei neue Szenarien der Rückschläge von rechts außen sollten wir uns deshalb einstellen.

Kapitalismuskritik von rechts außen

Erstens besteht die latente Gefahr einer erneuten Krise des Kapitalismus. Die fehlende Regulierung der Finanzmärkte radikalisiert diese Gefahr noch. Der nationalsozialistische Flügel um Höcke, das *Compact*-Magazin und das Institut für Staatspolitik bereiten sich auf die nächste Wirtschaftskrise und ökonomische Verteilungskämpfe vor. Sie versuchen, die soziale Frage von rechts zu besetzen. Von Schnittstellen zu linken Oppositionellen und Intellektuellen erhoffen sich die radikalen Rechten Bestätigung für ihre antiliberalen Angriffe auf »das System«. In diese Falle ist der dezidiert linke Autor Thomas Wagner getappt, der im reaktionären Antiliberalismus der Neuen Rechten Anknüpfungspunkte für linken Antiimperialismus sucht und findet. Indem er einzelnen Argumenten der radikalen Rechten zustimmt, normalisiert er unwillentlich deren umfassende Demokratie- und Menschenfeindlichkeit. Zu sagen, dies und jenes am neofaschistischen Denken sei nicht falsch, ist die zeitgenössische Parallele zur Feststellung, dass der Bau der Autobahnen im Dritten Reich doch gut gewesen sei – völlig überflüssig. Wagners Buch *Die Angstmacher* wurde im Feuilleton ausgerechnet dafür gelobt, Gespräche mit rechtsradikalen Kadern geführt zu haben. Dabei ist die gegenseitige Suche nach Nähe vor allem ein Ausdruck von Distanzlosigkeit.[6] Es ist geradezu absurd, wenn ausgerechnet Linke, die meist zu Recht nicht mit Rechten in einen Topf geworfen werden wollen, bei ihren Gegnern von rechts außen nach Bestätigung suchen. Damit tragen sie letztendlich dazu bei, die Idee des Nationalsozialismus als gleichberechtigte Alternative im öffentlichen Diskurs zu behandeln. Und sie bestätigen die falsche konservative These, nach der radikale Rechte und Linke sich letztlich in der gleichen Distanz zur Demokratie treffen. Doch derartig geschichtsvergessene Debatten lenken nur von den tatsächlichen Herausforderungen ab.

Noch ist die soziale Frage die Kernkompetenz der

Linken. Sie ist schlecht beraten, sich diese Position streitig machen zu lassen – sei es durch die Anerkennung rechtsradikaler Perspektiven oder durch die Vernachlässigung dieses Politikfeldes. Im Falle einer erneuten Krise des Kapitalismus werden radikale Rechte versuchen, mit nationalsozialistischen Forderungen Unterstützung zu mobilisieren. Aber bisher ist die Offensive der radikalen und populistischen Rechten zuvorderst ein Kulturkampf gegen Veränderungen und gegen den Verlust von Privilegien. Die Zukunft wird weitere Veränderungen mit sich bringen, die Orientierungsunsicherheit schaffen und von Menschen als Bedrohung wahrgenommen werden. Damit entstehen neue Konflikte, die für politische Bewegungen mobilisierbar sind. Die Digitalisierung ist ein solcher Wandel, mit dem lebensweltliche Unterschiede zwischen Generationen und Gruppen verstärkt werden. Besonders stark werden sich die notwendigen Veränderungen im Kampf gegen den Klimawandel auswirken.

Ein antiökologischer Rückschlag droht
Mit einem Gelben Stern und der Aufschrift »Jude« zwangen die Nationalsozialisten Menschen, die auf Grundlage der antisemitischen Naziideologie als Juden markiert wurden, für Diskriminierung bis zur Vernichtung erkennbar zu sein. Bei Demonstrationen von deutschen »Gelbwesten« und auf rechtsradikalen Webseiten wird dieser Stern nun wieder genutzt – mit der Aufschrift »Dieselfahrer«. Diejenigen, die den Stern nutzen, stellen sich als Opfer dar und damit auf eine Stufe mit den ermordeten Juden; dazu heißt es: »Öko-Faschos und Gutmenschen machen verbal Jagd auf alle Diesel-

fahrer und angeblichen Verursacher von Feinstaub und des Klimawandels.«[7]

Dieser besonders zynische Höhepunkt illustriert, wie radikale Rechte versuchen, das Unbehagen mit den Veränderungen hin zu einer ökologischeren Politik zu mobilisieren und zu radikalisieren. Ich befürchte: Die Debatte um die Fahrverbote von Diesel-Fahrzeugen in deutschen Großstädten und die Reaktionen der radikalen Rechten sind erst die Vorboten neuer Konflikte, von denen reaktionäre Kräfte profitieren könnten. Auch die Politik von Donald Trump, die Ausschreitungen der französischen Gelbwesten und antiökologische Äußerungen der deutschen Rechten deuten das bereits an.

Kaum eine Wissenschaftlerin oder ein Politiker hat ernsthafte Zweifel daran, dass erhebliche Anstrengungen und Veränderungen nötig sind, um die weitere Erwärmung der Erde zu verhindern. Unter dem Motto »Fridays for Future« hat sich weltweit eine junge Klimaschutz-Bewegung entwickelt, die Politik und Wirtschaft antreibt, wirksame Maßnahmen gegen die Erderwärmung umzusetzen. Die Dynamik und Zusammensetzung der »Fridays for Future«-Bewegung ist programmatisch und sozialstrukturell der Gegenpol zu den »Montags in die Vergangenheit«-Aufmärschen in Dresden. Die Klimaschutzproteste wenden sich nicht gegen eine angebliche Bedrohung von außen mit dem Ziel, Privilegien gegen Veränderungen zu verteidigen, sondern machen existenzielle Gefahren der Zukunft der Erde zum Thema. Die Klimaaktivisten beweisen, dass Fakten in der Lage sind, Menschen für unsere Zukunft zu mobilisieren. Sie greifen die Widersprüche unserer Lebensweise auf, aber suchen das Heil nicht in einer angeblich harmonischen Vergangenheit, sondern in einer progressiven Zukunft. Schon sprechen manche Beobachter davon, dass die klimapolitische Bewegung sogar die 1968er in den Schatten stellen könnte. Der kommende Rechtsaußen-Gegenschlag gegen die Klimarevolution lässt sich voraussagen.

Zu Recht debattiert das demokratische Spektrum darum kontrovers darüber, wie die ökologische Transformation demokratisch und gerecht erreicht werden kann. Dabei schwingt immer auch mit: Wie kann verhindert werden, dass radikale und populistische Rechte diese Entwicklung instrumentalisieren? Denn mit der ökologischen Wende werden einige Menschen – aus mehr oder weniger nachvollziehbaren Gründen – nicht einverstanden sein. Die Energie- und Mobilitätswende wird mit großen Veränderungen unserer Lebensweise einhergehen, nicht zuletzt auch hinsichtlich unserer Ernährung und Mobilität. Dabei entstehende Verunsicherung und Fortschrittsmüdigkeit können – wie immer – von radikalen Nostalgikern geschürt und missbraucht werden. Diese neue Dimension des rechten Kulturkampfes hat gerade in der Auto- und Fleischnation Deutschland längst begonnen.

In der Veränderung des Arbeitsmarktes und durch die öffentliche Abwertung von billigerem und damit meist weniger nachhaltigem Konsum besitzt der kulturelle Konflikt auch Sprengkraft zwischen sozialen Milieus beziehungsweise Klassen. Denn wer genug Geld verdient, kann sich arbeitsplatznahes Wohnen und Verzicht auf das eigene Auto, ökologische Ernährung, faire Kleidung und umweltfreundliches Reisen leisten. Doch große Teile der Bevölkerung sind von diesen Ansprüchen und Möglichkeiten systematisch ausgeschlossen. In der Frage des Klimawandels überschneiden sich also wirtschaftliche und kulturelle Konflikte. Darum muss die politische Gestaltung der Veränderung dafür sorgen, dass die ökonomischen Lasten und Mehrkosten des Wandels von denen getragen werden, die von der Ausbeutung des Planeten profitieren und die sich höhere Ab- und Ausgaben überhaupt leisten können. Es müssen die besonders Wohlhabenden und die großen Unternehmen in die Verantwortung genommen werden, um die ökologische Wende für alle umzusetzen. Es gilt, die Situation von Haushalten mit kleineren Einkommen zu verbessern, damit auch sie für eine umweltfreundliche Lebensweise aufkommen können. Nur eine ökologisch *und* sozial nachhaltige Politik kann dazu führen, dass die ökologische Transformation von vielen Menschen nicht als eine Bedrohung, sondern als ein Aufstieg erfahren wird. Es braucht die Unterstützung der Bevölkerung für absehbare Veränderungen – nicht zuletzt, um rechte Rückschläge zu vermeiden.

Im Netz kursieren derweil diverse Verschwörungstheorien, die den Klimawandel als geopolitische Erfindung und Mittel für die Unterdrückung der Völker durch dämonische Hintermänner darstellen. Zugleich hat die radikale Rechte Sündenböcke für die globale Erwärmung markiert, durch deren Erfindung sie ihrer Anhängerschaft verspricht, die Privilegien behalten zu können. Beispielhaft dafür steht der Rechtsterrorist Brenton Tarrant in Christchurch: Nach der Tat haben Rechtsradikale versucht, seinen Anschlag als durch grüne Ziele motivierten Ökoterrorismus darzustellen, weil Tarrant sich in seinem Manifest als »ethno-nationalistischen

Ökofaschist« bezeichnet hat. Er argumentierte, die Ermordung von Muslimen sei nötig, um die Überbevölkerung der Welt durch Muslime zu verhindern und dadurch die Umwelt zu schützen. In dieselbe rassistische Kerbe schlug der AfD-Bundestagsabgeordnete Ralf Kraft, als er behauptete, Menschen, die aus Afrika nach Europa flüchten, seien mit für den Klimawandel verantwortlich, weil sie hier einen größeren CO_2-Ausstoß verursachen würden als in Afrika. Bereits 2015 warnte der Historiker Timothy Snyder davor, dass sich der Holocaust wiederholen könnte, wenn eine Gruppe von Menschen zum Sündenbock erklärt wird, durch deren Vernichtung eine drohende Klimakatastrophe verhindert werden könnte.[8]

Die Beispiele zeigen, wie das Thema der Ökologie große Einfallstore für Rechtsradikale öffnet. Schon lange werden grüne Aktivitäten braun unterwandert – zum Beispiel in der ökologischen Landwirtschaft. Die dahinterstehenden völkischen Umweltideologien gehen bis weit ins letzte Jahrhundert zurück. Rechtsradikale verklären das vorindustrielle Landleben in völkischen Sippen zu einer angeblich besseren Vergangenheit, die durch den Liberalismus und die Globalisierung zerstört wurde. Durch die demografische Entwicklung werden sich ländliche Regionen weiter entvölkern und damit Nischen für rechtsradikale Landpolitik öffnen. Es ist wichtig, für solche Entwicklungen zu sensibilisieren, bevor sich rechtsradikale Positionen und Strukturen verankern können. Versuche von rechts außen, Umwelt- und Klimaschutz völkisch und nationalistisch umzudeuten und zu besetzen, sind unmissverständlich zurückzuweisen. Denn dahinter verbirgt sich oft ein rassistisches, antidemokratisches und antisemitisches Weltbild, das letztlich von den wirklichen Aufgaben ablenkt. Der Klimawandel ist ein ernstes weltweites Problem, das nicht durch nationalistische Pseudoalternativen zu bewältigen ist. Mit rassistischen Thesen und populistischer Angstmache ist der Zukunft des Planeten ebenso wenig geholfen wie mit Ignoranz, Leugnung oder Nihilismus.

Zusammenhalt braucht Zuversicht

Pessimismus ist eine der tragenden Säulen des Erfolgs der populistischen und radikalen Rechten. Ihr Griff nach der Macht beruht vor allem auf Angstmache und darauf, aufgrund behaupteter Katastrophen extreme Maßnahmen gegen Bevölkerungsgruppen zu rechtfertigen – beides zieht sich wie ein roter Faden durch die Geschichte der radikalen Rechten. Weil sie ihre rassistischen Ideale und Vorrechte heute mehr denn je verloren gehen sehen, glauben sie an den Untergang der ganzen Zivilisation. Psychologische Effekte und die Eigendynamik der öffentlichen Aufmerksamkeitsökonomie spielen dieser Niedergangspropaganda in die Hände.

Elementar für die Verteidigung der liberalen Demokratie ist daher die Bekämpfung der kulturellen Grundlagen faschistischer Tendenzen in allen Bereichen der Gesellschaft. Dabei darf man nicht einknicken. Um es am Beispiel des bereits erwähnten »Lehrer-Prangers«, mit dem Schüler im Netz AfD-kritische Lehrer denunzieren sollten, zu verdeutlichen: Lehrkräfte sind verpflichtet, das Grundgesetz zu verteidigen. Sie dürfen sich deshalb nicht auf ein falsch verstandenes Neutralitätsgebot zurückziehen, sondern sind im Gegenteil angehalten, Äußerungen zu widersprechen, die die Menschenwürde verletzen. Demokratie als Staats- und Lebensform zu vermitteln heißt, auch die Gefährdungen durch Antidemokraten in den Blick zu nehmen und junge Menschen gegen das Gift der Rechtsradikalen zu immunisieren. Zum einen sind Erfolge der AfD also ein Anlass für mehr, nicht für weniger politische Bildung. Zum anderen wird klar: Den demokratischen Diskurs zu retten heißt, Antidemokraten davon auszuschließen. Und das gilt natürlich nicht nur für Lehrkräfte.

Der schwedische Wissenschaftler Hans Rosling empfiehlt: Wir sollten grundsätzlich mit schlechten Nachrichten rechnen, um einzelne Rückschläge in langfristige Verbesserungen einzuordnen, anstatt daraus Krisenerzählungen zu konstruieren.[9] Es gilt also einzelne Berichte und Ereignisse in ihrem Kontext zu bewerten und historische Bezüge herzustellen. Es ist Aufgabe von Medien, Nichtregierungsorganisationen und Wissenschaftlern, den Finger in Wunden zu legen. Keine Option darf es sein, Missstände zu verschweigen – egal welcher Art. Doch es sollten nicht nur einseitig Probleme benannt, sondern, wo vorhanden (und das ist meistens der Fall), auch positive Entwicklungen und vor allem konstruktive Alternativen und Auswege aufgezeigt werden. Das kann motivierend wirken und Impulse liefern, die in der Regel gern angenommen werden.

Allgemeiner Pessimismus und Kulturkritik sind weit verbreitet – selbst bei den Lieblingsfeinden der Reaktionären: den Intellektuellen der Frankfurter Schule. Dazu gehörte auch der Soziologe Max Horkheimer, der jedoch eine wichtige Unterscheidung traf. Trotz aller theoretischen Fundamentalkritik an der Gesellschaft plädierte er für eine zuversichtliche Praxis nach dem Leitsatz: »Pessimismus in der Theorie, Optimismus in der Praxis.«[10] Es gilt, im Alltag das Möglichste zu tun und Alternativen jenseits von Antisemitismus, Nationalismus, Rassismus und Sexismus aufzuzeigen.

Und das lässt sich auch heute verstärkt beobachten: Die meisten Menschen suchen nicht nach dem schlimmsten Szenario, sondern nach hoffnungsvollen und pragmatischen Antworten für eine bessere Zukunft. Engagement für den Klimaschutz, für Seenotrettung und Solidarität, Gleichberechtigung und soziale Gerechtigkeit, Utopien für eine bessere Zukunft und vorbildhafte Einsätze für Menschlichkeit, all das sind Fackeln der Hoffnung, die in turbulenten Zeiten besonders hell strahlen. Sie sind gerade deshalb so wichtig, weil wir zwar schon viel erreicht haben, aber noch viel zu tun bleibt.

Anmerkungen

Lektionen aus Chemnitz

1 Faus, Rainer/Storks, Simon: »Das pragmatische Einwanderungsland. Was die Deutschen über Migration denken«, Umfrage der Friedrich-Ebert-Stiftung 2019 (https://www.fes.de/themenportal-flucht-migration-integration/umfrage-was-die-deutschen-ueber-migration-denken/).

2 Höcke, Björn/Hennig, Sebastian: *Nie zweimal in denselben Fluss. Björn Höcke im Gespräch mit Sebastian Hennig*, Lüdinghausen: Manuscriptum 2018.

3 Junge, Barbara/Pickert, Bernd: »Wir sind nicht mehr«, *taz* vom 11.9.2018 (http://www.taz.de/!5535324/).

4 »Wie Kriminalität und gefühlte Kriminalität auseinanderklaffen«, *Frankfurter Neue Presse* vom 17.9.2018 (https://www.fnp.de/politik/kriminalitaet-gefuehlte-kriminalitaet-auseinanderklaffen-10362096.html).

5 »Gauland bezeichnet Krawalle als ›Selbstverteidigung‹«, *Frankfurter Allgemeine Zeitung* vom 29.8.2018 (https://www.faz.net/aktuell/politik/inland/afd-chef-gauland-nennt-krawalle-in-chemnitz-selbstverteidigung-15761753.html).

6 Hobsbawm, Eric J.: *Das Zeitalter der Extreme. Weltgeschichte des 20. Jahrhunderts*, München: Deutscher Taschenbuch-Verlag 1995/2009, S. 155.

7 Mai, Marina: »Unter bürgerlichem Deckmantel«, *taz* vom 4.11.2013 (http://www.taz.de/!5055715/).

Die vielen Facetten von Deutschland rechts außen

1 Memmi, Albert: *Rassismus*, Frankfurt am Main: Hain 1992, S. 103.

2 »Wir erheben keinen Anspruch auf Unfehlbarkeit«, Evangelische Nachrichtenagentur idea e. V. vom 14.10.2016 (https://www.idea.de/medien/detail/tagesschau-chefredakteur-wir-erheben-keinen-anspruch-auf-unfehlbarkeit-98559.html).

3 »Rechtsextremer wird neuer Präsident«, tagesschau.de vom 28.10.2018 (https://www.tagesschau.de/eilmeldung/brasilien-bolsonaro-115.html).

4 »Bystron: Bolsonaro erringt Sieg trotz massiver Diffamierung«, AfD-Fraktion im Deutschen Bundestag vom 29.10.2018 (https://www.afdbundestag.de/bystron-bolsonaro-erringt-sieg-trotz-massiver-diffamierung/).

5 Dobrindt, Alexander: »Wir brauchen eine bürgerlich-konservative Wende«, *Die Welt* vom 4.1.2018 (https://www.welt.de/debatte/kommentare/plus172133774/Warum-wir-nach-den-68ern-eine-buergerlich-konservative-Wende-brauchen.html).

6 Stern, Fritz: *Kulturpessimismus als politische Gefahr. Eine Analyse nationaler Ideologie in Deutschland*, Stuttgart: Klett-Cotta 1963/2018, S. 7.

7 Pflüger, Friedbert: *Deutschland driftet. Die Konservative Revolution entdeckt ihre Kinder*, Düsseldorf: Econ-Verlag 1994.

8 Kubitschek, Götz: »Unruhe ist Pflicht« – Höcke im Gespräch, *Sezession* 2019 (https://sezession.de/60609/unruhe-ist-pflicht-hoecke-im-gespraech).

9 Fuchs, Christian/Hommerich, Luisa: »Der Rechts-Staatsanwalt«, *Zeit Online* vom 6.4.2019 (https://www.zeit.de/politik/2019-04/zentrum-fuer-politische-schoenheit-kuenstlerkollektiv-bjoern-hoecke-afd/komplettansicht).

10 Adorno, Theodor W. et al.: *Studien zum autoritären Charakter*, Frankfurt am Main: Suhrkamp 1950/1995, S. 206.

11 Lilla, Mark: *The shipwrecked mind: On political reaction*, New York: New York Review Books 2016, S. 12.

12 Höcke, Björn/Hennig, Sebastian: *Nie zweimal in denselben Fluss*, a. a. O., S. 257.

13 Snyder, Timothy: *Black Earth. Der Holocaust und warum er sich wiederholen kann*, Frankfurt am Main: Fischer 2017, S. 348.

14 Salzborn, Samuel: *Globaler Antisemitismus: Eine Spurensuche in den Abgründen der Moderne*, Weinheim: Beltz Juventa 2018, S. 66.

15 Weiß, Volker: *Die autoritäre Revolte. Die Neue Rechte und der Untergang des Abendlandes*, Stuttgart: Klett-Cotta 2017, S. 47.

16 Pfahl-Traughber, Armin: »*Die ›Umwertung der Werte‹ als Bestandteil einer Strategie der ›Kulturrevolution‹*«, in: Gessenharter, Wolfgang/Pfeiffer, Thomas (Hrsg.): *Die neue Rechte – eine Gefahr für die Demokratie?*, Wiesbaden: VS Verlag für Sozialwissenschaften 2004, S. 73–94.

17 Adam, Konrad: »*Der Weg ins Freie*«, Junge Freiheit vom 31.3.2018 (https://jungefreiheit.de/debatte/kommentar/2018/der-weg-ins-freie/).

18 »Volle Wahrheit«, *Der Spiegel* 16/1995 (http://www.spiegel.de/spiegel/print/d-9180071.html).

19 Leinemann, Jürgen: »Das macht ihm keiner nach«, *Der Spiegel* 5/1988 (http://m.spiegel.de/spiegel/print/d-1352604.html).

20 »Mehrheit der Unionswähler will auf Merkel-Kurs bleiben«, *Die Welt* vom 5.11.2018 (https://www.welt.de/politik/deutschland/article183276940/Forsa-Umfrage-Mehrheit-der-Unionswaehler-will-auf-Merkel-Kurs-bleiben.html).

21 Beck-Gernsheim, Elisabeth: *Wir und die Anderen. Vom Blick der Deutschen auf Migranten und Minderheiten*, Frankfurt am Main: Suhrkamp 2004.

22 Inglehart, Ronald: *The Silent Revolution. Changing Values and Political Styles among Western Publics*, Princeton: Princeton University Press 1977.

23 Pinker, Steven: *Aufklärung jetzt. Für Vernunft, Wissenschaft, Humanismus und Fortschritt – eine Verteidigung*, Frankfurt am Main: Fischer 2018.

24 Rosling, Hans/Rosling Rönnlund, Anna/Rosling, Ola: *Factfulness. Wie wir lernen, die Welt so zu sehen, wie sie wirklich ist*, Berlin: Ullstein 2018.

25 Inglehart, Ronald Franklin/Norris, Pippa: »*Trump, Brexit, and the Rise of Populism: Economic Have-Nots and Cultural Backlash*«, in: *HKS Faculty Research Working Paper* 26, 2016.

26 Zum Beispiel: Richter, Christoph/Bösch, Lukas (2017): Demokratieferne Räume? Wahlkreisanalyse zur Bundestagswahl 2017, Institut für Demokratie und Zivilgesellschaft (https://www.idz-jena.de/pubdet/demokratieferne-raeume-wahlkreisanalyse-zur-bundestagswahl-2017/) sowie Lengfeld, Holger (2017): Die »Alternative für Deutschland«. Eine Partei für Modernisierungsverlierer?, in: *Kölner Zeitschrift für Soziologie und Sozialpsychologie* 69 (2), S. 209–232.

27 Lipset, Seymour Martin/Raab, Earl: *The politics of unreason. Right wing extremism in America, 1790–1970*, London: Heinemann Educational Books 1971, S. 29.

28 Kimmel, Michael: *Angry White Men: Die USA und ihre zornigen Männer*, Zürich: Orell Füssli 2015.

29 Norris, Pippa/Inglehart, Ronald: *Cultural backlash. Trump, Brexit, and authoritarian populism*, Cambridge: University Press 2019.

30 Ipsos (2019): Studie zur Kluft zwischen Wahrnehmung und Wirklichkeit: Deutsche schätzen soziale Realitäten häufig falsch ein (https://www.ipsos.com/de-de/studie-zur-kluft-zwischen-wahrnehmung-und-wirklichkeit-deutsche-schatzen-soziale-realitaten-haufig).

31 Bundeszentrale für Politische Bildung et al.: »Datenreport 2018. Ein Sozialbericht für die Bundesrepublik Deutschland«, Bonn: Bundeszentrale für politische Bildung 2018, S. 405.

32 Sachverständigenrat deutscher Stiftungen für Integration und Migration (2018): Stabiles Klima in der Integrationsrepublik Deutschland (https://www.svr-migration.de/wp-content/uploads/2018/09/SVR_Integrationsbarometer_2018.pdf).

33 Pinker, Steven: *Aufklärung jetzt*, a. a. O., S. 280.

34 »Studie zeigt: Viele Menschen engagieren sich freiwillig für Flüchtlinge«, Bundesministerium für Familie, Senioren, Frauen und Jugend am 7.2.2018 (https://www.bmfsfj. de/bmfsfj/studie-zeigt--viele-menschen-engagieren-sich-frei willig-fuer-fluechtlinge/121758).

35 El-Mafaalani, Aladin: *Das Integrationsparadox. Warum gelungene Integration zu mehr Konflikten führt*, Köln: Kiepenheuer & Witsch 2018.

36 Kiyak, Mely: *Haltung. Ein Essay gegen das Lautsein*, Berlin: Duden 2018, S. 35.

37 Wernicke, Christian: »Mehrheit der Deutschen will nationale Grenzen zurück«, *Süddeutsche Zeitung* vom 5.4.2016 (https://www.sueddeutsche.de/politik/umfrage-mehrheit-der-deutschen-will-nationale-grenzen-zurueck-1.2933734).

38 Kamann, Matthias: »*AfD droht mit Deutschlands EU-Austritt ab 2024*«, Die Welt vom 3.1.2019 (https://www.welt. de/politik/deutschland/article186524804/Europawahl-AfD-droht-mit-Deutschlands-EU-Austritt-ab-2024.html).

39 Möthe, Alexander: »Die Deutschen wollen Europa – die Briten inzwischen auch wieder«, *Handelsblatt* vom 17.10.2018 (https://www.handelsblatt.com/politik/deutschland/eu-umfrage-die-deutschen-wollen-europa-die-briten-inzwischen-auch-wieder/23196450.html).

40 Infratest dimap: ARD-DeutschlandTrend, Februar 2019 (https://www.infratest-dimap.de/umfragen-analysen/ bundesweit/ard-deutschlandtrend/2019/februar/).

41 Institut für Demoskopie Allensbach: »Wie antisemitisch ist Deutschland?«, veröffentlicht in der *Frankfurter Allgemeinen Zeitung* vom 20.6.2018 (https://www.ifd-allensbach.de/ uploads/tx_reportsndocs/FAZ_Juni2018_Antisemitismus. pdf).

42 Fuchs, Dieter/Roller, Edeltraud: »Zufriedenheit mit dem Funktionieren der Demokratie in Deutschland«, Bundeszentrale für politische Bildung, Datenreport 2018 (http://www. bpb.de/nachschlagen/datenreport-2018/politische-und-

gesellschaftliche-partizipation/278505/zufriedenheit-mit-dem-funktionieren-der-demokratie-in-deutschland).

43 »Machen uns über Sexismus-Debatte lustig: Ich sage ›Chef‹, er sagt ›Hasi‹«, *Die Welt* vom 22.2.2018 (https://www.welt.de/politik/deutschland/article173850386/Frauen-in-der-AfD-Machen-uns-ueber-Sexismus-Debatte-lustig-Ich-sage-Chef-er-sagt-Hasi.html).

44 Faludi, Susan: *Die Männer schlagen zurück. Wie die Siege des Feminismus sich in Niederlagen verwandeln und was Frauen dagegen tun können*, Hamburg: Rowohlt 1993, S. 23.

45 Stokowski, Margarete: *Die letzten Tage des Patriarchats*, Hamburg: Rowohlt 2018.

46 Dörfler, Sebastian: »Ihre große Erzählung«, *taz* vom 16.2.2018 (http://www.taz.de/!5482501/).

47 AfD Kompakt: »Brauchen wir eine Me-Too-Debatte, die sich für Männer einsetzt?«, 20.7.2018 (https://afdkompakt.de/2018/07/20/brauchen-wir-eine-me-too-debatte-die-sich-fuer-maenner-einsetzt/).

48 Wößmann, Ludger et al. (2018): »Was denken die Deutschen zu Geschlechterthemen und Gleichstellung in der Bildung?«, Ergebnisse des ifo Bildungsbarometers 2018 (https://www.cesifo-group.de/DocDL/sd-2018–17-woessmann-etal-bildungsbarometer-2018-09-13.pdf).

49 »Umfrage: Drei Viertel der Deutschen für Ehe für alle«, *Die Welt* vom 29.6.2017 (https://www.welt.de/newsticker/news1/article166052867/Umfrage-Drei-Viertel-der-Deutschen-fuer-Ehe-fuer-alle.html)

50 Dambeck, Holger: »Mehrheit unterstützt Schülerstreiks für Klimaschutz«, *Spiegel Online* vom 22.2.2019 (http://www.spiegel.de/lebenundlernen/schule/schulstreiks-am-freitag-mehrheit-der-deutschen-unterstuetzt-proteste-a-1254485.html).

51 Wissenschaft im Dialog: Wissenschaftsbarometer (https://www.wissenschaft-im-dialog.de/projekte/wissenschaftsbarometer/).

52 Scheler, Max: »*Das Ressentiment im Aufbau der Moralen*«, 1912.

53 Quent, Matthias: *Rassismus, Radikalisierung, Rechtsterrorismus. Wie der NSU entstand und was er über die Gesellschaft verrät*, Weinheim: Beltz Juventa 2016/2019.

54 Welzer, Harald: »Eine Frage der Haltung«, *Die Zeit* vom 18.12.2016 (https://www.zeit.de/2016/50/donald-trumps-erfolg-gruende-waehler-analyse-soziale-ungerechtigkeit).

Dunkle deutsche Tradition

1 Greiffenhagen, Martin: *5 Millionen Deutsche: »Wir sollten wieder einen Führer haben ...«. Die SINUS-Studie über rechtsextremistische Einstellungen bei den Deutschen*, Reinbek: Rowohlt 1981, S. 8.

2 Paul, Gerhard (Hrsg.): *Hitlers Schatten verblasst. Die Normalisierung des Rechtsextremismus*, Bonn: Dietz 1990, S. 39.

3 »›Integration ist Völkermord‹«, *Süddeutsche Zeitung* vom 22.12.2015 (https://www.sueddeutsche.de/politik/npd-giftige-worte-1.2793900-2)

4 »AfD-Politiker vergleicht Integration mit ›Völkermord‹«, *Frankfurter Allgemeine Zeitung* vom 22.9.2018 (https://www.faz.net/aktuell/politik/inland/4000-menschen-protestieren-in-rostock-gegen-die-afd-15801753.html).

5 Quent, Matthias: *Rassismus, Radikalisierung, Rechtsterrorismus*, a. a. O., S. 180 ff.

6 Zitiert in: Siegler, Bernd/Bittermann, Klaus: *Auferstanden aus Ruinen. Rechtsextremismus in der DDR*, Berlin: Edition Tiamat 1991, S. 99.

7 Zitiert in: Ebd., S. 37.

8 In: Schubarth, Wilfried/Heinemann, Karl-Heinz: *Der antifaschistische Staat entlässt seine Kinder. Jugend und Rechtsextremismus in Ostdeutschland*, Köln: PapyRossa-Verlag 1992, S. 87 f.

9 Zur Rolle der rechtsextremen Parteien während der Demonstrationen in Leipzig 1989 siehe zum Beispiel Schubarth, Wilfried/Heinemann, Karl-Heinz: *Der antifaschistische Staat entlässt seine Kinder*, a. a. O., S. 49 sowie Schumann, Frank: *Glatzen am Alex. Rechtsextremismus in der DDR*, Berlin: Edition Fischerinsel 1990, S. 93.

10 Strobl, Rainer et al.: *Demokratische Stadtkultur als Herausforderung. Stadtgesellschaften im Umgang mit Rechtsextremismus und Fremdenfeindlichkeit*, Weinheim u. a.: Juventa 2003.

11 Amadeu Antonio Stiftung: Todesopfer rechter Gewalt (http://www.opferfonds-cura.de/zahlen-und-fakten/todesopfer-rechter-gewalt/).

12 Pflüger, Friedbert: *Deutschland driftet*, a. a. O., S. 15.

13 Patalong, Frank: »Die Nacht, in der wir alle noch einmal davonkamen«, *Spiegel Online* vom 31.12.2017 (http://www.spiegel.de/einestages/millennium-bug-a-948986.html).

14 Weiland, Severin: »NPD-Schock in Sachsen, Milbradt abgestraft«, Spiegel Online vom 19.9.2004 (http://www.spiegel.de/politik/deutschland/landtagswahl-npd-schock-in-sachsen-milbradt-abgestraft-a-318817.html).

15 Amadeu Antonio Stiftung: Todesopfer rechter Gewalt (http://www.opferfonds-cura.de/zahlen-und-fakten/todesopfer-rechter-gewalt/).

16 Bunjes, Miriam: »Stille Trauer, laute Mahnung«, *taz* vom 13.6.2006 (http://www.taz.de/!420305/).

17 Quent, Matthias: *Rassismus, Radikalisierung, Rechtsterrorismus*, a. a. O.

18 Decker, Oliver/Brähler, Elmar: *Flucht ins Autoritäre. Rechtsextreme Dynamiken in der Mitte der Gesellschaft*, Gießen: Psychosozial-Verlag 2018, S. 87.

19 Schaefer, Dagmar et al.: »Rechtspopulistisches Potenzial. Die ›saubere Mitte‹ als Problem«. In: Heitmeyer, Wilhelm (Hrsg.): *Deutsche Zustände. Folge 1*, Frankfurt am Main: Suhrkamp 2002, S. 123–135.

20 Kampf, Lena: »Höckes AfD: Resonanzraum für die ›Neue

Rechte‹?«, ARD Panorama (https://daserste.ndr.de/panorama/
aktuell/Hoeckes-AfD-Resonanzraum-fuer-die-Neue-Rechte,
hoeckeslehre104.html).

21 Hartmann, Ingo: »Erfolgreich durch Netzwerke«, *Junge
Freiheit* vom 2.11.2001 (https://jungefreiheit.de/service/
archiv?artikel=archiv01/451yy47.htm).

22 »AfD-Vize Gauland sieht Pegida durch Anschlag von Paris
bestätigt«, *Süddeutsche Zeitung* vom 7.1.2015 (https://www.
sueddeutsche.de/politik/terror-afd-vize-gauland-sieht-pegida-
durch-anschlag-von-paris-bestaetigt-1.2294757).

23 Das Gupta, Oliver: »Der Anschlag, die AfD und ihre Ma-
sche«, Süddeutsche Zeitung vom 21.12.2016 (https://www.
sueddeutsche.de/politik/rechtspopulismus-der-anschlag-
die-afd-und-ihre-masche-1.3305035).

24 Fielitz, Maik et al. (2018): »Hassliebe: Muslimfeindlichkeit,
Islamismus und die Spirale gesellschaftlicher Polarisierung«,
Institut für Demokratie und Zivilgesellschaft (https://www.
idz-jena.de/newsdet/radikalisierung-muslimfeindlichkeit-
und-islamismus-verstaerken-sich-gegenseitig/).

25 Löer, Wigbert: »Rechter als Gauland – dieser Soldat könnte
die AfD übernehmen«, *Stern* 25/2018 (https://www.stern.de/
politik/deutschland/afd-parteivorsitz--der-rechte-netzwerker-
andreas-kalbitz-steht-bereit-8124794.html).

26 Hövermann, Andreas/Groß, Eva: »Menschenfeindlicher und
rechtsextremer – Die Veränderung der Einstellungen unter
AfD-Sympathisanten zwischen 2014 und 2016«, in: Zick,
Andreas et al. (Hrsg.): *Gespaltene Mitte – Feindselige Zustände. Rechtextreme Einstellungen in Deutschland 2016*,
Bonn: Dietz 2016 (http://www.beratungsnetzwerk-sachsen-
anhalt.de/images/docs/Publikationen/FES_Mitte_Studie_
2016.pdf), S. 177.

27 Dörre, Klaus et al.: *Soziologie – Kapitalismus – Kritik. Eine
Debatte*, Frankfurt am Main: Suhrkamp 2009, S. 14.

28 Schirrmacher, Frank: »›Ich beginne zu glauben, dass die Linke
recht hat‹«, Frankfurter Allgemeine Zeitung vom 15.8.2011
(http://www.faz.net/aktuell/feuilleton/buergerliche-werte-

ich-beginne-zu-glauben-dass-die-linke-recht-hat-11106162.
html).

29 Köcher, Renate: »Das Unbehagen am Kapitalismus«, *Frankfurter Allgemeine Zeitung* vom 23.2.2012 (https://www.faz.net/aktuell/politik/inland/allensbach-umfrage-das-unbehagen-am-kapitalismus-11657529.html).

30 Heitmeyer, Wilhelm: Autoritärer Kapitalismus, Demokratieentleerung und Rechtspopulismus. Eine Analyse von Entwicklungstendenzen. In: Loch, Dietmar/ Heitmeyer Wilhelm (Hrsg.): *Schattenseiten der Globalisierung.* Frankfurt am Main: Suhrkamp 2001, S. 497–530.

31 Priester, Karin: »Die AfD als Konkurrenz für die SPD?«, in: Häusler, Alexander (Hrsg.): *Völkisch-autoritärer Populismus. Der Rechtsruck in Deutschland und die AfD*, Hamburg: VSA 2018, S. 52.

32 Nachtwey, Oliver: *Die Abstiegsgesellschaft. Über das Aufbegehren in der regressiven Moderne*, Berlin: Suhrkamp 2016.

33 »NPD-Vorsitzender: ›Sarrazin macht uns salonfähig‹«, Report Mainz vom 30.8.2010 (https://www.swr.de/report/presse/30-npd-vorsitzender-sarrazin-macht-uns-salonfaehig/-/id=1197424/did=6830314/nid=1197424/gc4vy4/index.html).

34 Burschel, Friedrich: »Dicke Luft im A 101: Nach 150 Prozesstagen im Münchener NSU-Prozess zeichnen sich Probleme der Innen- und Außenwahrnehmung des Verfahrens ab«, NSU Watch vom 8.12.2014 (https://www.nsu-watch.info/2014/12/dicke-luft-im-101-nach-150-prozesstagen-im-muenchener-nsu-prozess-zeichnen-sich-probleme-der-innen-und-aussenwahrnehmung-des-verfahrens-ab/).

35 Herman, Arthur: *Propheten des Niedergangs. Der Endzeitmythos im westlichen Denken*, Berlin: Propyläen 1998, S. 252.

36 Tucholsky, Kurt: »Wir Zuchthäusler«, *Die Weltbühne* vom 9.6.1931, Nr. 23, S. 838 (https://www.textlog.de/tucholsky-zuchthaeusler.html).

37 Etzemüller, Thomas: *Ein ewigwährender Untergang. Der*

apokalyptische Bevölkerungsdiskurs im 20. Jahrhundert, Bielefeld: transcript 2007, S. 12.

38 »Jeder fünfte Deutsche würde Sarrazin-Partei wählen«, *Die Welt* vom 5.9.2010 (https://www.welt.de/politik/deutschland/article9409117/Jeder-fuenfte-Deutsche-wuerde-Sarrazin-Partei-waehlen.html).

39 Kopke, Christoph/Lorenz, Alexander: »Die AfD und die Parteien der politischen Rechten«, in: Häusler, Alexander (Hrsg.): *Völkisch-autoritärer Populismus,* a.a.O., S. 69.

40 Die »Erfurter Resolution« – Wortlaut und Erstunterzeichner, Der Flügel 2015 (https://www.derfluegel.de/2015/03/14/die-erfurter-resolution-wortlaut-und-erstunterzeichner/).

41 Speit, Andreas: »Eine Partei in der Partei«, taz vom 10.2.2019 (https://taz.de/AfD-Rechtsaussen-Bewegung-Der-Fluegel/!5571754/?fbclid=IwAR3KLn9S5D5UK20wU9r4NDbMcw7XTl19Sgnjnca02-EkQL2QSbxcyxXIHkY).

42 Haltaufderheide, Ida: »Streit um Studie der Uni Jena: Forscher nennt AfD rechtsextrem«, *Focus Online* vom 12.2.2016 (https://www.focus.de/politik/deutschland/wissenschaftlich-verbraemte-kampfschrift-streit-um-studie-der-uni-jena-forscher-nennt-afd-rechtsextrem_id_5281424.html); Quent, Matthias/Saalheiser, Axel/ Schmidtke, Franziska (2016): »Gefährdungen der demokratischen Kultur in Thüringen«, Kompetenzzentrum Rechtsextremismus der FSU Jena.

43 »›Ich habe geholfen, ein Monster zu schaffen‹«, *Handelsblatt* vom 8.11.2015 (https://www.handelsblatt.com/politik/deutschland/ex-afd-vize-olaf-henkel-ich-habe-geholfen-ein-monster-zu-schaffen/12558382.html?ticket=ST-241742-qZAy9TrjJs7cHbWoRgX3-ap1).

44 »Aufnahmeheim für Flüchtlinge in Eisenberg erneut unter Kritik«, *Thüringer Allgemeine* vom 12.9.2013 (https://eisenberg.thueringer-allgemeine.de/web/eisenberg/startseite/detail/-/specific/Aufnahmeheim-fuer-Fluechtlinge-in-Eisenberg-erneut-unter-Kritik-899091544).

45 Hakenberg, Marie/Klemm, Verena (Hrsg.): *Muslime in Sach-*

sen. Geschichte, Fakten, Lebenswelten, Leipzig: Edition Leipzig 2016.

46 »Chronik flüchtlingsfeindlicher Vorfälle«, Mut gegen rechte Gewalt (https://www.mut-gegen-rechte-gewalt.de/service/chronik-vorfaelle).

47 »Wenn am nächsten Sonntag Bundestagswahl wäre ...«, Wahlrecht.de (https://www.wahlrecht.de/umfragen/forsa.htm).

48 »Umfrage zeigt, worauf es den Wählern wirklich ankommt«, *Bild am Sonntag* vom 19.8.2017 (https://www.bild.de/politik/inland/bundestagswahl2017/hallo-wahlkampf-diese-themen-sind-deutschland-wirklich-wichtig-52925104.bild.html).

49 »Exklusiv-Umfrage: Das sind die größten Sorgen der Deutschen«, *Thüringer Allgemeine* vom 1.8.2017 (https://www.thueringer-allgemeine.de/web/zgt/politik/detail/-/specific/Exklusiv-Umfrage-Das-sind-die-groessten-Sorgen-der-Deutschen-809448434).

50 Durkheim, Émile: *Der Selbstmord*, Frankfurt am Main: Suhrkamp 1897/1987.

51 Branas, Charles C. et al. (2015): »The impact of economic austerity and prosperity events on suicide in Greece: a 30-year interrupted time-series analysis« (https://bmjopen.bmj.com/content/5/1/e005619).

52 Fratzscher, Marcel: »Man nennt es Tod aus Verzweiflung«, *Zeit Online* vom 1.3.2019 (https://www.zeit.de/wirtschaft/2019-02/suizid-ostdeutschland-verzweiflung-sterberate-maenner-integration).

53 Gurr, Ted Robert: *Why men rebel*, Princeton: University Press 1970.

54 Pflüger, Friedbert: *Deutschland driftet*, a.a.O., S. 18.

55 Bötticher, Astrid/Kopke, Christoph/Lorenz, Alexander: »Die AfD verbieten? Erfüllt die AfD die Kriterien der Verfassungswidrigkeit?«, in: *Kriminalistik* 12, 2018, S. 717–720.

56 Botsch, Gideon: »AfD: Im Parlament gegen das Parlament«, *Blätter für deutsche und internationale Politik* 4/2018

(https://www.blaetter.de/archiv/jahrgaenge/2018/april/afd-im-parlament-gegen-das-parlament).

57 Fiedler, Maria: »Wie sich die AfD vor dem Verfassungsschutz schützen will«, *Der Tagesspiegel* vom 22.8.2018 (https://www.tagesspiegel.de/politik/drohende-beobactung-wie-sich-die-afd-vor-dem-verfassungsschutz-schuetzen-will/23213108.html).

58 Pfahl-Traughber, Armin: »Die AfD ist eine rechtsextremistische Partei: Eine Einschätzung aus politikwissenschaftlicher Sicht«, hdp vom 2.11.2018 (https://hpd.de/artikel/afd-rechtsextremistische-partei-16139); siehe dazu auch das lesenswerte Buch Pfahl-Traughber, Armin: *Die AfD und der Rechtsextremismus*, Wiesbaden: Springer 2019.

59 Gürgen, Marlene et al.: »Netzwerk AfD: Die neuen Allianzen im Bundestag«, Otto Brenner Stiftung 15.6.2018 (https://www.otto-brenner-stiftung.de/wissenschaftsportal/informationsseiten-zu-studien/studien-2018/netzwerk-afd/), S. 3.

60 Kiyak, Mely: *Haltung*, a. a. O., S. 21 f.

61 Pfahl-Traughber, Armin: »Die ›Umwertung der Werte‹ als Bestandteil einer Strategie der ›Kulturrevolution‹«, in: Gessenharter, Wolfgang/Pfeiffer, Thomas (Hrsg.): *Die neue Rechte – eine Gefahr für die Demokratie?*, Wiesbaden: VS Verlag für Sozialwissenschaften 2004, S. 73–94.

62 Weiß, Volker: »Debatte oder Protest: Wie weiter gegen rechts?«, *Blätter für deutsche und internationale Politik* 6/2018 (https://www.blaetter.de/archiv/jahrgaenge/2018/juni/debatte-oder-protest-wie-weiter-gegen-rechts).

63 Zitiert in: ebd.

64 »Langzeitstudie Medienvertrauen: Forschungsergebnisse der Welle 2018«, Johannes-Gutenberg-Universität Mainz 6.3.2019 (https://medienvertrauen.uni-mainz.de/forschungsergebnisse-der-welle-2018/).

65 Geiger, Theodor: »Panik im Mittelstand«, in: *Die Arbeit. Zeitschrift für Gewerkschaftspolitik und Wirtschaftskunde* (10, 1930), S. 637–654.

66 Priester, Karin: *Populismus. Historische und aktuelle Erscheinungsformen*, Frankfurt am Main: Campus 2007, S. 28.

67 Richter, Christoph/ Bösch, Lukas (2017): »Demokratieferne Räume? Wahlkreisanalyse zur Bundestagswahl 2017«, Institut für Demokratie und Zivilgesellschaft (https://www.idz-jena.de/fileadmin/user_upload/Demokratieferne_Raeume_AfD_Bundestagswahl_2017.pdf).

Woher kommt die Unterstützung für rechts außen?

1 Amann, Melanie: »Wo die AfD zur Volkspartei wird«, *Spiegel Online* vom 15.2.2018 (http://www.spiegel.de/politik/deutschland/afd-in-der-saechsischen-schweiz-werden-die-rechtspopulisten-zur-volkspartei-a-1193745.html).

2 »So viel haben sächsische Unternehmen an die AfD gespendet«, *Leipziger Volkszeitung* vom 16.1.2019 (http://www.lvz.de/Region/Mitteldeutschland/Diese-saechsischen-Unternehmen-waren-2017-Grossspender-der-AfD).

3 Fuchs, Christian/Middelhoff, Paul: *Das Netzwerk der Neuen Rechten: Wer sie lenkt, wer sie finanziert und wie sie die Gesellschaft verändern*, Reinbek: Rowohlt 2019.

4 Yendell, Alexander et al. (2018): »Die Parteien und das Wählerherz 2018«, Abteilung für Medizinische Psychologie und Medizinische Soziologie der Universität Leipzig (https://www.kredo.uni-leipzig.de/download/0/0/1854636207/01bb88f4da4fc2abb86bca210dbd9ccc64dc0fa5/fileadmin/www.kredo.uni-leipzig.de/uploads/dokumente/Die_Parteien_und_das_Waehlerherz_2018_Yendell_et_al.pdf), S. 8.

5 Lux, Thomas: »Die AfD und die unteren Statuslagen. Eine Forschungsnotiz zu Holger Lengfelds Studie ›Die Alternative für Deutschland. Eine Partei für Modernisierungsverlierer?‹«, in: *Kölner Zeitschrift für Soziologie und Sozialpsychologie* 70 (2), 2018, S. 267.

6 Schröder, Martin: »AfD-Unterstützer sind nicht abgehängt, sondern ausländerfeindlich«, *SOEPpapers* 975, 2018 (https://www.diw.de/documents/publikationen/73/diw_01.c.595120.de/diw_sp0975.pdf), S. 18.

7 Lochocki, Timo: *Die Vertrauensformel. So gewinnt unsere Demokratie ihre Wähler zurück*, Freiburg: Herder (2018).

8 »RTL/n-tv-Trendbarometer: 52% der AfD-Anhänger lehnen das politische System ab«, Presseportal vom 10.9.2018 (https://www.presseportal.de/pm/72183/4056494).

9 Lochocki, Timo: *Die Vertrauensformel*, a. a. O., S. 146.

10 Vehrkamp, Robert/Merkel, Wolfgang: »Populismusbarometer 2018: Populistische Einstellungen bei Wählern und Nichtwählern in Deutschland 2018«, Bertelsmann Stiftung, Oktober 2018 (https://www.bertelsmann-stiftung.de/fileadmin/files/BSt/Publikationen/GrauePublikationen/ZD__Studie_Populismusbarometer_2018.pdf), S. 75.

11 Ebd.

12 Zick, Andreas/Berghan, Wilhelm/Mokros, Nico: »Gruppenbezogene Menschenfeindlichkeit in Deutschgland 2002–2018/19«, in: Zick, Andreas et al. (Hrsg.): *Verlorene Mitte – Feindselige Zustände. Rechtsextreme Einstellungen in Deutschland 2018/19*, Bonn: Dietz (2019), a. a. O., S. 95 ff.

13 Decker, Oliver/Brähler, Elmar (hrsg.): *Flucht ins Autoritäre. Rechtsextreme Dynamiken in der Mitte der Gesellschaft*, Gießen: Psychosozial-Verlag 2018.

14 Petersen, Thomas: »Wie antisemitisch ist Deutschland?«, *Frankfurter Allgemeine Zeitung* vom 20.6.2018 (https://www.faz.net/social-media/instagram/exklusive-allensbach-umfrage-antisemitismus-in-deutschland-15648477.html).

15 Küpper, Beate/Berghan, Wilhelm/Rees, Jonas H.: »Aufputschen von Rechts: Rechtspopulismus und seine Normalisierung in der Mitte«, in: Zick, Andreas et al.: Verlorene Mitte – Feindselige Zustände, a. a. O., S. 185 ff.

16 Bude, Heinz: *Das Gefühl der Welt. Über die Macht von Stimmungen*, München: Carl Hanser Verlag 2016.

17 Institut für Demoskopie Allensbach (2017): »Das Elitenbild der Bürger« (http://nbn-resolving.de/urn:nbn:de:0168-ssoar-55984-5).

18 Institut für Demoskopie Allensbach: »Die Welt der Wutbürger«, veröffentlicht in der *Frankfurter Allgemeinen Zeitung* vom 18.5.2016 (https://www.ifd-allensbach.de/uploads/tx_reportsndocs/FAZ_Mai_Wutbu__rger.pdf).

19 Pokorny, Sabine: Von A wie Angst bis Z wie Zuversicht, Kondrad-Adenauer-Stifung 2018 (https://www.kas.de/analysen-und-argumente/detail/-/content/von-a-wie-angst-bis-z-wie-zuversicht1).

20 Steenvoorden, Eefje/Harteveld, Eelco: »The appeal of nostalgia. The influence of societal pessimism on support for populist radical right parties«, in: *West European Politics* 41 (1) 2017, S. 28–52.

21 »Umfrage: Ein Drittel der Österreicher für Beschneidung demokratischer Rechte«, *Die Presse* vom 14.11.2018 (https://diepresse.com/home/innenpolitik/5529902/Umfrage_Ein-Drittel-der-Oesterreicher-fuer-Beschneidung).

22 Pinker, Steven: *Aufklärung jetzt*, a.a.O., S. 430.

23 »Angst vor Anschlägen bei AfD-Anhängern am weitesten verbreitet«, *Die Welt* vom 7.6.2017 (https://www.welt.de/politik/deutschland/article165275855/Angst-vor-Anschlaegen-bei-AfD-Anhaengern-am-weitesten-verbreitet.html).

24 Ehni, Ellen: »Keine Angst vor Terroristen«, ARD-DeutschlandTrend vom 5.1.2017 (https://www.tagesschau.de/inland/deutschlandtrend-683.html).

25 »400 000 Menschen sterben jährlich durch Feinstaub«, *Spiegel Online* vom 11.10.2017 (http://www.spiegel.de/gesundheit/diagnose/feinstaub-400-000-vorzeitige-todesfaelle-jaehrlich-in-der-eu-a-1172454.html).

26 »Unfallentwicklung auf deutschen Straßen 2017«, Statistisches Bundesamt – Begleitmaterial zur Pressekonferenz, 12.7.2018 (https://www.destatis.de/DE/Presse/Pressekonferenzen/2018/Verkehrsunfaelle-2017/pressebroschuere-unfallentwicklung.pdf).

Der ewige Untergang: Angstmache ohne Ende

1 Kemper, Andreas: »AfDler sympathisieren mit Militär-putsch in Deutschland«, 18.7.2016 (https://andreaskemper.org/2016/07/16/afdler-sympathisieren-mit-militaerputsch-in-deutschland/).

2 »Verfassungsschutz-Gutachten zu AfD: Thüringen-Chef Höcke mit weitem Abstand am häufigsten genannt«, *Thüringer Allgemeine* vom 17.1.2019 (https://www.thueringer-allgemeine.de/web/zgt/politik/detail/-/specific/Verfassungs schutz-Gutachten-zu-AfD-Thueringen-Chef-Hoecke-mit-weitem-Abstand-am-179797958).

3 Stern, Fritz: *Kulturpessimismus als politische Gefahr*, a.a.O., S. 11.

4 Herman, Arthur L.: *Propheten des Niedergangs. Der End-zeitmythos im westlichen Denken*, Berlin: Propyläen 1998.

5 Gabriel Gatehouse: »German far-right MP ›could be abso-lutely controlled by Russia‹«, BBC Newsnight vom 5.4.2019 (https://www.bbc.com/news/world-europe-47822835).

6 Aktion »Unwort des Jahres«, Unwörter von 1991 bis 1999 (http://www.unwortdesjahres.net/index.php?id=114).

7 Herman, Arthur L.: *Propheten des Niedergangs*, a.a.O., S. 218.

8 »Leitkultur, Identität, Patriotismus. Ein Positionspapier der AfD-Fraktion im Thüringer Landtag als Beitrag zur Debatte um die deutsche Leitkultur«, AfD-Fraktion im Thüringer Landtag, April 2018 (http://docs.dpaq.de/13546-leitkultur__identit_t__patriotismus.pdf).

9 Herman, Arthur L.: *Propheten des Niedergangs*, a.a.O., S. 335.

10 Stern, Fritz: *Kulturpessimismus als politische Gefahr*, a.a.O.

11 Ebd., S. 8f.

12 »›Cultural Marxism‹ Catching On«, Southern Poverty Law Center, 15.8.2003 (https://www.splcenter.org/fighting-hate/intelligence-report/2003/cultural-marxism-catching).

13 Weidel Alice: »Die Angst der Kulturmarxisten vor der Aufklärung und der AfD«, *Junge Freiheit* vom 23.1.2018 (https://jungefreiheit.de/debatte/kommentar/2018/die-angst-der-kulturmarxisten-vor-der-aufklaerung-und-der-afd/); siehe dazu auch Diskursatlas Antifeminismus: Kulturmarxismus (http://www.diskursatlas.de/index.php?title=Kulturmarxismus#cite_note-splc-8).

14 Rothmund, Tobias/Arzheimer, Kai: »Politische Ideologien«, in: Zmerli, Sonja/Feldman, Ofer (Hrsg.): *Politische Psychologie. Handbuch für Studium und Wissenschaft*, Baden-Baden: Nomos 2015, S. 123–143.

15 Bauman, Zygmunt: *Retrotopia*, Berlin: Suhrkamp 2017.

16 Robb, Stephen: »What is nostalgia good for?«, BBC News Magazine (http://news.bbc.co.uk/2/hi/uk_news/magazine/8491338.stm).

17 Sedikides, Constantine et al.: »Nostalgia«, in: *Current Directions in Psychological Science* 17 (5) 2008, S. 304–307.

18 de Vries, Catherine E./Hoffmann, Isabell: *Die Macht der Vergangenheit. Wie Nostalgie die öffentliche Meinung in Europa beeinflusst*, Gütersloh: Bertelsmann Stiftung 2018

19 Lilla, Mark: *The shipwrecked mind: On political reaction*, a.a.O., S. 14.

20 Gronenthal, Mariella C.: *Nostalgie und Sozialismus. Emotionale Erinnerung in der deutschen und polnischen Gegenwartsliteratur*, Bielefeld: Transcript 2018.

21 Peters, Christina: »Warum die ›Jugend von heute‹ immer die schlechteste ist«, *Die Welt* vom 3.7.2018 (https://www.welt.de/wissenschaft/article178647276/Soziologie-Warum-die-Jugend-von-heute-immer-die-schlechteste-ist).

22 Soldt, Rüdiger: »Auf dem Heimatplaneten für rechtsextreme Ufologen«, *Frankfurter Allgemeine Zeitung* vom 23.2.2017 (https://www.faz.net/aktuell/politik/inland/kopp-verlag-profitiert-von-fluechtlingskrise-14890834-p3.html?printPagedArticle=true#pageIndex_3).

Untergangswahn und rechter Terror

1 Salzborn, Samuel: *Globaler Antisemitismus*, a. a. O.

2 Frigelj, Kristian: »›Wertkonservativer Rebell nenne ich mich‹«, *Die Welt* vom 15.4.2016 (https://www.welt.de/politik/deutschland/article154412724/Wertkonservativer-Rebell-nenne-ich-mich.html).

3 Jann, Timo: »Brandstifter von Escheburg legt überraschend Revision ein«, *Stormarner Tageblatt* vom 4.6.2015 (https://www.shz.de/9883226).

4 Quent, Matthias (2017): »Rassistischer Hass – das OEZ-Attentat in München«, Institut für Demokratie und Zivilgesellschaft (https://www.idz-jena.de/wsddet/rassistischer-hass-das-oez-attentat-in-muenchen-1/).

5 Schwan, Helmut: »In Freiheit, aber weiter unter Terrorverdacht«, *Frankfurter Allgemeine Zeitung* vom 14.1.2019 (https://www.faz.net/aktuell/rhein-main/prozess-gegen-franco-a-in-freiheit-aber-unter-terrorverdacht-15987004.html).

6 Kaul, Martin et al.: »Hannibals Schattenarmee«, *taz* vom 16.11.2018 (http://www.taz.de/!5548926/).

7 Küpper, Beate et al.: »Aufputschen von Rechts: Rechtspopulismus und seine Normalisierung in der Mitte«, in: Zick, Andreas et al. (Hrsg.): *Verlorene Mitte – Feindselige Zustände. Rechtsextreme Einstellungen in Deutschland 2018/19*, Bonn: Dietz (2019), a. a. O., S. 194.

8 Leggewie, Claus: *Anti-Europäer: Breivik, Dugin, al-Suri & Co.*, Berlin: Suhrkamp 2016, S. 43.

9 Geschke, Daniel (2017): »*Alle reden von Hass. Was steckt dahinter? Eine Einführung*«, Institut für Demokratie und Zivilgesellschaft (https://www.idz-jena.de/wsddet/alle-reden-von-hass-was-steckt-dahinter-eine-einfuehrung/).

10 Bundesministerium des Innern, für Bau und Heimat (2019): Übersicht »Hasskriminalität«: Entwicklung der Fallzahlen 2001–2018. (https://www.bmi.bund.de/SharedDocs/downloads/DE/veroeffentlichungen/2019/pmk-2018-hasskriminalitaet-2001–2018.pdf).

11 Quent, Matthias: »Noch schlimmer als gedacht«, *Spiegel Online* vom 4.4.2019 (http://www.spiegel.de/panorama/justiz/bka-zahlen-zu-hassgewalt-noch-schlimmer-als-gedacht-kommentar-a-1261213.html); zur Studie: »Erste Ergebnisse des Deutschen Viktimisierungssurvey 2017«, Bundeskriminalamt, Wiesbaden 2019.

12 Groß, Eva et al. (2018): »Viktimisierung durch Hasskriminalität: Eine erste repräsentative Erfassung des Dunkelfeldes in Niedersachsen und in Schleswig-Holstein«, Institut für Demokratie und Zivilgesellschaft (https://www.idz-jena.de/wsddet/viktimisierung-durch-hasskriminalitaet-eine-erste-repraesentative-erfassung-des-dunkelfeldes-in-niede/).

13 Geschke, Daniel/Dieckmann, Janine (2017): »Hasskriminalität: Auswirkungen der Gewalt gegen Minderheiten – Ergebnisse einer Befragung von Betroffenen«, Institut für Demokratie und Zivilgesellschaft (https://www.idz-jena.de/wsddet/hasskriminalitaet-auswirkungen-der-gewalt-gegen-minderheiten-ergebnisse-einer-befragung-von-betrof/).

14 Perry, Barbara (2018): »Hasskriminalität als Herausforderung für Inklusion und Vielfalt«, Institut für Demokratie und Zivilgesellschaft (https://www.idz-jena.de/wsddet/hasskriminalitaet-als-herausforderung-fuer-inklusion-und-vielfalt/).

15 Allen, Chris (2018): »Hasskriminalität in Großbritannien«, Institut für Demokratie und Zivilgesellschaft (https://www.idz-jena.de/wsddet/hasskriminalitaet-in-grossbritannien/).

16 Tynes, Brendesha M. et al.: »Virtual Environments, Online Racial Discrimination, and Adjustment among a Diverse, School-Based Sample of Adolescents«, in: *International journal of gaming and computer-mediated simulations* (6) 3/2016, S. 1–16.

17 Quent, Matthias: »Das globale Dorf verteidigen: Strategien gegen den kulturellen Backlash in sozialen Medien«, in: Baldauf, Johannes et al. (Hrsg.): *Hassrede und Radikalisierung im Netz*, Institut für Strategischen Dialog 2018, S. 48–54.

18 Institut für Demokratie und Zivilgesellschaft (2018): »Hass im Netz. Der schleichende Angriff auf unsere Demokratie«, im Auftrag von Campact e. V. (https://www.idz-jena.de/ forschungsprojekte/hass-im-netz-der-schleichende-angriff-auf-unsere-demokratie/).

Ostdeutschland: Eine Projektionsfläche

1 »Neue Bundesländer sind für Asylbewerber zehnmal gefährlicher«, *Die Welt* vom 24.2.2019 (https://www.welt.de/politik/ deutschland/article189302907/Studie-Ost-Bundeslaender-sind-fuer-Asylbewerber-zehnmal-gefaehrlicher.html).

2 Baier, Elmar/Decker, Oliver (2018): *Flucht ins Autoritäre*, a. a. O.

3 Posener, Alan: »Ostdeutschland – die ungläubigste Region der Welt«, *Die Welt* vom 31.3.2013 (https://www.welt.de/ politik/deutschland/article114889749/Ostdeutschland-die-unglaeubigste-Region-der-Welt.html).

4 FOG-Institut für Markt- und Sozialforschung: Tweet vom 19.9.2018 (https://twitter.com/FOG_Institut/status/ 1042336976404443137).

5 Quent, Matthias/Geschke, Daniel/Peinelt, Eric (2014): »Die haben uns nicht ernst genommen. Eine Studie zu Erfahrungen von Betroffenen rechter Gewalt mit der Polizei«, herausgegeben vom Verband der Beratungsstellen für Betroffene rechter, rassistischer und antisemitischer Gewalt VBRG e. V.

6 Wolters, Katja: »Gutachter erklären Negativ-Studie über Ostdeutschland insgesamt für wertlos«, *Compact Online* vom 22.5.2017 (https://www.compact-online.de/gutachter-erklaeren-negativ-studie-ueber-ostdeutschland-fuer-voellig-wertlos/).

7 Quent, Matthias/Schulz, Peter: *Rechtsextremismus in lokalen Kontexten. Vier vergleichende Fallstudien*, Wiesbaden: Springer VS 2015.

8 Bischof, Susann/Quent, Matthias (2018): »Gebietsreform und extreme Rechte: Themen und Schwerpunkte regionaler Protestereignisse in Thüringen 2017«, Institut für Demokratie und Zivilgesellschaft (https://www.idz-jena.de/wsddet/gebietsreform-und-extreme-rechte-themen-und-schwerpunkte-regionaler-protestereignisse-in-thueringen/).

9 Reiser, Marion et al. (2019): »Heimat Thüringen. Ergebnisse des Thüringen-Monitors 2018« (https://www.thueringen.de/mam/th1/tsk/thuringen-monitor_2018_mit_anhang.pdf).

10 Höcke, Björn/Hennig, Sebastian: *Nie zweimal in denselben Fluss*, a.a.O, S. 253 ff.

11 Ein Prozent: »›Netzwerk Landraum‹ – eine Zwischenbilanz«, 6.2.2018 (https://www.einprozent.de/blog/gegenkultur/netzwerk-landraum-eine-zwischenbilanz/2237).

Die Rechtsradikalen stoppen: No pasarán!

1 Frankl, Viktor E.: *Trotzdem Ja zum Leben. Ein Psychologe erlebt das Konzentrationslager*, München: Penguin 1946/2018.

2 Faus, Rainer/Storks, Simon: »Das pragmatische Einwanderungsland«, a.a.O.

3 Rutger Bregman: *Utopien für Realisten: Die Zeit ist reif für die 15-Stunden-Woche, offene Grenzen und das bedingungslose Grundeinkommen*, Hamburg: Rowohlt 2016.

4 Adorno, Theodor: *Minima Moralia. Reflexionen aus dem beschädigten Leben*, Frankfurt am Main: Suhrkamp 1951/1997, S. 254.

5 #unteilbar: Solidarität statt Ausgrenzung – für eine offene und freie Gesellschaft (https://www.unteilbar.org/).

6 Wagner, Thomas: *Die Angstmacher. 1968 und die Neuen Rechten*, Berlin: Aufbau Verlag 2017.

7 Bilger, Christine: »Israelitische Religionsgemeinschaft ist empört«, *Stuttgarter Nachrichten* vom 2.4.2019 (https://www.stuttgarter-nachrichten.de/inhalt.diesel-anhaenger-

provoziert-mit-judenstern-israelische-religionsgemein
schaft-ist-empoert.b086c844-a78a-4306–93a5–2bf644e73
202.html).

8 Snyder, Timothy: *Black Earth*, a. a. O.

9 Rosling, Hans et al.: *Factfulness*, a. a. O., S. 91.

10 Horkheimer, Max: *Gesammelte Schriften. Band 14: Nach-
gelassene Schriften 1949–1972*, Frankfurt am Main: Fischer
1988, S. 337.

Eine humane Migrations- und Asylpolitik ist möglich

*Cover- und Preisänderungen vorbehalten

Gerald Knaus
Welche Grenzen brauchen wir?
Zwischen Empathie und Angst –
50 Fakten zu Flucht und Migration

Piper, 256 Seiten
€ 18,00 [D], € 18,50 [A]*
ISBN 978-3-492-05988-6

Kein anderes Thema hat die europäische Politik in den letzten Jahren so beeinflusst wie die Debatte um Geflüchtete, Asyl und Migration. Dabei wird die Diskussion dominiert von Schlagworten und Scheinlösungen. Gerald Knaus erklärt in seinem Buch, worum es tatsächlich geht, und zeigt, dass humane Grenzen möglich sind. Der Migrationsexperte, dessen Analysen Regierungen in ganz Europa beeinflusst haben, erklärt, welche Grundsatzprobleme wir dafür lösen müssten und warum seine Ideen mehrheitsfähig und umsetzbar sind.

PIPER

Leseproben, E-Books und mehr unter **www.piper.de**